豪商の金融史

廣岡家文書から解き明かす金融イノベーション

高槻泰郎［編著］

慶應義塾大学出版会

目次

第2章　堂島米市場の誕生
——デリバティブ取引の活況と加久の躍進

凡例

本書では、江戸時代の大坂は「大坂」、近代以降のそれは「大阪」と表記して区別する。史料原文の中で「大阪」の文字が江戸時代の大坂について用いられている場合は、その限りではない。また史料原文を直接本文中に引用する場合には、読みやすさを考慮して書き下し文に改め、必要に応じてルビや読点をつける。現代日本語では馴染みのない漢字はできる限り常用漢字に置き換え、旧仮名遣いは新仮名遣いに改める。

大阪大学経済史・経営史資料室に架蔵されている「大同生命文書」を参照する場合には、大同B一―二、などと略記し、神戸大学経済経営研究所に架蔵されている「廣岡家文書」、「廣岡五兵衛家文書」を参照する場合は、廣岡一二―五六―二―二、五兵衛五―四などと略記する。

史料の中の引用者注は、〔 〕でくくった。

プロローグ——豪商の大坂

高槻泰郎

忘れられた豪商

豪商という言葉から何を連想するだろうか。巨額の資産を持ち、巨額の利益を上げた商人。おおよそ、こうしたニュアンスを連想される方が多いと思うが、本書では少しだけ異なる意味で豪商という言葉を用いたい。単純に資産が大きい、儲けているというだけではなく、社会的影響力を持っていた商家。これを本書では豪商と呼ぶ。

では、豪商と聞いて、どのような名前を思い浮かべるだろうか。歴史に詳しい方であれば、紀伊国屋文左衛門《ぶんざえもん》、奈良屋茂左衛門《もざえもん》、淀屋辰五郎といった名前が出てくるかもしれない。そうでない方でも、三井、住友、鴻池、といったあたりであれば、なるほど、と頷かれることだろう。本書の主人公となる商家も、これらの豪商と肩を並べた家であった。姓は廣岡、屋号は加島屋久右衛門《かじまやきゅうえもん》。江戸時代の大坂においては、鴻池屋善右衛門（山中家）と並ぶ豪商として知られ、江戸幕府にも一目を置かれていた家である。

しかし、加島屋久右衛門という商家を、多くの読者はご存じでなかったはずだ。歴史に大変詳しい一部の方か、二〇一五年度の下半期に放送されたNHK朝の連続テレビ小説「あさが来た」を熱心にご覧になった方以外では、加島屋久右衛門という名前でピンと来る方はまずいないはずだ。

江戸時代の人がこれを知ったなら、さぞ驚くだろう。一八六三年（文久三）に江戸で刷られた長者番付を見て欲しい（図0―1）。大坂のみならず、日本各地の富商が書き上げられている。東西の上位層を見ると、江戸の白木屋、京の下村（大丸）、名古屋の伊藤（松坂屋）など、現代の我々にも馴染みのある各地の商家が並んでいるが、東の大関には鴻池屋善右衛門、西の大関には加島屋久右衛門が挙げられている。

これは今日のように財務データが公開されていない時代のことであり、長者番付はあくまでも当時の人々による格付けを表現したものに過ぎないが、数量的な尺度では表すことのできない価値も投影されているという意味で、かえって生々しく商人間の序列を伝えるものである。そこにおいて加島屋久右衛門（以下、同時代人にならって「加久《かきゅう》」と略す）が日本を代表する商家と見なされていたことが重要である。

江戸時代の人々にとっては最高レベルの「格」を持つ商家であった加久も、現在では存在すら十分に認知されていない。無理もないことで、加久に関する研究の数は、三井、住友、鴻池のそれに大きく水をあけられており、研究者の間でも加久は知る人ぞ知る存在であり続けた。

理由は単純である。加久に関する史料が公開されてこなかったからである。歴史研究者は、史料（古文書、古記録などと呼ばれる）なしに論文を書くことができず、論文が書かれたり、ドラマや小

図0-1　大日本持丸長者鑑1863（文久3）年

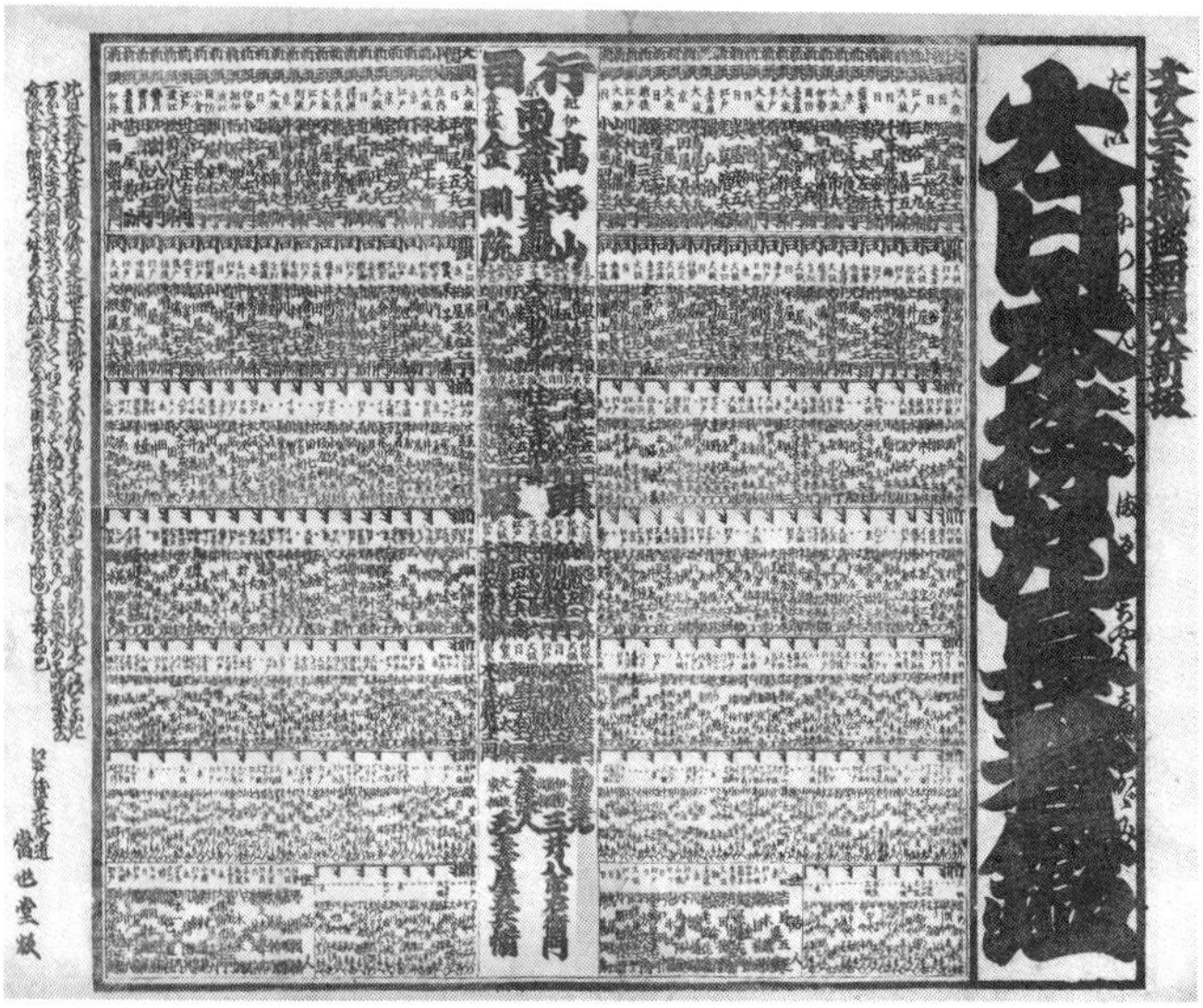

左上（部分）

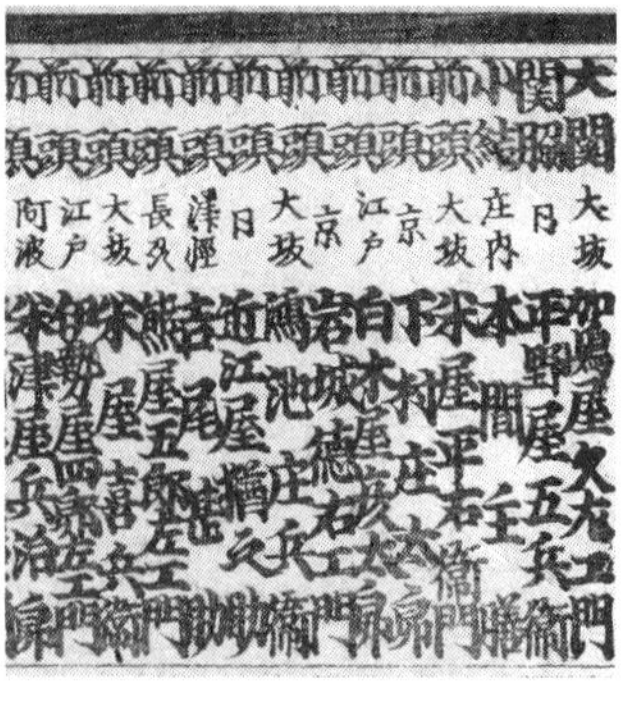

右上（部分）

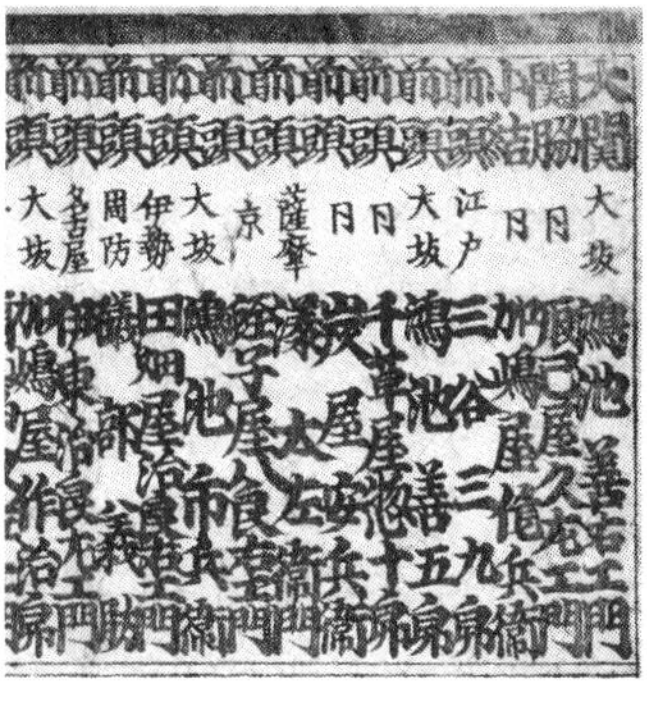

出所：大阪企業家ミュージアム所蔵。

説の題材になったりしない限り、歴史上の人物や経営体が世に知られることはないので、加久の名前が人々の記憶から消えてしまうのも無理からぬことであった。

相次いだ古文書の発見

それがこの一〇年で劇的に環境が変化した。廣岡家を創業一族とする大同生命保険株式会社（創業一九〇二年、以下、大同生命）より、創業一一〇周年を迎えることを機に、同社の大阪本社ビルに保管されていた史料群を、広く公開して学術研究に活用して欲しい、との申し出があり、大阪大学の澤井実教授（当時）を中心に研究グループが組織され、本格的な調査・分析が始まった。二〇一一年一一月のことであった。

大同生命が保管して伝えてきた古文書、約二五〇〇点は、大阪市史編纂所によって目録が作成されていたが、この仕事を受け継ぎ、発展させる形で、史料の整理・分析が進み、二〇一二年六月には、大同生命大阪本社ビル二階のメモリアルホールにて、成果の一部が公開され、今に至る（古文書群は「大同生命文書」と題して、大阪大学大学院経済学研究科に寄託）。

右の約二五〇〇点の史料は、江戸時代の経営史料、廣岡家が創立した加島銀行と大同生命に関わる経営史料、そして廣岡家の家政に関わる史料からなり、比重は近代以降にある（江戸時代の史料は、この内の四〇〇点ほど）。大同生命第三代社長である廣岡正直《まさなお》氏（一八九〇–一九七八、第一〇代久右衛門）が、自宅に保管していた史料群を、大同生命七〇年史の編纂のために寄贈したものとされる。

史料の発見はこれで終わりではなかった。古川智映子氏の小説『土佐堀川』を読んで、廣岡浅（図0―3、廣岡信五郎の妻）をヒロインにして、朝の連続テレビ小説を作れないかと着想したNHKのプロデューサーである佐野元彦氏が、大同生命大阪本社の右の展示を観覧し、ドラマとして成立することを確信したことが、「あさが来た」という作品につながった（二〇一五年九月より全一五六回）。女性実業家という切り口の新鮮さが話題を呼び、高視聴率を獲得したドラマとなったので、記憶されている読者も多いかと思う。

実は、このドラマが放送される前に、制作発表をご覧になった廣岡正直氏の孫に当たる岡橋清元《きよちか》氏（清光林業株式会社社会長）と、そのご子息の克純《かつずみ》氏（清光林業株式会社社長）が、奈良県橿原市小槻町の岡橋家旧宅に、第二次大戦中に廣岡家から預かったものが今も蔵の中に残されているので、見に来られませんか、と宮本又郎氏（大阪大学名誉教授、大阪企業家ミュージアム館長）に連絡された。そして宮本氏が、筆者に声をかけて下さり、大同生命大阪本社広報部（当時）の方も同道して三人で調査に出向いたのだが、清元氏が「たいしたものはありませんよ」と話しておられたこともあって、このお話を頂いた時点では、古文書が大量に出てくることなど、我々は夢にも思っていなかった。むしろ、林業家として著名な岡橋家が管理する吉野の杉山を見学することが主であった。

しかし、実際に蔵を拝見して驚嘆した。まず目に飛び込んできたのが無数の長持、そして箪笥で

図0-2　岡橋家旧宅にて発見された古文書

出所：高槻撮影。

ある。どれを開けても大量の古文書が出てきた時の興奮は、一生忘れられるものではない（図0－2）。清元氏の言う「たいしたもの」とは古美術・骨董の類を指しているのであったが、歴史研究者にとっては目の前にある古文書の山こそ、宝の山であった。

これらは、廣岡正直氏が、戦火を回避させるべく、一九四四年に家伝来の古文書や古写真、調度品の類を、大阪は天王寺の屋敷（コラム「廣岡家の邸宅について」を参照）から疎開させたもので、戦後、正直氏が一部の史料を持ち帰られたが（それらは後に「大同生命文書」に含まれることになる）、大部分は蔵の中に残されて、そのまま保管されていたのである。

こうした経緯で慌ただしく運び込まれたものであるから、歴史研究者にとっては重要な情報を提供するはずであった元々の秩序、つまりどのようにしてこれらの古文書が整理・保管されていたのか、に関する情報は既に失われてしまっていたが、それでも一定のまとまりは維持されており、目録と呼ばれるリストを作成する際には大いに役立った。

岡橋清元氏いわく、子供の頃からこれらの古文書には触ったらいけないと言われていたそうで、長じられてからも、廣岡家から預かったものであり、処分するにもできなかった、とのことである。結果、それが幸いした。よくぞ疎開してくださった、よくぞ保管しておいてくださった、というのが調査に当たった研究者一同共通の思いであった。

図0－1に名前が見える商家について、まとまった形で古文書が遺されている例は、ごくわずかである。よく知られているところでは、先に名前を挙げた三井・住友・鴻池、あるいは伊丹の小西

家が保管していた文書群などがあるが、家数としては少ない。

江戸時代以来、繰り返し発生した火災、第二次大戦時の空襲の影響が大きいが、そうした中で、豪商の中でも代表格の加久の古文書群が遺されていたことは奇跡と言っていい。「大同生命文書」と右の岡橋家伝来史料によって、江戸時代から昭和期までをカバーする文書群が、歴史研究者による分析の俎上に乗ることになったのである。

岡橋家が保管していた史料は、点数にして二万点超（調度品は除く）、その大半は江戸時代の古文書であった。これら古文書を神戸大学経済経営研究所に移管して記録・調査することについて、岡橋清元氏・克純氏、そして正直氏の孫にあたる西野久子氏がご快諾くださり、現在それらは、神戸大学経済経営研究所企業資料総合センターの貴重書庫に「廣岡家文書」として保管されている。調度品や雛飾り、端午の節句飾りなどは、大阪くらしの今昔館に寄贈され、保管されている。

この他にも、久右衛門家の分家である加島屋五兵衛家の子孫の方、そして初代加久の生家である尼崎の廣岡家の子孫の方々よりも、家伝来の史料のご寄贈があった。こうしてこれまでベールに包まれていた加島屋・廣岡家の実態を解明するための史料が、「大同生命文書」の公開、そしてドラマの放送をきっかけとして、一気に世に出てきたのである（これら史料について、詳しくは廣岡家研究会二〇一七を参照のこと）。

右の史料群の内、大阪大学経済史・経営史資料室が保管する「大同生命文書」の江戸時代部分、また神戸大学経済経営研究所に寄託される予定の「廣岡家文書」および五兵衛家伝来の史料群につ

図0-3　廣岡家略系図

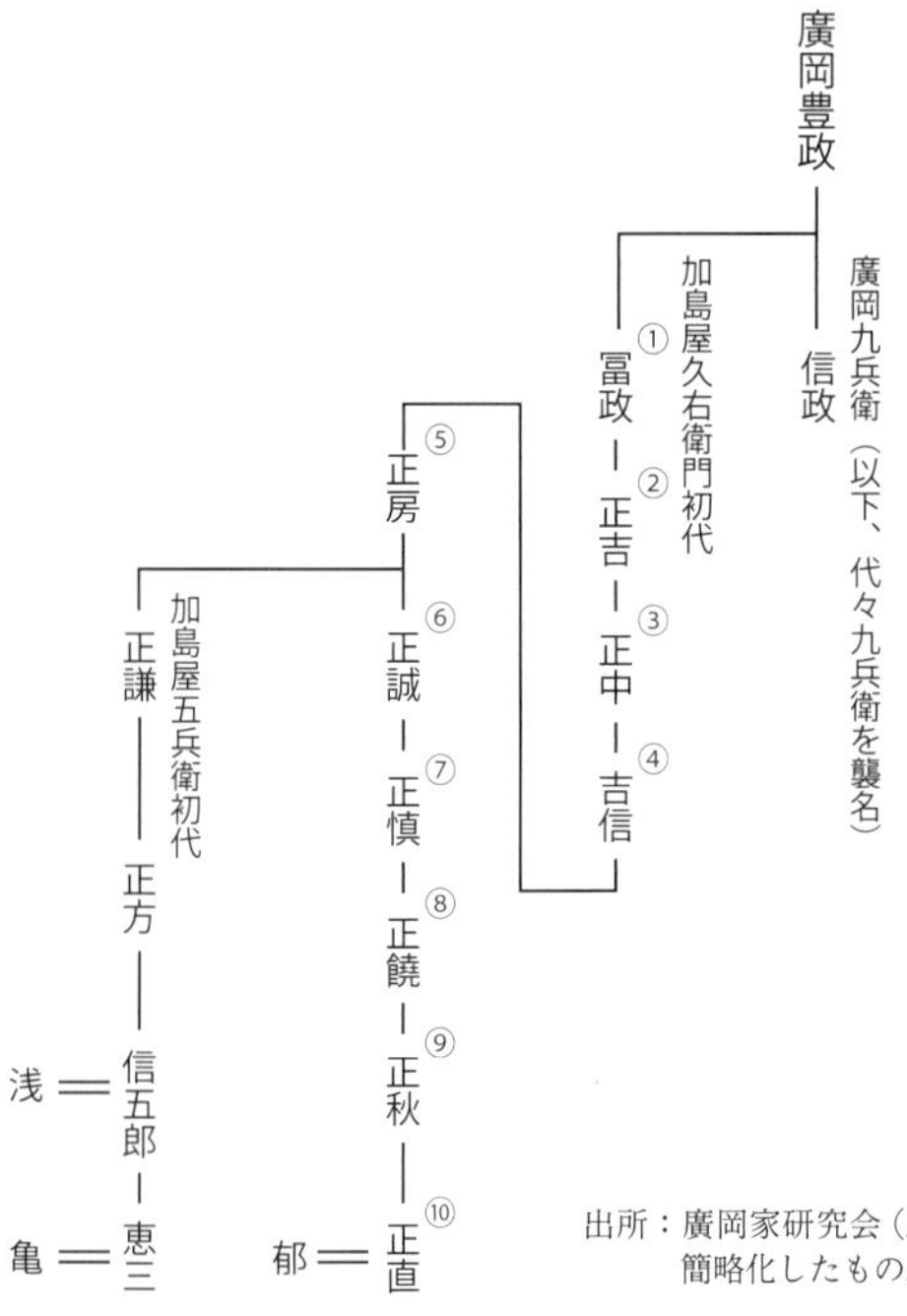

出所：廣岡家研究会（2017）掲載の系図を簡略化したもの。

いては、神戸大学経済経営研究所・計算社会科学研究センターのデータベースサイトにて、画像と目録が公開される予定である。

廣岡家の家譜

ここで廣岡という家について、あらためて紹介しておきたい（巻末用語集「商家の名前」も参照されたい）。系図（図0-3）に見えるように、廣岡家は大きく分けて三つの家から構成される。初代加久の生家である尼崎の廣岡九兵衛家、そして大坂の加島屋久右衛門

表0-1　廣岡家歴代当主一覧

久右衛門家			生年	家督相続年	没年	
代数	本名	法名・釋名	西暦	西暦	西暦	行年
1	冨政	教西	1603年	—	1680年	77歳
2	正吉	心西	1649年	—	1703年	55歳
3	正中	節西	1687年	〔1703年〕	1720年	34歳
4	吉信	喜西	1689年	1718年	1765年	77歳
5	正房	正西	1742年	1764年	1783年	42歳
6	正誠	誠西	〔1774年〕	1783年	1833年	60歳
7	正慎	慎西	〔1791年〕	1807年	1840年	50歳
8	正饒	明西	1806年	1834年	1869年	64歳
9	正秋	彰西	1844年	1869年	1909年	66歳
10	正直	清西	1890年	〔1914年〕	1978年	88歳

注：生年が不明の場合は、没年と行年から計算して亀甲括弧で括って表示。10代正直の家督相続日は郁との婚姻日として亀甲括弧で括って表示。

五兵衛家			生年	家督相続年	没年	
代数	本名（通称）	法名・釋名	西暦	西暦	西暦	行年
1	正謙（正義）	謙西	1778年	〔1798年〕	1823年	46歳
2	正方	方西	〔1803年〕	1823年	1848年	46歳
3	甚三郎	—	—	1829年	—	—
4	利久松	—	1828年	1832年	—	—
5	正方	方西	〔1803年〕	1835年	1848年	46歳
6	正信（信五郎）	信西	1841年	1848年	1904年	64歳
7	恵三	—	1876年	1904年	1953年	77歳

注：生年が不明の場合は、没年と行年から計算して亀甲括弧で括って表示。正方は二度家督を相続。

出所：廣岡家研究会（2017）

家（通称・本家）と加島屋五兵衛家（通称・新宅）である。

商家に限らず、本家が分家に対して優越的な地位にあるのが一般的であるが、廣岡家の場合、特に明治時代以降の廣岡家においては分家の五兵衛家がリーダーシップを発揮し、廣岡家総体としての進退を左右した面があるので、ここで関係性を整理しておく必要がある。

摂津国川辺郡東難波《ひがしなにわ》村（現在の兵庫県尼崎市東難波町）に居住した廣岡九兵衛家に生まれた廣岡《ひろおか》冨政《とみまさ》が、年代は不詳ながら大坂に出て、加島屋五兵衛という家に奉公に上がり、後に独立して加島屋久右衛門という店を興したことが分かっている。この加島屋五兵衛という家の業態は不詳であり、少なくとも廣岡家との縁戚関係は確認できていない（後に創出される分家・五兵衛家は、この名前に因んでいるが、別の家である）。

どういう経緯で冨政が奉公に上がったのかは不明であるが、伝承では、冨政が独立開業した年は一六二五年（寛永二）とされ、御堂前にて精米業を営んだとされる（宮本一九五七）。

加久の名跡は、一〇代正直まで続く。初代加久である廣岡冨政の兄・信政以下は、代々九兵衛を名乗る百姓であったが、久右衛門家との人的繋がりは深く、二代正吉、四代吉信は九兵衛家から来た養子である。この内、四代吉信は、一度九兵衛家の家督を継ぎながら、三代正中に男子がなかったがゆえに、婿養子として加久の名跡を襲っている。廣岡家総体の判断として、久右衛門家の相続を重視していたことが分かる。

五代正房は男子に恵まれ、次男・正謙をして分家・五兵衛家を創出させている。五兵衛の名は、

図0-4　廣岡本宅（玉水町）

出所：大同生命保険株式会社所蔵。

初代加久が最初に奉公に上がった五兵衛家（第1章で詳述）に由来している。四代吉信の遺言（一七六三年（宝暦一三）筆）に、「私が生きている間に、五兵衛の家名を再興したいと心掛けていたけれども、不幸にして自分には実子がなく、これまでいたずらに時間が過ぎてしまった」（「書置」、廣岡一二-五六-一二-一二）とあることから、初代冨政が恩義を受けながら、その後絶家となってしまった店の名を再興する、というのが久右衛門家としての宿願であったことが分かる。五代加久の際にそれが成し遂げられ、五兵衛の名を冠した分家が創出されたのである。

加久にとって五兵衛を名乗る分家を創出することが悲願であったことは確かだが、商家が分家（血縁関係や縁戚関係にある人物が本家に許されて興した家）や別家（奉公人が本家にのれん分けを許されて興した家）を創出することは珍しくない。そもそも加久の家自体、尼崎の廣岡九兵衛家から見れば分家なのである。

五兵衛家は、三井家から妻を迎えることを慣例としており、特に正信（信五郎）の妻、廣岡浅（一八四九－一九一九）は、前述のドラマ「あさが来た」におけるヒロインのモデルとなったのでご存じの読者も多いだろう（詳しくはコラム「廣岡浅と三井家」を参照）。

加久の店舗兼住宅は、その起点が不明ながら大坂玉水町（現・大阪市西区江戸堀一丁目、図0－4）にあり、この土地には現在、大同生命大阪本社が建っている。分家の五兵衛家の店舗兼住宅は大坂の江戸堀一丁目（現・大阪市西区江戸堀一丁目・土佐堀一丁目）にあった。

また、大同生命の旧肥後橋本社ビル、五兵衛家の私邸、加島銀行金沢支店などの設計に携わったウィリアム・メレル・ヴォーリズ（一八八〇－一九六四）は、廣岡亀（信五郎・浅の娘）の夫（婿養子）である一柳恵三の妹、一柳満喜子の夫で、廣岡家と縁戚関係にある（コラム「廣岡家の邸宅について」を参照）。

廣岡家から見た金融史

本書は、近年発見が相次いだ廣岡家にまつわる史料を、本書編者の高槻が中心となって組織した研究グループ（廣岡家研究会）で読み解いた成果を経過報告としてまとめたものである。しかし、本書のタイトルは『廣岡家の歴史』とはなっていない。これは、廣岡家という豪商が辿った歴史を、時代背景を踏まえながら叙述すれば、それは我が国金融市場が辿った歴史を叙述する書になり得ると考えたからである。

廣岡家が展開したビジネスについては、第1章以下で詳しく述べるが、ここで概略だけ述べておきたい。大坂が中央市場として台頭してくる一七世紀の後期には、廣岡家は諸大名が大坂に廻送してくる米を取り扱う米仲買を営んでいたと考えられ、大坂の堂島にあった米市場が一八世紀初頭に江戸幕府に公認された際には、四代加久（吉信、一六八九―一七六五、図0―3を参照）が、最初の頭取役の一人に任命されている。

一八世紀半ば以降には、大名に資金を融資すること、いわゆる大名貸《だいみょうがし》に経営の柱を置き、加久は大坂を代表する豪商に成長を遂げる。江戸幕府が政策資金を民間から調達する「御用金」においては、鴻池屋善右衛門と並んで常に筆頭の金額を納め、江戸幕府が経済政策を打つ際には、事前の諮問を受けることもあった（コラム「江戸幕府の経済政策と加島屋久右衛門」参照）。

明治維新の激動を乗り越え、一八八八年には加島銀行を設立し、一九〇二年には大同生命保険を創立した。昭和金融恐慌のあおりを受け、加島銀行は経営破綻に追い込まれるが、大同生命保険はその命脈を保ち、現在に至っている。

以上の簡単な紹介からも明らかなように、廣岡家は、世界の先物市場の先駆けとも言われる堂島米市場、大名貸《だいみょうがし》、銀行業、保険業と、日本の金融史を彩ってきたこれらの全てに深く関わっている。つまり、廣岡家が辿った歴史を観察することは、大坂金融市場が歩んだ歴史を観察することであり、ひいては日本金融史の核となる部分を観察することになるのである。これは長らく眠っていた廣岡家の史料が、この一〇年間で一気に世に出てきたことによってはじめて得られた視点である。経済・金融の歴史、と聞くと身構えてしまう方でも、実際に存在した商家、生身の商人を通して見た日本金融市場の歴史、ということであれば、臨場感をもって読んで頂けるかもしれない。とはいえ、個々の家、個々の組織の歴史を詳しく見ているだけでは全体像が見えにくい。日本金融史の中心を歩んだ廣岡家の目を通して見るからこそ、両者のバランスのとれた、臨場感のある歴史叙述が可能になるのではないか。本書はこのアイディアで貫かれている。

廣岡家に視点を置く以上、同家と直接関わりのなかった金融史上の出来事は捨象せざるを得ない。しかし、可能な限り、金融市場が辿った大きな流れの中に廣岡家を位置づけるべく、本書各章では、廣岡家をとりまく社会・経済の環境と、それぞれの時代に廣岡家が直面した経営的課題とが、バランス良く説明されているはずである（これは編者から強く要望し、それに執筆者陣が応えてくれたことによるものである）。具体的には、各章の冒頭で、各章が取り扱う時代における社会・経済の動向を整理した上で、廣岡家が金融市場でいかに振る舞ったのかを述べる、という構成で統一している。

もう一つ、本書には類書にない特徴がある。後述する通り、金融業こそ廣岡家の家業と言ってよいが、金融業だけを見ていては、廣岡家という商家の本質を見落としてしまう可能性がある。蓄富と平行して進められた文化的活動、社会的活動などがそれである。そこで本書では、これらをコラムという形で取り上げることにした。もとより、これらの活動は、廣岡家の金融業と無関係であったわけではない。

文化活動のパトロンとしての役割、「施行」（困窮者に対して米・銭などを拠出する行為）の担い手としての役割など、社会の中で金融業者が果たしてきた役割も、金融史を構成する重要な要素である、というのが本書を貫くもう一つのアイディアであり、本書のタイトルに「豪商」という言葉を使った理由を構成している。

いくら以上の資産規模があれば豪商と呼ぶ、などといった定義が研究者によって与えられているわけではない。差し当たって『日本国語大辞典』（小学館）を参照すると、「富豪の商人。大資本を動かし、巨額の利益を収めている商人。大あきんど」と説明されている。廣岡家がこの説明に該当する商家であることは言うまでもないが、冒頭で述べた通り、本書では「大いに儲けた商家」がすなわち豪商であるとは考えない。経済・金融のみならず、政治・社会・文化にも影響を与えた商家を「豪商」と定義する。この定義に照らしても、廣岡家が「豪商」と呼びうる存在であったか否か、本書を最後までお読み頂いた上で、読者の皆さんにご判断頂きたい。

本書がカバーする時代は、廣岡家が加島屋久右衛門を創業した江戸時代の初期から、昭和戦前期までである。金融業者としての主たる活動は、昭和戦前期までに限られる上、廣岡家は今も続く家であることも考慮して、右の期間が妥当と考えた。

本書が取り扱う金融取引は、証券取引（第1章）、デリバティブ取引（第2章）、金貸し業（第3章）、為替業務（第4章）、銀行業（第5章）、保険業（第6章）であり、これらは全て廣岡家のビジネスに含まれるものである。

廣岡家は、その創業以来、安穏とその地位を確保し続けたのではなかった。文字通り、波瀾万丈の歴史を乗り越えて今に至っている。そしてそれは日本の金融市場、日本の社会が乗り越えてきた波、そのものである。本書がそれを追体験する契機となることを執筆者一同は願ってやまない。

参考文献

廣岡家研究会（二〇一七）「廣岡家文書と大同生命文書――大坂豪商・加島屋（廣岡家）の概容」『三井文庫論叢』第五一号、三〇三－三九四頁。

宮本又次（一九五七）『大阪町人』弘文堂。

第1章

大坂金融市場の形成

――米市場《いちば》の誕生と加島屋の創業

高槻泰郎

金融都市・大坂

経済の中心地が大坂であることは今さら説明するまでもない。これは一七四八年（寛延元）に大坂で出版された『米穀売買出世車《べいこくばいばいしゅっせぐるま》』という書物に出てくる一文である。つまり、江戸時代経済の中心が大坂にある（あった）、ということは、遅くともこの書物が出版された頃から現在に至るまで、日本に暮らす人々の常識であり続けている。プロローグで見た幕末の長者番付（図0－1）でも、上位には大坂の商人が多く挙げられており、大坂に富商が集中していると見られていたことは確かである。

ではなぜ大坂に富が集まったのだろうか。ひとつの理由だけで説明するのはもとより難しいが、あえて整理するならば、流通に必要な仕組みが整っていたから、ということになるだろう。輸送網、倉庫設備、金融という、流通に必要な要素の全てが提供される場であったからこそ、大坂にモノとカネが集まったと考えられる。

では江戸はどうなのか。江戸にも整備された輸送網が存在していたことは周知の通りであるし、豪商と呼ばれる商家も少なからず存在した（図０－１）。しかし、金融の面で、大坂と江戸では大きな違いがあった。

一八八八年に大阪府農商課が江戸時代以来の商業慣行を調査した「商業慣例調」によれば、大坂の米穀商、木綿商、紙商などが、ほとんどの取引は手形で決済され、特に相手が望まない限り、現金決済は行われないと回答している。一方、江戸の商人は、多くは現金決済による、と回答している（作道一九六二）。

商家の資金繰りを考えるならば、信用取引が利用できた方が明らかに望ましい。例えば、仕入れ代金の支払いと、将来時点における販売代金の受け取りを相殺することができるのと、できないのとでは大きな違いが生まれる。

なぜ江戸と大坂で、金融市場にかくも大きな差が生まれたのか。ひとつ確実に言えることは、江戸と大坂の法制度の違いである。大坂には、「大坂法」と呼ばれる独特な法制度が敷かれており、それは端的に言えば債権者を保護する傾向の強い法制度であった（神保二〇二一、巻末用語集「債権」を参照のこと）。

こうした法制度が、大坂において信用取引が広汎に行われた背景のひとつを構成していることは疑いない。流通に関する物理的な基盤に加え、厚みのある金融市場が存在したことで、多くの財が大坂に集まり、そこで形成された価格が、基準価格として日本各地で参照された。当時の人々が大坂を「諸国相場之元方《もとかた》」と称えたゆえんである。

京都金融市場の隆盛

しかし、大坂が経済・金融の中心として機能するに至ったのは、早くても一七世紀の後半と考えられている。それまでの間、中心として機能していたのは京都であった。

江戸時代が始まって約五〇年が経った時点における大名・細川家の借銀構成を見て欲しい（表1―1）。京都における借り入れが圧倒的な地位を占めていたことが分かる[1]。

この傾向は細川家に限らず、毛利家（萩藩）の借銀も、一六五二年時点で京都四四・四％、江戸二八・一％、長崎一五・四％、大坂一二・一％との地域分布を示している（森一九七〇、三三頁）。一七世紀中葉の段階では、大坂は数ある金融市場の一つでしかなく、京都が金融市場として懸隔した地位を誇っていたのである。

京都に富が集まった背景として、貢租物の集散地であったこと、それに伴って金融市場も発達を遂げていたことが挙げられる（以下、本多・早島二〇一七、早島二〇一八に依る）。

一二世紀から一三世紀にかけて、京都や奈良にいた貴族、寺社などの荘園領主の代わりに、現地の所領にて年貢を徴収し、中央まで運ぶ作業を代行する業者として、借上《かしあげ》と呼ばれる集団（その多くが延暦寺の下級僧侶や貴族の下人）が活躍したが、彼らは一時的に預かっている年貢（銭）を運用するなど、副業的に金融サービスも提供していたとされる。

表1-1　1648年における細川家の借銀構成

	元銀（貫）	利息（貫）	元利合計（貫）	慶安元年払方（貫）
京都	7,317	2,194	9,507	594
大坂・堺	868	260	1,128	70
長崎	310	93	403	25
江戸	460	138	598	37
合計	8,952	2,685	11,638	728

注：新熊本市史編纂委員会編（2001）、263頁の表9より作成。貫未満切り捨て。利息は史料上の算定に従っている（年3割）。

借上は、後に土倉《どそう》と呼ばれるようになり、一四世紀の初頭には、彼らの提供する金融サービスが定着してくる。中世の税は、大きく収穫物の貢納と労働の提供とに分かれているが、収穫物が荘園から上がってくるのは毎年一〇月で、支出は一年中行われるとすれば、外部からの運転資本供給が不可欠であり、それを埋めたのが土倉だったのだ。

一五世紀に入ると、土倉の金融業は拡大し、不特定多数から寺に寄附された資金（「祠堂銭」）を土倉が預かり、これを地方に向けて融資するような金融サービスも提供されるに至った。この頃になると、土倉は荘園の年貢収納を代行する業者から脱皮を果たし、独立した金融業者として京都に展開していた。

日本史の心得がある読者なら、ここでふと疑問に思うはずである。応仁の乱以後の京都は混乱を極めて経済的に衰退したのではないだろうかと。政情の不安定が経済に正の効果をもたらすとは考えにくいので、そう考えるのも無理からぬことであるが、実際のところ、京都の経済的な地位は一七世紀中期頃まで維持されていた（念のため付言すると、一八世紀以後も京都は経済的な機能を果たし続けており、ここで議論しているのは、あくまでも大坂との相対的な位置関係である)。

少し古い研究にはなるが、この理由に肉薄している二つの研究を参照したい。一つは朝尾直弘氏による研究で、その特徴は、『毛吹草』という俳諧の手引書を用いて、各地の特産物を観察していることにある。一六三七年(寛永一四)から一六四五年(正保二)の間に刊行されたと考えられる同手引書には、俳諧で紹介するに足る各地の名産が紹介されており、およそこのぐらいの年代における産業分布を示すものとして、朝尾氏は『毛吹草』を研究利用したのである(朝尾一九六一)。

もうひとつの脇田修氏による研究も、同じく『毛吹草』を参照したものであるが、これを数量的に分析している点に特徴がある(脇田一九六三、九五―一一二頁)。数量的、と言っても各名産の生産量が分かるわけではなく、書き上げられている名産の件数を集計しているに過ぎないのだが、統計の得られない時代について、産業構造を把握するための手段として俳諧の手引書を用いる、という彼らの発想に拍手を送るべきだろう。

これらの研究によって明らかになったことを整理すると、(一)紹介されている全国名産、総数一八〇七件の内、畿内(大和・摂津・河内・山城・和泉)の件数は七〇六(三九%)と圧倒的に多いこと、(二)畿内の中でも山城(四三七件)が抜きんでていること、(三)山城でも特に洛中の特産は、医薬品・衣料織物関係・武具・美術工芸品・日常雑貨・食料品に集中していること、(四)農林水産物や農産加工品の原料を生産した地方と、加工品を生産した畿内という分業構造が看取されること、などである。

室町時代以来、山城・大和は武具の産地として知られており、そこで育まれた職人層が、政情不安に見舞われながらも、手工業生産を支え続け、その結果、畿内で生産される武具、美術工芸品、衣料品を領主層が買い求めるという構図が江戸時代に入っても維持されたと考えられる。

先に名前の出てきた細川家も、江戸時代初期から「調物奉行」を三人、京都に配置しており、軍需品や美術工芸品の調達や、資金調達の任を与えている（白石二〇二一）。江戸時代初期の時点において、領主層の求めるモノとカネを提供したのが京都市場だったのである。

京都金融市場の後退

しかし、一八世紀に入ると京都と大坂の地位は完全に逆転する。何が起きたのだろうか。四代目三井八郎右衛門、三井高房（一六八四―一七四八）が執筆したとされる「町人考見録(2)」（一七二八年成立）は、数多くの京都商人が一七世紀後期から一八世紀初頭にかけて没落していったことを伝えている。その原因は、対大名金融、いわゆる大名貸《だいみょうがし》である。

この中から一つ事例を挙げたい。京都の商人、二村寿安という、一代で身を興し、島津家や細川家をはじめ、数多くの大名に金を貸しながら、その一代で潰れてしまった家について紹介した項で、「町人考見録」は以下のように述べる（引用者が現代語訳）。

大名貸の商いは博打のようなもので、少しの損を見切ることができず、元金を回収しようと貸し付けを重ねてついには破滅にいたるものなのだ。（中略）町人に貸しても、貸付額が限られるため、大金は運用できない。債権回収が滞った場合には、分散（引用者註：債務者の財産を競売にかけて債権者に分配する手続き）によって多少の金額は回収できるが、相手は倒産してしまうので、それきりである。そのため、金銀を持て余して大名貸を始めるのだ。大名貸は、約束の通り取引がなされるならば、この上もなく効率的な商いで、人手は要らないし、帳面一冊と天秤一挺《ちょう》で十分である。まさに「寝ていて金儲け」とはこのことである。

余剰資金を抱える商家にとって大名貸が魅力的に映ったことがよく分かる。順調に債権回収がなされる限り、寝ていても儲かるという指摘も、大げさではあるが、細川家が支払った利息が年利三割であったとすれば（表1－1）、あながち誇張とも言い切れない。大きな資金を運用するには魅力的だからこそ、二村はこの「博打」に手を染め、没落した。三井高房は、そう言いたいのである。

「町人考見録」にはこの他にも多くの没落事例が紹介されているが、没落の要因を作り出した側、すなわち借金を踏み倒した大名として最も多く名前が出てくるのが、他ならぬ細川家である。「町人考見録」には「わけて細川家は前々より不埒《ふらち》なる御家柄にして、度々《たびたび》町人の借金断りこれあり」と出てくる（原文のまま、ルビは引用者が追記）。

借金断りとは、要するに踏み倒し（ないしそれに准ずる迷惑行為）である。特定の当主ではなく、

「家柄」が悪いとまで言われるとはよほどのことであるが、表1−1と併せ考えると、細川家は一七世紀中葉より京都で多額の借り入れを行い、それをうまいこと踏み倒すことによって資金を回転させていたと見ることができる。

それができたのも、（一）金融商人を乗り替えることができたから、そして（二）債務を正当な理由なく履行せずとも、江戸幕府から弁済を強制されることがなかったからである。

（一）については、「町人考見録」が説明している通りである。京都には潜在的に大名貸市場への参入を図りたい商家がおり、悪く言えば、細川家は借入先を「とっかえひっかえ」できたのである。

悪い評判が商人間で共有され、新規の借り入れが難しくなったり、金利が上昇したりしそうなものだが、実際には細川家は京都で借金を積み重ねることに成功している。一七世紀後半は持続的な米価上昇期にあたることから（岩橋一九八一）、潜在的な貸し手に対して返済の期待を抱かせるに十分であった、と考えておきたい。

（二）について、正確に言えば債権者は江戸幕府に訴え出ることは可能であった。事実、一七一三年（正徳三）の時点で細川家の江戸での借財は三八万両に及び、債権者が細川家を相手取って江戸町奉行所に出訴している（「国武弾助覚書」）。この時、細川家が懇意にしていた老中、井上正岑《まさみね》に執り成しを依頼するが、拒絶されるという一幕も紹介されている。

結局、この件で江戸幕府から細川家に弁済命令が出ることもなく、同時に債務が帳消しになったわけでもなかった（巻末用語集「債権」も参照のこと）。要するに、江戸幕府は債務者が大名である場合、債権者と債務者のいずれの肩も持たないことを基本としていたと考えられる。この点は本書前半の舞台装置として重要な点であるので、頭の片隅に置いておいてもらいたい。

とはいえ、この条件は江戸でも、京都でも、大坂でも同じである。先に述べた通り、「大坂法」と呼ばれる、債権者保護を特徴とする法の下にあった大坂ではあるが、これはあくまでも町人と町人の間の民事紛争についてであって、町人が大名を相手に出訴する場合は、大坂といえども家屋敷などを担保に取らない限り、強い債権保護は期待できなかった。つまり、大坂においても、大名貸が大きなリスクを孕むビジネスだったことに変わりはなかった。

では、なぜ京都金融市場は大坂金融市場にその地位を奪われたのか。その回答の糸口を、京都の両替屋、那波屋《なばや》九郎左衛門による一七世紀中後期の対大名融資を分析した松本四郎の研究に求めたい。松本は、那波屋による大名貸経営の特徴として、①貸付先の分散、②債務者との短期的（散発的）関係、③加入貸《かにゅうがし》（今日で言うシンジケートローン）、④物流と切り離された金融取引の四点を挙げつつ、一七世紀の後期にかけて、那波屋の経営が傾いていったことを指摘している（松本一九六七）。

対大名債権が幕府によって保護されないとすれば、①〜③の特徴は、特定の大名と深く結びつくことを避け、貸し倒れの危険に備えるという点で優れているように思える。では、なぜ那波屋は苦境に立たされたのだろうか。

松本は、④に京都商人の限界と大坂市場の興隆を見出している。すなわち、京都は物流の拠点とはなり得なかったので、借財の引き当てをしっかりと確保することができず、京都商人は債権回収に苦戦したのではないか、新たに物流の拠点として勃興した大坂が、金融センターとしての役割を継承したのではないか、との見立てである。

金融の理論的研究では、倉庫業から銀行業へと展開することの合理性が指摘されているが(Donaldson, et.al 2018)、大坂が歩んだ道のりは、それを歴史的に実証するものになっている。つまり、モノの流れを押さえることで、大坂は金融市場としての発展を遂げていった、ということである。ではなぜ、大坂はモノが集まる市場となったのか。以下、大坂に目を移して、この流れを確認したい。

大坂市場の台頭

大坂の都市として発展を遂げる契機が本願寺によって与えられたことはよく知られている。蓮如(一四一五−一四九九)が一四九九年に建立した坊舎とその周りに誕生した町が大坂であり、その後、一六世紀初頭に大坂御坊が置かれ、本願寺寺内として本格的な発展を遂げた(大澤二〇一九)。

一五八〇年(天正八)に、大坂の地は織田信長に委ねられることになり、続けて羽柴(豊臣)秀吉が、賤ヶ岳の戦いに勝利した一五八三年(天正一一)以降、城下町として大坂を建設する事業を開始する。

秀吉の大坂城下町建設構想については、（一）秀吉政権の本拠となる大坂城およびその城下町の建設、（二）内裏や五山寺院に代表される京都の伝統勢力の移転と支配、という二つの大きな特徴が指摘されている（財団法人大阪都市協会・大阪市都市住宅史編集委員会一九八九、一〇一頁、大澤前掲書、三四五頁）。結果的に、内裏の移転や、五山など京都の寺院の移転は叶わなかったが、城下の規模は石山本願寺の寺内町や信長の安土城下を大きくしのぐものとなった。

当時発展していた都市として、堺を思い浮かべる読者も多いだろう。一五九八年（慶長三）に近畿を襲った大地震によって京都・伏見・大坂は大きな損害を蒙ったが、堺の町はほぼ壊滅し、その復興に投資するよりも、大坂の商業・港湾機能を充実させた方がよいと判断され、当初は大坂の外港として位置づけられるはずであった堺は、この時に放棄されたと考えられている（財団法人大阪都市協会・大阪市都市住宅史編集委員会一九八九、一〇八頁）。

その大坂とて、一六一四・一五年（慶長一九・元和元）の冬・夏の陣で灰燼に帰し、都市としての発展は一時頓挫してしまう。その後、徳川家康の孫にあたる松平忠明《ただあきら》によって大坂の復興が進められ、一六一九年（元和五）、幕府は大坂を直轄都市とした。これ以後、新たな体制の下で、民間の力も全面的に活用して大坂の拡張が図られていった。

大坂城と大坂の町の復興が完了し、江戸時代を通じての経済都市・大坂の原型は、ほぼ一七世紀中ごろに完成したと見られている。大坂の動脈にあたる堀川の内、京町堀・長堀・立売堀など主要なものは、このころまでに成立している。

また諸大名が大坂に設けた蔵屋敷も、一七世紀初頭には大坂城周辺にあったが、一七世紀末には、より交通の便の良い中之島（堂島川と土佐堀川で挟まれた中洲）周辺に移動ないし新設されていった（宮本一九八八）。蔵屋敷は軍事施設から商業施設へと変化したのであり、大坂が諸大名の物資販売市場として確立していったことを示唆している。

折しも日本は大開発の時代にあり、全国的に新田開発が盛んに進められていた。最新の推計値によれば、一七世紀を通じて、石高、人口、ともに大きな伸びを示していることが分かる（表1-2）。一方、一八世紀に入ると伸びが鈍化していたことが分かる。人口も生産力も順調に伸びた一七世紀には、より多くの米が国内市場に出回るようになり、伸び続ける人口がそれを消費した、という全体像がここから浮かび上がってくる（高槻二〇一八）。

こうした市場環境の変化を巧みに捉えていたのが細川家である。一六二〇年代〜四〇年代における細川家の年貢米販売先は、大坂、長崎、小倉、下関、中津、大津など多岐にわたり、特に長崎で売却された米は、オランダ商館を通じて一六六〇年代までは輸出されていた（八百一九九八）。いわゆる鎖国体制が完成した一六三九年以後も、オランダ商館が航海中の食糧として必要とする分の米の輸出は認められていたのである。

細川家では、輸出のみならず、ある市場で買い求めた米を他の市場で転売する投機的な取引まで行っていた。このことからも、米が大坂へのみ集まったのではないことは明らかであった（朝尾一九六三）。細川家に限らず、立花家なども、この年代には「大坂では米の売りさばきが進まない」

表1-2　江戸時代における石高、人口の推移

A. 石高　（単位：1,000石）

	1600年	1721年	1804年	1846年	1874年
全国	30,678	48,808	58,803	67,062	76,351
東日本	9,777	17,132	20,686	23,300	25,903
中間地域	5,557	7,454	8,046	9,327	11,686
西日本	15,344	24,222	30,070	34,435	38,762

B. 人口　（単位：1,000人）

地域	1600年	1721年	1804年	1846年	1874年
全国	17,000	31,290	30,691	32,212	34,516
東日本（含東海・北陸）	—	16,079	15,020	15,742	17,012
西日本	—	15,211	15,671	16,470	17,504

注：深尾・中村・中林編（2017）、表1-1および付表1より抜粋。石高について、3地域区分の構成は、東日本（東東北、西東北、東関東、西関東、東山）、中間地域（新潟、北陸、東海）、西日本（畿内、畿内周辺、山陰、山陽、四国、北九州、南九州）となっている。詳しくは出典の63頁、および284頁を参照のこと。

という認識を示していたことが指摘されており（森一九七〇、四五頁）、やはり大坂は数ある米市場の一つに過ぎなかったことが分かる。

一七世紀後期に入り、オランダが台湾から撤退すると、長崎を通じた米輸出は下火となり、細川家も年貢米販売の比重を大坂に移していった。一七〇三年には、細川家の大坂への廻送米は八万石を数え、それまでの水準（三万～四万石）から、大幅な伸びを示している（新熊本市史編纂委員会二〇〇三）。この変化は、先に論じた大坂市場の物理的基盤の整備と無関係ではなかった。大坂が市場としての機能を拡充させていくにつれ、細川家も大坂での米販売に利便性を見出し、これに注力していったと考えられる。

時代を下った一七五二年（宝暦二）の数値を確認すると、細川家の総収入三〇万石の内、二九万石（九六％）が米納された年貢収入で占められている。ここで納められた米の一部は大坂で売りさばかれ、その数量は江戸時代後期には年間一〇万石を通例とした（高槻二〇一五）。

このように、江戸時代中期には、細川家だけで重さにして約一万五〇〇〇トン、細川家が用いていた俵に換算して三〇万俵もの米が、大坂へ廻送され、現金化されるに至った。大坂に諸大名の貢租米が集まり、売却され、それが大坂から各消費地へと輸送され、飯米あるいは酒造原料として消費されるという基本的な構造がここに確立した。

大坂米市の誕生

大坂が米の集散地として台頭してくる中、米市も形成されていった。大坂における米市の起源は、さまざまな史料に記されているが、いずれも戦国期以来の豪商、淀屋辰五郎の店先に商人が集まり、自然発生的に米市が開かれたことに求められている。淀屋の店は、淀屋橋南詰にあったと考えられており、現在も米市発祥の地であることを記念した碑が残されている。

米市が生まれた時期については正確な所伝を欠くが、以下に示す一六五四年（承応三）三月に江戸幕府が大坂で出した触書《ふれがき》（以下、町触《まちぶれ》ないし大坂町触と表記。大坂市中を対象に発令された指示・法令の総称）によれば、遅くともこの年までには米市が形成されていたと見なしてよい。ここでは筆者が現代語に訳したものを掲示する（大阪市参事会編一九一一）。

一、大坂で米仲買をする者の内、諸大名の蔵屋敷から米を買い、代銀の三分の一を支払い、手形を貰い受け、期日はあるとはいえども、その期日を延ばして手形を転々と売買することにより、米価を高値にしている者がいる。この売買は先年にはなかったことで、近年になって米仲買の者たちが始めたことである。とりわけ大坂だけでこうした商売が見られるので、これを禁ずる。

（中略）

一、諸大名の蔵屋敷にない米について、三分の一の敷銀を受け取ってまず手形を発売し、事後的に大坂へ米を廻送している者達もいると、下々の者が申しているそうである。

この町触は、大坂米市について江戸幕府が出した、現時点では最も古いと考えられているものである。そこにおいてもすでに、米俵と米俵を交換するような純然たる米市からの脱皮が起きていたことが確認されよう。

大名が国元から廻送した年貢米を蔵屋敷から落札し、その代銀（＝代金）の三分の一を支払うと手形が発行される。これに残りの金額を添えて蔵屋敷に提出すれば、米と引き替えることができたわけだが、落札者はこの米手形を第三者に転売していた。右には掲示しなかったが、同じ町触に「一枚の手形、一日の内に十人の手に渡り」との文言もあり、取引が活発になされた様子をうかがわせる。

こうした取引について、大坂町奉行所は「先年になかった」としているから、ちょうどこのころ、一七世紀半ばごろに始まったと考えてよい。さらに興味深いのは、右に掲げた二条目が示す通り、米がないにもかかわらず、手形が発行されることもあったことである。諸大名が、米が廻送される前に、米手形を発行して資金を前借りしようとしていたことは明らかだ。

このように大坂の米市は、ごく初期の段階から、米そのものを売買する市場ではなくなり、手形で売買する市場になっていた。それのみならず、米手形は実際に在庫されている米の量以上に発行されていた。大坂の米市は早くから単なる米の販売市場にとどまらず、将来の収入を引き当てにして諸大名が資金調達をする金融市場としても機能していたのである。

しかし、江戸幕府はこの市場に対して抑圧的な姿勢を見せていた。理由は、米価を不当に上昇させるから、であった。しかし、結論から言えば手形取引はなくならなかった。商人にとっても、そして大名にとっても都合がいい手形取引を停止することはそれほどむずかしかったのだ。

米切手の登場

江戸幕府は手形取引をやめさせることがむずかしいと見るや、手形と米との交換期限を短く設定することで、手形が流通する期間を短くする戦略に出た。米手形とは、米の代銀の一部を支払うことによって発行された言わば米の引換券だから、江戸幕府は残代銀を支払って米手形と米を交換する期限（米の蔵出し期限）を、米手形の発行から三〇日以内（一六六〇年［万治三］～）、後に一〇日以内（一六六三年［寛文三］～）とすることで、米手形売買の抑制を図ったのだ。

これは諸大名の蔵屋敷にとっても歓迎すべき施策であった。と言うのも、蔵米販売代金の三分の一を受け取って米手形を発行しても、残りの代金が支払われないまま、延々と米手形が転売され続けるという事案が実際に発生していたからである。米手形と米を交換する期限、すなわち残代金を支払う期限が明確に設定されることで、蔵屋敷は代金回収の計算を立てやすくなる。

この政策により、残代金は期限内に支払われるようになったが、米の蔵出しが先延ばしにされたこと自体に変化はなかった。しかし、蔵屋敷としては、代金さえ完納してくれれば、米を受け取りに来るのは先で構わない。いや、蔵にない米について、手形を発行している場合、少しでも先にしてくれた方が望ましかったはずである。

この代銀完納証としての米手形が、後に見る米切手《こめきって》となり、以後幕末まで盛んに取引されることになる。米手形から米切手への呼称変化は、享保期（一七一六～三五）に進んだとされる（作道一九六一）。

大坂商人が米俵ではなく、米手形、米切手での取引を望んだのは、その利便性からであろう。重くてかさの張る米俵で取引するよりも、証券で取引した方が便利であったのは想像に難くない。しかし、証券の形をとったことは、単なる取引の利便性向上にとどまらない、重要な変化をもたらした。それは、投機手段の創出である。

米手形を転々と売買し、米を受け取りに来ないという事案が頻発していたと述べたが、このこと自体、この取引に参加していた人びとの中には、米そのものを必要としていない人びとが含まれていたことを示唆している。

商品価値の三分の一の金額で証券（米手形）が発行され、その価格変動によって利益を上げることを知った大坂商人は、江戸幕府の規制を受けてもなお、米切手の取引によって投機の場を維持しようとした。恒常的に投機取引が行われる場が生まれたのである（高槻・上東二〇二二）。

ここで生まれた証券取引市場から、後にデリバティブ取引が生まれ、そして江戸幕府公認の堂島米市場へと展開していくのだが、その過程は第2章に譲り、ここで本書の主人公、加島屋久右衛門に目を移したい。

加島屋久右衛門の創業

一六〇三年、尼崎藩領・東難波村（尼崎市）の百姓・廣岡豊政の次男として生まれた廣岡冨政（一六〇三―一六八〇）は、伝承によれば一六二五年（寛永二）に、大坂御堂前に店を構え、精米業を開いたとされるが（宮本一九五七）、このことを裏付ける史料は残されていない。

しかし、冨政が一六八〇年（延宝八）に記した遺言（図1―1）には、まず加島屋五兵衛という商家に奉公に上がり、銀二〇貫目を譲り受けてのれん分けをして加島屋久右衛門（以下、加久）を創業したことが記されている。

残念ながら、冨政が五兵衛家に奉公に上がった年・地点、および五兵衛の業種、そして独立開業した年・地点・業種は遺言には記されておらず、全く不明である。伝承にある一六二五年の創業が事実とすると、二〇歳過ぎの若者が創業したことになるが、江戸時代の初期においては、若年層による起業も珍しいことではなかったのかもしれない。

史料から確実に言えることは、一六九〇年（元禄三）の時点で加久（二代目）が大坂剣先町（大阪市西区）に屋敷を所有していたこと、一六九三年（元禄六）には、玉水町（大阪市西区）に、加久名義の土地と五兵衛名義の土地が隣接していること（廣岡家研究会二〇一七）、一七〇一年（元禄一四）には五兵衛家から土地を買い受け、右土地が全て加久名義になったことである（「廣岡家由緒并に御褒美頂戴の儀書上」大同A二–三）。

五兵衛家の一七〇一年九月時点の勘定によれば、資産二四貫八四〇目に対して負債八四貫六六〇目余と、債務超過に陥っており、債権者の名前には加久やその親族の名前が見えることから、初代加久が奉公に上がった五兵衛家は、一七世紀末から一八世紀初頭の間に退転した可能性が高い。

四代加久（吉信）が一七六三年に認めた遺言において、「元祖教西様（引用者注、冨政）が加島屋五兵衛殿の家に奉公に上がられ、それから加島屋久右衛門として独立なされたところ、右の五兵衛殿の家は絶家になってしまった」（「書置」廣岡一二–五六–二–二を引用者現代語訳）としていることも、

図1-1　初代・加島屋久右衛門の遺言（1680年）

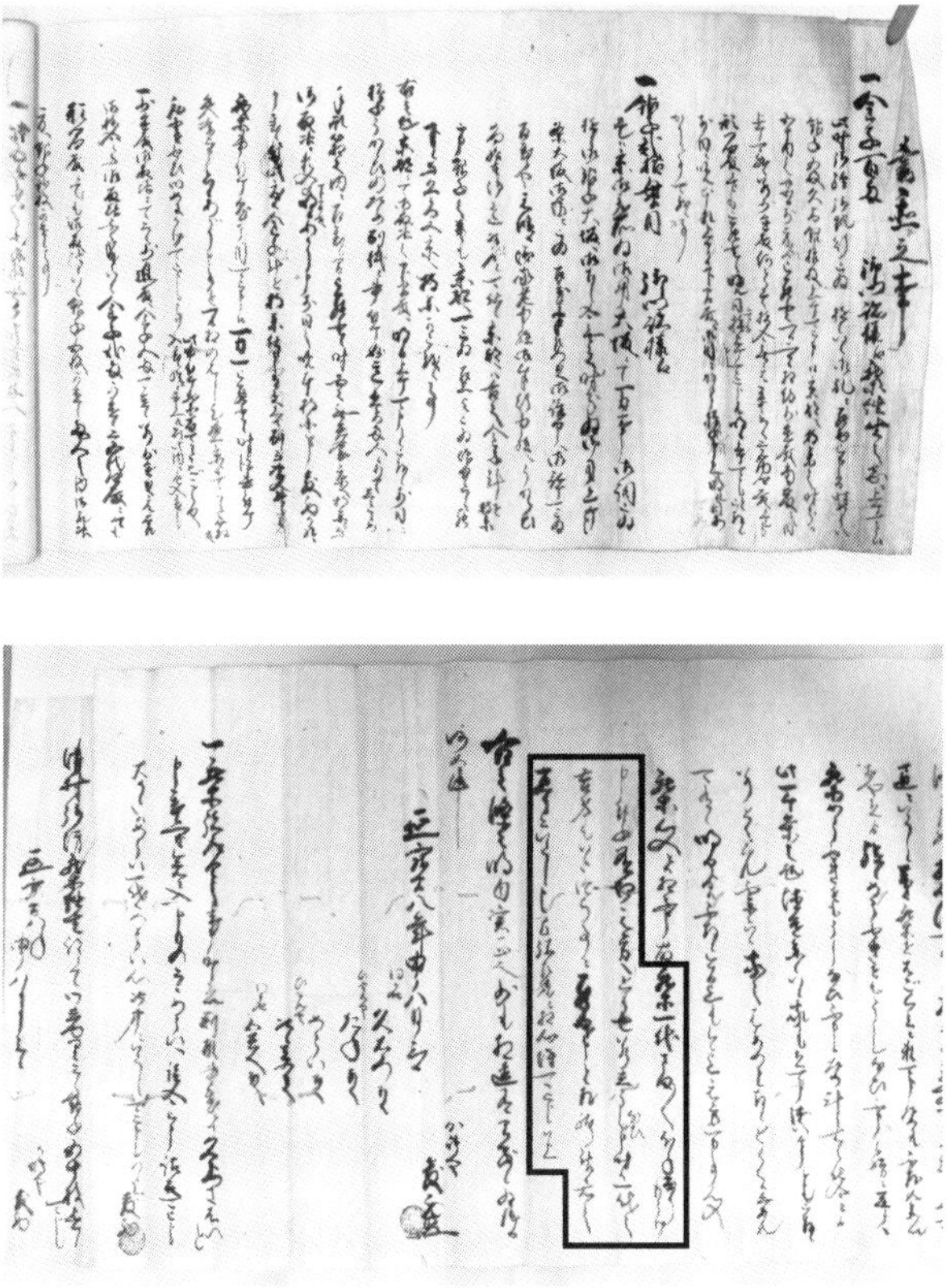

注：初代加久（冨政・教西）が二代加久らに宛てた遺言。末尾に初代の署名が見える。
出所：「書置之事」（廣岡12-22）

右の推測を裏付けている。なお、プロローグで触れた通り、後に加島屋久右衛門が創出する分家・加島屋五兵衛は、右の加島屋五兵衛家に因んだものである。

では、初代加久のビジネスとはいかなるものだったのか。残念ながら、それを直接裏付ける史料はほとんど残されていないのだが、わずか二通の古文書から、おぼろげに観察することはできる。

一点目は、一六七四年（延宝二）九月に、富山藩家老の近藤主計以下、六名が連署し、藩主である前田正甫《まさとし》が裏書を与えて発行された借用証文である（銀一〇貫、丁銀、利率は月一・二％、借入期間は一年。「借用申銀子之事」廣岡一二-四九-二）。この証文には宛名が記されていないので、加久に宛てられたものかどうか、これだけでは判断できないのだが、もう一点の古文書から、加久に宛てたものと解釈してよいことが判明する。

すなわち、右の借用証文と同日に、京都の伊藤四郎左衛門（佐晴）と大坂の桑名屋仁兵衛が連名で加久（富政）に宛てた書付では、右の借用証文が間違いのないものであるとしつつ、返済は来年の八月から九月にかけて富山藩の年貢米を大坂で売却した代金でもって行うこと、米の受け取りと売却、銀一〇貫の返済は、この両人が行うことを約している（「請合手形之事」廣岡一二-四九-三）。

加久は、富山藩の年貢米の受け入れと売却には関与しておらず、ただ銀一〇貫を貸し出しただけであるから、この時点では、蔵に出入りして商用を果たすような存在にはなっていない。そもそも、富山藩が発行した借用証文の宛名に加久の名前がなかったところを見ると、藩側は直接加久を認識していなかった可能性もある。京都の伊藤四郎左衛門と大坂の桑名屋が、富山藩の資金調達を大坂で斡旋し、加久がそれに手を挙げたという構図だったのかもしれない。

いずれにせよ、ここで注目すべきは、一六七〇年代において、大坂商人に対する募債が行われていたことである。先に述べた通り、この時点においては京都が金融の中心であったが、右の事例は、大名の食指が大坂に伸びてきていたことを示すものとして興味深い。加久はこうした募債に手を挙げることで、徐々に大名との関わりを深めていったものと思われる。

とはいえ、初代加久の時点では、大名との関係はさほど深くなかったと考えられる。一六八三年（天和三）に岡藩へ融資した事実も確認できるが、取引は散発的である。つまり、この段階では、大名貸は未だ経営の軸にはなかったと考えるべきである。

では、創業期の加久が具体的に何を商っていたのかが気になるところであるが、残念ながらそれを直接示す証拠はない。もっとも、初代加久の遺言を読む限り、相応の財産を築いたであろうことは確かである。その財産の分与について、必要最低限の金額のみを息子である正吉らに分配し、残りは全て京都の西本願寺に寄進したいと述べている。先に掲示した遺言（図1−1）の線で囲った箇所には次のようにある。


【史料原文（書き下し）】

我等一代さまざまほねおりもうけ申す銀子、有切其方へとらせ、もし志うしない申す時は一代の苦身もいたづら事に罷り成り申すと存、残銀は右の通りにいたし申し候間、いよいよ左様に相心

得申さるべく候、以上

（大意）

私が一代で様々の苦心をして儲けた銀を、全てお前に与え、もしお前がそれを無為にしてしまったら、私一代の苦心もむだになる。そこで、残る銀は右の通りにするので（西本願寺関係者に寄進するので）、よくよく心得ておくように。以上。

初代加久の遺言の特徴として、西本願寺への寄進に関して強い意志を窺わせることと、「我等一代」という言葉が頻出することの二点を挙げておきたい。前者について、廣岡家と西本願寺は、以後も深く関わりを持つので、ぜひコラム「信心と経営」を参照されたい。

後者について、「我等」とはここでは一人称であり、私一代の苦身、私一代のもうけ、などという形で繰り返し登場する。自分が築き上げた財産なのだから、自分の好きなように処分して当然である、という意識が随所に表れている。これは創業者としての意識を強く反映するものと見て良いだろう。

後に加久を豪商の地位に押し上げることになる四代加久（吉信）による遺言（第2章で紹介する）と対比した時、その違いは歴然とする。ひとまずこの点を頭の片隅に置きながら、以下を読み進めて頂きたい。

加島屋久右衛門の蔵元への進出

一七世紀の段階では、間接的に、あるいは散発的に大名に資金を融通するにとどまっていた加久であるが、一八世紀に入ると、大名の蔵屋敷に出入りする商人へと変化していく。

諸大名が年貢米などの産物の売りさばきのために、大坂をはじめとする主要都市に設置した拠点は一般に蔵屋敷と呼ばれているが、一八世紀以降の大坂では、その運営が商人に委ねられていたことが知られている。と言っても、丸投げしていたわけではない。

一七世紀中頃までは、特定の商人（時に集団）が大名の年貢米を一手に買い受け、その転売も自己の才覚で行って差益を得ていたのだが、それら商人による不正（代金の着服、代金の不払いなど）が横行した結果、藩役人主導で米の入札が行われるようになり、一名ないし二名程度の商人が、藩の指示に従って入札の差配と、代金回収とを行って手数料をとるような仕組みへと変化したのである（森一九七〇、第2章）。

蔵屋敷に出入りして、産物の売りさばきを差配する商人を蔵元《くらもと》、代金の収納、送金を担当した商人を掛屋と呼ぶが、一軒の商家がこれらを兼務することも多かった（宮本一九八八）。加久が大名の蔵屋敷に出入りするようになったことを示す最も古い記録は、一七二六年（享保一一）の前田家（大聖寺藩）に関するものであるが、この時、加久は「蔵元・掛屋・船裁許兼帯」も拝命している（「大坂え御廻米御支配覚」大同B八‐四九）。

この時に加久が大聖寺藩と取り交わした覚書には、蔵米の受け取り、販売、運送に関する業務内容と、それぞれの手数料が細かく規定されており、これらをパッケージとして請け負ったからこその「蔵元・掛屋・船裁許兼帯」だったのである。かつての商人のように自己の才覚を働かせる機会はないと言っていいが、大名と深い関係を有したことは確かである。

事実、右の覚書を取り交わすに当たって、中津屋喜兵衛、肥前屋次右衛門（それぞれ属性不詳）の両名が、加久の身元を保証する一札《いっさつ》を大聖寺藩算用場の奉行に対して差し出している（「御請合申上ル事」大同B八―五〇）。ここから大聖寺藩側が蔵元・掛屋をしっかりと管理する意向を持っていたことが分かると同時に、この段階の加久は、第三者の保証なくしては蔵屋敷に出入りすることのかなわない存在であったことが窺われる。

一七三六年度（元文元）、一七三九年度（元文四）の勘定目録には、収益勘定に「蔵米売買口銭」、「登米口銭」の項目が見え、加久の蔵元としての性格が出始める。また、金利収入の計上も始まっているため、蔵元・掛屋業務と平行して、融資も行うようになっていたことが分かる。また、一七五一年度（宝暦元）の収益勘定には、黒田家（筑前藩）から受け取った「合力米」、奥平家（中津藩）から受け取った口銭が計上されており、加久が蔵元・掛屋として金融上の用達を勤めている様子が鮮明になり、収益の大半が金利収入で占められるようになる。

かくして蔵屋敷の中に入り込むようになった加久は、この立場をテコに、大名貸ビジネスでのし上がっていくことになるが、その過程について述べる上で欠かせない市場がある。堂島米市場である。

注

（1）ここでは利息が年三割とされており、近世中期以降の平均的な大名貸利子率（年利一〇％前後）と比べても高い水準にある。もっとも、中世の利子率は、一般に土地などを担保にした場合、月利五％、単利で年利に換算すれば六〇－六五％（閏月含む）であったとされるので、それに比べれば金利は下がっていたと言える（本多・早島二〇一七）。

（2）ここでは『徳川時代商業叢書』に依った。「町人考見録」は、番頭の中西宗助の力を借りて執筆されたとされる。ひとつ注意しなければならないのは、この史料は、子孫への戒めとして、大名貸経営がいかに危険なものであるかを伝えるものであるため、危険性を強調する誘因が含まれていることである。したがって、実際には順調に債権回収ができていた商家を積極的には取り上げなかったことが懸念されるが、それでも没落例それ自体は信憑性のあるものである。

参考文献

「国武弾助覚書」郷土文化研究所編（一九五六）『熊本県史料集成 第一一集 肥後藩の政治』日本談義社。

「町人考見録」赤堀又次郎編（一九一三）『徳川時代商業叢書　第一』國書刊行会。

朝尾直弘（一九六一）「十七世紀における産業構造の特質」『日本史研究』五六号（後、朝尾直弘『朝尾直弘著作集　第二巻』岩波書店、二〇〇八年に収録）。

朝尾直弘（一九六三）「上方からみた元和・寛永期の細川藩」大阪歴史学会編『幕藩体制確立期の諸問題』吉川弘文館、一八九－二三八頁（のち『朝尾直弘著作集　第二巻』に所収）。

岩橋勝（一九八一）『近世日本物価史の研究――近世米価の構造と変動』大原新生社。

大阪市参事会編（一九一一）『大阪市史 第三』大阪市参事会。

大澤研一（二〇一九）『大坂の都市史的研究――戦国・織豊期』思文閣出版。

財団法人大阪都市協会・大阪市都市住宅史編集委員会編（一九八九）『まちに住まう――大阪都市住宅史』平凡社。

作道洋太郎（一九六一）『日本貨幣金融史の研究――封建社会の信用通貨に関する基礎的研究』未来社。

白石烈（二〇二一）「肥後藩京都留守居の役割変遷――買物会所の吏僚から国事周旋へ」今村直樹・小関悠一郎編『熊本藩からみた日本近世――比較藩研究の提起』吉川弘文館。

新熊本市史編纂委員会編（二〇〇一）『新熊本市史 通史編 第三巻 近世Ⅰ』熊本市。

新熊本市史編纂委員会編（二〇〇三）『新熊本市史 通史編 第四巻 近世Ⅱ』熊本市。

神保文夫（二〇二一）『近世法実務の研究（上）・（下）』汲古書院。

高槻泰郎（二〇一五）「近世期市場経済の中の熊本藩――宝暦改革期を中心に」稲葉継陽・今村直樹編『日本近世の領国地域社会――熊本藩政の成立・改革・展開』吉川弘文館、七九－一一〇頁。

高槻泰郎（二〇一八）『大坂堂島米市場――江戸幕府vs市場経済』講談社。

高槻泰郎（二〇二〇）「金融の街・大坂はいかにして生まれたか」『経済セミナー』第七一七号。

高槻泰郎・上東貴志（二〇二二）「投機取引市場の誕生（仮）」『経済史研究』二〇二二年一月、第二六号。

早島大祐（二〇一八）『徳政令――なぜ借金は返さなければならないのか』講談社。

廣岡家研究会（二〇一七）「廣岡家文書と大同生命文書――大坂豪商・加島屋（廣岡家）の概容」『三井文庫論叢』第五一号。

深尾京司・中村尚史・中林真幸編（二〇一七）『岩波講座 日本経済の歴史 第2巻 近世 16世紀末から19世紀前半』岩波書店。

本多博之・早島大祐（二〇一七）「鋳造の自由と金融の自由」深尾京司・中村尚史・中林真幸編『岩波講座 日本経済の歴史 第1巻 中世 11世紀から16世紀後半』岩波書店。

松本四郎（一九六七）「寛文――元禄期における大名貸しの特質「町人考見録」にみえる那波九郎左衛門家を中心に――」『三井文庫論叢』創刊号。

宮本又郎（一九八八）『近世日本の市場経済――大坂米市場分析』有斐閣。

宮本又次（一九五七）『大阪町人』弘文堂（二〇一〇年に講談社より復刊）。

森泰博（一九七〇）『大名金融史論』大原新生社。

八百啓介（一九九八）『近世オランダ貿易と鎖国』吉川弘文館。

脇田修（一九六三）『近世封建社会の経済構造』御茶の水書房。

Donaldson, Jason Roderick, Giorgia Piacentino, and Anjan Thakor (2018) "Warehouse banking," *Journal of Financial Economics*, 129(2), 250–267.

江戸幕府の経済政策と加島屋久右衛門

高槻泰郎

突然の呼び出し

一八一八年（文化一五）二月三日、大坂西町奉行所から加久の店に差紙《さしがみ》（奉行所が呼び出しを行う際に用いる書面）が届き、そこには「明日四日に手代一名を出頭させるように」と書いてあった。

翌日、手代が出向いたところ、永田兆十郎という大坂町奉行所の与力から、「これまで公儀御用を勤めてきた功績により、久右衛門にご褒美が与えられる。ついては、家の由緒などを調べて書付にまとめて提出するように」との談話があった。

一般的に、奉行所の与力というと町人に対して高圧的に臨んでいたようにイメージされているかもしれないが、少なくとも大坂の富商にとっては、様々な相談に乗ってくれる存在であった。実際、この時も永田は「由緒のことだから、祖先は何の大納言、または誰の子孫とあっても構わない（由緒の事ゆえ、前は何の大納言または誰子孫と申す儀、苦しからず候）」と助言している。由緒《ゆいしょ》書《がき》というものを読む時には心して読まねばならないことを教えてくれる助言であるが、加久が最終的に提出した書付を見ると「私の先祖は摂津国尼崎藩領難波村出身で、氏素性は卑しきものですので申し上げるべきほどのことはございません（私先祖の儀は当国尼ヶ崎領難波村より罷り出で、氏素性賤しき儀にて申し上げ奉るべき程の儀ござなく候）」とあり、潤色した形跡はない。明治維新後

①

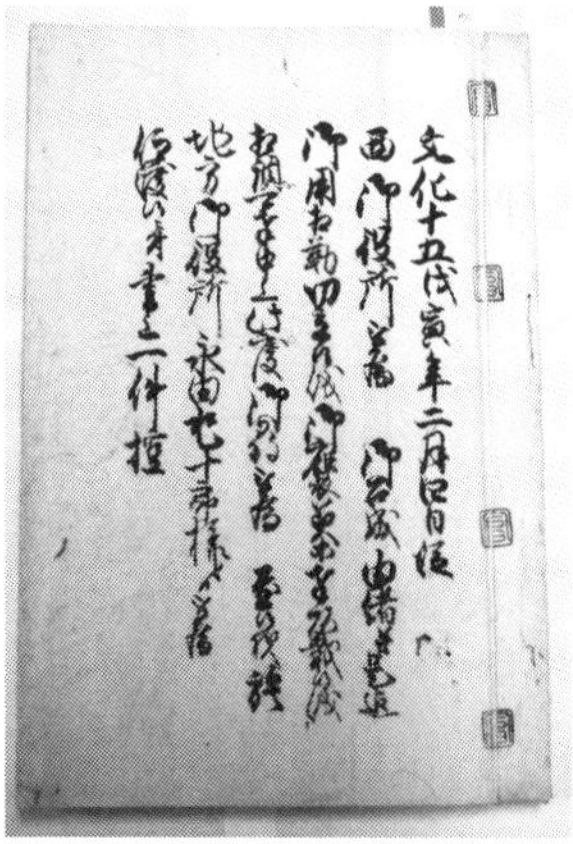

②

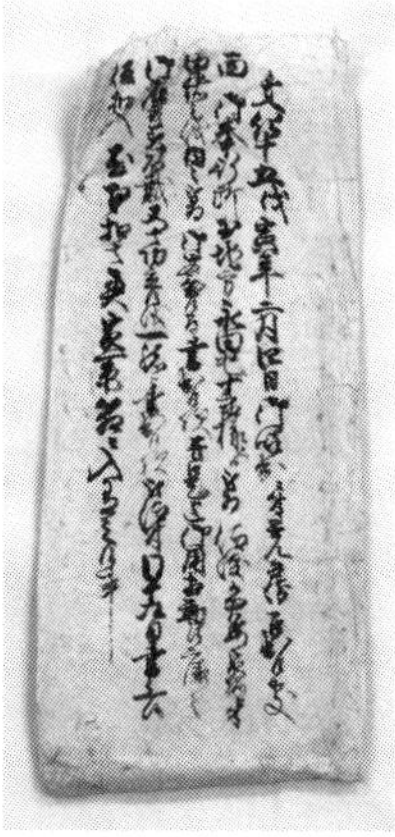

写真「廣岡家が大坂町奉行所に提出した由緒書の控え」

出所：①の出典は「廣岡家由緒并に御褒美頂戴の儀書上」（大同A2—3）、②は「〔袋〕〔久右衛門家柄由緒書上控入れ〕」（廣岡12—24）である[1]。

に同家が作成した系図には明らかな潤色が見られるのだが、その点は深入りしない。

さて、奉行所からの右の指示を受けて、当主（七代加久・正慎）と手代が、店の蔵を物色したり、玉水町の会所で古記録をめくったり、尼崎の廣岡九兵衛家に出向いて取材をしたり、大慌てで家の歴史を書付にまとめる様子が、「廣岡家由緒并に御褒美頂戴の儀書上」（大同A二―三）という一冊の史料に記されている。

この時の調査内容は、廣岡家の歴史を考える上で大変貴重な素材を提供してくれるものだが、本コラムで着目したいのは、加久の江戸幕府に対する貢献、すなわち右の書付の末尾に列記された貢献の数々である。

加久の貢献

加久が江戸幕府に対してなした貢献の第一は、資金拠出であった。それは対江戸幕府貸付の形をとることもあれば、寄付の形をとることもあるが、右書付には、一七六一年（宝暦一一）一二月に、江戸幕府が大坂の富商に対して半強制的に融資を命じた際に、四代加久・吉信が五万両を拠出したことを皮切りに、天明飢饉下の一七八三年（天明三）三月に銭四千貫文の寄付をしたことなど、一八一八年に至るまでの数々の金銭的な貢献が記載されている。

加久自身が申告した内容による限り、窮民救済を名目とする大規模な寄付は右の一七八三年三月が最初であるが、これは同年二月一日に玉水町の店で騒動が起こったこと（「摂陽奇観」天明三年二月一日条、岩田二〇〇四、一六三―一六五頁）を受けたものと考えられる。

その経緯を簡単に紹介する。折からの米価高騰を受け、加久などの商家が米の買い占めを行っているとの張り紙が大坂市中でなされたという。そうしたなか、二月一日に、玉水町の加久店の門口で前髪を残した子供二名が取っ組み合いの喧嘩を始め、「駒除垣」をへし折ったため、それを見た加久の下男が両名を打擲《ちょうちゃく》したところ、見物人達が「子供のしたことに対して打擲するとはおとなげない」と騒ぎ立て、砂や小石を投げつける者や、座敷まで乱入する者も出てきたため、大坂町奉行所の役人が出向いてその場は収まったという。

加久などが米の買い占めを行った事実は確認できないとはいえ、この騒動以前になされていた張り紙の内容からすれば、加久はしかるべき対応（寄付など）を行うべきと、大坂市中の者たちから思われていたことは確かであり、この事件を境として、加久が窮民救済のために多額の寄付を行うようになったこともまた確かである。

この頃の加久は既に「豪商」と呼ぶに相応しい地位を築いており、それに伴う社会的責任が、民衆側から突きつけられたのであろう。「豪商」はかくあるべし、という規範意識が社会に存在したことを示しており、大変興味深いが、ここでは深掘りせずに、加久による対幕府の貢献に目を戻したい。

江戸幕府が江戸や大坂の富商に対して、政策資金確保のために融資を半強制的に命じたり、米価引き上げのために米を半強制的に買わせたりすること、言い換えれば経済政策の実施に際して商人の資力をあてにするようになるのは享保期（一七一六–一七三一）以降とされており、大坂での発端は、一七三一年（享保一六）六月に、大坂町人約一三〇名に対して、米価引き上げを目的として米の買持ちを命じたことに求められている。

この時点で加久は堂島米市場の頭取役を務めていたが（第2章参照）、右の一三〇名に名を連ねていないということは、まだそれだけの身代を築いていなかったということなのであろう。右に示した通り、一七六一年には三井八郎右衛門や鴻池屋善右衛門と並んで大坂市中でトップとなる五万両を拠出するまでになっていたということは、この三〇年間において、四代加久が実現した成長がいかに急激であったかを物語っている。

以後、幕末に至るまで、現金の拠出にせよ、米の買持ちにせよ、あるいは飢饉・災害時における寄付にせよ、加久による貢献は顕著であるが、加久の貢献は資金面に限られたわけではなかった。

政策に関する諮問

江戸幕府が経済政策を発動する場合、一般的には「上意下達」、つまりこういう政策を打ち出すので従いなさい、と指示したとイメージされているかもしれない。しかし、少なくとも江戸時代中期以降の江戸幕府は、政策を発動する前に町という組織や特定の商人に、その是非や、効果的な実施手段を諮問することがあった（藤田 二〇一二）。

民意を聴く、と言えば聞こえがいいが、実際には民間の意見をそのまま採用することは少なく、あくまでも「参考意見」として聴取したに過ぎない。とはいえ、それによって政策の内容が変化することが実際にあった。

詳細は拙著（高槻 二〇一二、二〇一八）を参照して頂きたいが、加久もそうした諮問を受けた商家のひとつであった。加久は、同じく豪商の鴻善らとともに、大坂米市場の運営に大きく関わる重要施策について事前の諮問を受けることも少なくなかった。江戸時代中期以降の幕府は、経済政策を発動する際に、鴻善や加久などの豪商の資力に期待しただけでなく、政策内容に関して意見を述べることも期待していたのである。その意味で、加久などの豪商は、資金と市場知識の両面で江戸幕府の経済政策の中に組み込まれていた。否、大名財政の根幹を握っていたことを併せて考えるならば（第3章）、幕藩体制の維持・運営において欠くべからざる重要な歯車であった。単純に資産が大きい、儲けているというだけではなく、社会的影響力を持っていた商家を本書では豪商と呼ぶ、と本書冒頭で定義したが、加久や鴻善は、この定義に照らして、まさに豪商と呼ぶに相応しい家であった。そのことは、加久の経営の盤石ぶりを説明するものであると同時に、幕藩体制崩壊後の苦境を予想させるものでもあるが、それは第4章以降の議論に委ねたい。

注

（1）写真の②が①を入れていたと思われる袋であるが、中身と袋の伝来が異なるのは、一九四四年、廣岡正直氏が奈良県橿原市の岡橋家の蔵へ、廣岡家に伝わった古文書類を疎開させ、戦後になってその一部を引き取った（岡橋清元氏談）ことに起因する。すなわち、この時、正直氏は廣岡家の由緒書を重要と考えて、袋の中身を抜き取って自宅に持ち帰ったものと思われ、それが最終的に大同生命に寄贈されて「大同生命文書」の一部として伝来し、袋はそのまま岡橋家の蔵に置かれ、二〇一五年に発見され、今に至るのである。この由緒書は、廣岡家の歴史を伝えるのみならず、「大同生命文書」（大阪大学所蔵）と「廣岡家文書」（神戸大学所蔵）がルーツを同じくするものであったことを伝えているという意味でも貴重である。

参考文献
岩田浩太郎（二〇〇四）『近世都市騒擾の研究――民衆運動史における構造と主体』吉川弘文館。
濱松歌國（一九二七）「摂陽奇観」（船越政一郎編『浪速叢書 第四』浪速叢書刊行会。

高槻泰郎（二〇一二）『近世米市場の形成と展開――幕府司法と堂島米会所の発展』名古屋大学出版会。

高槻泰郎（二〇一八）『大坂堂島米市場――江戸幕府VS市場経済』講談社。

藤田覚（二〇一二）『泰平のしくみ――江戸の行政と社会』岩波書店。

第2章

堂島米市場《いちば》の誕生

——デリバティブ取引の活況と加久の躍進

高槻泰郎

堂島新地、生まれる

第1章で述べた通り、遅くとも一七世紀の中頃には、淀屋橋の南詰めに米市が立っており、そこで米手形（後に米切手）が盛んに売買されていた。諸史料が伝えるところによれば、一六九七年ごろ、当時新たに開発された中州である堂島（当時は「堂島新地」と呼ばれた）へ米市は移転し、以後、一八六九年に明治新政府が停止命令を下すまで、この堂島にて取引が行われることになる。

ここで大坂の地図（一九世紀初頭）を参照しておきたい（図2-1）。地図の右手に、現代にもその名が残る大江橋と淀屋橋が南北方向に直列しているのが見えるだろうか。この淀屋橋から北に進んで大江橋を渡り、少し西に入ったあたりに堂島米市場はあった。絵図では堂島川にせり出すように「米市場」と書かれているが、取引が行われたのは路上であった。

加久が遅くとも一六九三年には店を構えていた玉水町は、地図のほぼ中央、南北に走る西横堀川が中之島とぶつかるあたり、西国橋の西側にあった。堂島米市場から歩いて五分程度の距離にある。なお、加島屋久右衛門の手代が足繁く通ったと思われる奥平家（中津藩）蔵屋敷は地図の最下方、

図2-1　19世紀初頭における堂島周辺地図

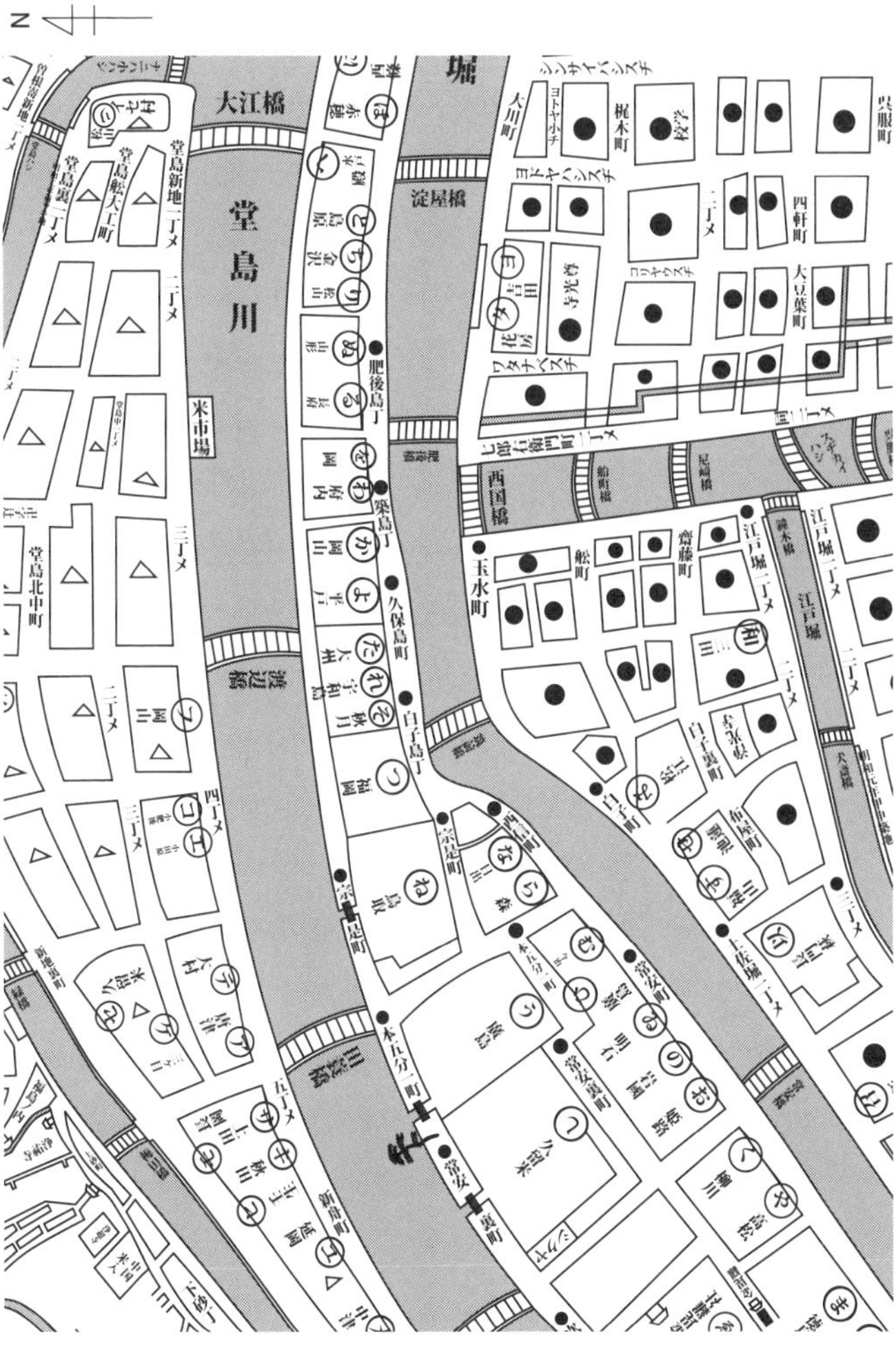

出所：「増脩改正摂州大阪地図」（国立国会図書館デジタルコレクション）をもとに作図。

毛利家（萩藩）蔵屋敷は地図右側、やや下方に見え（これらの藩との関係については第3章で詳述）、これらも玉水町から歩いて五分程度のところにある。

米市が移転した堂島新地が形成される過程には、江戸幕府が主導し、河村瑞賢《ずいけん》（一六一八－一六九九）が現場指揮をとった河川整備事業が深く関わっている（村田二〇〇九）。数年越しの事業の内、堂島米市場にとって特に重要だったのが、一六八四年（貞享元）二月から一六八七年（貞享四）四月にかけて行われた普請で、瑞賢の治水計画が反映されたものと考えられている。

大坂の市場としての発展を重視した瑞賢は、淀川の水量を確保して舟運を円滑ならしめ、さらに内川筋（諸堀）の受容水量も確保して市内舟運の利便性を向上させることを企図し、実際にその通りとなった。この時、堂島川が掘り立てられ、堂島新地が生まれたのである。

先物取引、生まれる

米市が堂島新地に移転した、ちょうどその頃、ある画期的な取引方法が大坂で産声を上げた。後に帳合米商《ちょうあいまいあきな》いと呼ばれることになる、一種の先物取引である。

帳合米商いの起こりを説明する史料は複数確認されているが、これらは大同小異で、底本を同じくする写本が複数作成されたものと思われる。ここでは、大坂商家に伝来した「米商旧記」に依って、帳合米商いの起源を記した箇所を見てみたい。

【史料原文（書き下し）】〔振り仮名は原文に付されているものを適宜取捨した〕

正徳・享保の始年、〔中略〕大坂に備前屋権兵衛、柴屋長左衛門という米商人あり、手狭にこれなき売買賑いのためとして、建物米という名目を立て置き、米商の者相談の上、限日を相極め、右延着日限までの延べ売り・延べ買いという事を相始む、これ今の帳合商の権輿なり

〔大意〕

正徳・享保の初年頃〔一七一〇年代〕、〔中略〕大坂に備前屋権兵衛、柴屋長左衛門という米商人がいて、手狭ではない売買を活発に行うためとして、立物米《たてものまい》という名目を立て、米商人同士で相談して満期日を定め、延べ売り・延べ買いということを始めた。これが今の帳合米商いの起源である。

世界初の先物取引市場が産声を上げたことを記す史料にしては、あまりにも簡素であるが、当時の人びとにとっては、あえて長々と説明しなくても分かることだったのかもしれない。我々はこのわずかな手がかりと、後の堂島米市場における帳合米商いの姿から、誕生の経緯を考察する他ない。

この頃には既に米の代金完納証書としての米切手が盛んに取引されていたはずであるが、それでは取引が活発に行われないとして（当時の人々はその状態を「手狭」と表現している）、立物米《たてものまい》（建物米とも書く）という名目を作って、これを取引することにしたという。ポイントは二点である。第

一に、なぜ米切手取引だけでは「手狭」だと考えられたのか。第二に、名目を作って売買をするとはどういうことか。

なぜ米切手では手狭なのか

第一の点について考える上で、まずは第1章の内容を思い出して頂きたい。米代金の三分の一を支払うことで発行された米手形の取引が隆盛を見た後、江戸幕府の規制を受けて全代金完済証書としての米切手が発行されるに至ったと述べた。つまり、米代金の全額を納付した場合にのみ証券が発行されることになり、それが米切手と呼ばれたのである。

この変化を最も歓迎したのはおそらく諸大名の蔵屋敷で、代金が完納されている以上、切手が切手のまま転々売買されても困らない。むしろ、蔵米在庫量以上に米切手を発行しているとすれば、米切手と蔵米の交換は先延ばしにされた方が望ましかったとすら言える。

一方、市場参加者としては取引のしやすさが損なわれた面がある。なぜなら、それまでは米代金の三分の一さえ支払えば米手形を受け取ることができ、自由に転売できたのであるが、全代金完済証書としての米切手になってからは、取引一件当たりに必要となる資金が大きくなってしまったからである。

我々が目下観察している一七世紀後期から一八世紀初頭の大坂米市場で取引された米切手が、後の米切手と全く同じであったという証明は難しいのだが、仮に同じであったとすると、一枚当たり一〇石の米との交換を約束する証券であったことになる。米一〇石は重さにして約一・五トン、標準的な米俵（四斗俵）に換算して二五俵という量である。気軽に取引できる証券では決してない。

取引に参加する顔ぶれが限られてしまうことによって、取引が「手狭」になっていたと解釈するとして、次に考えるべきは、第二の点、なぜ立物米という名目がこの問題を解決するのか、である。

名目を売買するとはどういうことか？

ここで生まれた立物米は、後の堂島米市場の帳合米商い（デリバティブ取引）においてもやはり名目として取引された。なぜ名目と言えるのか。それは、実体がないからである。

実体がないものを売買することなどできるのか。大坂商人に言わせれば、それは可能であった。買ったら売り埋める、売ったら買い戻す、つまり反対の売買をして売りと買いを相殺してしまえば、実物のやりとりはしなくていいのではないかと考えたのである。

そんなことをして何が嬉しいのか。金融に馴染みのない読者はそう思われるだろう。しかし、大坂商人がこのようなことを始めたのには当然ながら理由がある。

米俵を取引するのは嵩張るので面倒である。米切手で取引するには元手がいるし、参加者も限られるから自由に売り買いができない。彼らの言葉を借りれば「手狭」である。そこで、米切手の価格と連動するような名目を作りだし、これを売買すればよいのではないかと考えた。

後の堂島米市場を念頭に、数値例を挙げたい。これが生まれた直後の立物米取引とどれだけ一致しているか分からないが、大きくは異ならないと考えている。

今、筑前米（黒田家・福岡藩の蔵米）の米切手が一石あたり銀六〇匁であるとしよう。匁というのは大坂で用いられた価値の表示単位で、ここでは円と読み替えて頂いても全く差し支えない（巻末用語集「貨幣制度」を参照されたい）。

あなたはこの筑前米切手が値上がりすると予想しているが、米切手を買うだけの資金がないとする。米切手は一枚あたり一〇石なので、一枚あたり銀六〇〇匁（金にして約一〇両）となる。日本銀行貨幣博物館の試算によれば、一八世紀における米価から計算した金一両の価値は約六万円なので[1]、ひとまずこれを機械的に当てはめると米切手は一枚六〇万円となる。なかなか手が出しづらい金額である。

あなたは歯がみする。元手さえあれば、値上がり益を手にすることができるのに、と。そこで立物米の出番である。

筑前米を元に作られた名目である「筑前米立物」を、一石あたり銀六〇匁で一単位（一〇〇石）買うとしよう。この時点ではお金もモノも動かない。そもそも立物米は名目なので実体はないから、モノを受け取ろうにも受け取るモノがないのだ。

後日、はたして筑前米切手は一石あたり六四匁に値上がりし、それとおよそ価値が連動している

「筑前米立物」も、同じく上昇して一石あたり六三匁になったとする。ここであなたはすかさず「筑前米立物」を売り埋める。一石あたり六〇匁で買った立物米一単位（一〇〇石）を、一石あたり六三匁で一単位売り埋めたことになるので、（六三－六〇）×一〇〇＝三〇〇匁（金五両≒三〇万円）の利益を得ることになる。安く買ったものを高く売り渡したことによる利益である。

仮に米切手取引市場しかない世界だとすれば、あなたの利益はゼロである。損もしないが得もしない。そもそも取引に参加できず、筑前米切手が値上がりしていく様子を、ただ指をくわえて眺めていたはずである。それが、筑前米立物があることによって、あなたは三〇〇匁の利益を得た。最初に何も持っていなかったにもかかわらず。

もう少しこの数値例で説明を続けよう。右の例ではうまいことあなたの予想はあたったわけだが、今度は予想が外れて、ほとんど値上がりしなかったとしよう。筑前米切手も、「筑前米立物」も一石あたり六〇匁のまま、じりじりと推移するが、一石あたり六〇匁以上に上がってくれないと売り埋める意味がないので、あなたはじっと待っている。

しかし、残念ながら、立物米取引に定められた満期（前掲史料参照）までついに値上がりすることはなく、逆に「筑前米立物」は一石あたり五七匁になってしまった。ここで市場からあなたに通知が来る。「あなたが買い持ちしている一単位を、即刻、一石あたり五七匁で売り埋めてください」と。

この場合、（六〇－五七）×一〇〇＝三〇〇匁の損失となり、あなたはこの金額を支払うことになる。一般的な商品先物取引の場合、例えばオレンジ先物を一単位、買持ちしたまま満期日を迎えた場合、規定数量のオレンジを、規定の場所において受け取ることが可能である（もちろん売り埋めてしまっても構わない）。しかし、「筑前米立物」には実体がないので、受け取るものがない。単純に売り埋めなさいと指示され、それに応じるのみである。

立物米は現代で言う指数である

金融に馴染みのある読者は、ここで取引されている「筑前米立物」が、現代でいう株価指数に近い性質を持っていることにお気づきだろう。代表的な株価指数である日経平均株価指数を例にとろう。これは、東京証券取引所市場第一部に上場する銘柄のうち、市場を代表する二二五銘柄を対象として日本経済新聞社が算出する株価指数で、株式市場の動向を代表するものとして参照されている。

日経平均株価指数は、あくまでも指数なので、これ自体を売ったり買ったりはできないが、日経225先物などの商品を売買することはできる。では、日経225先物を一単位購入し、取引最終日（満期日）までそのまま維持していたとして、何を買うことができるだろうか。

日経平均株価指数は物体ではないので、モノを受け取ることはできない。取引所から提示される特別清算指数（SQ）に従って、反対売買をしてくださいと指示されるのみである。すなわち、買持ちしていれば売り埋めることを、売っていれば買い戻すことを求められ、最初に買った（売った）時点の価格と、売り埋めた（買い戻した）時点の価格の差（差金）がやりとりされるのみである。

堂島米市場における帳合米商いも全く同じ構造であった。立物米という名目、現代風に言えば指数を売買するのみで、米俵ないし米切手は一切やりとりされなかった。

そんなことをして何が嬉しいのか。もうお分かりであろう。取引に参加するためのハードルをできる限り下げて、少ない元手金でも取引が続けられるようにするためには、名目を取引することが都合よかったのだ。

もちろん、どんな名目でもよいわけではない。最も多く取引されていて、かつ、誰もがその価値について判断が可能な財をもとに名目を作らなければ、取引は盛り上がらない。事実、後の堂島米市場では、一年を三期の取引期間に分け、それぞれの期間について、米仲買人の投票によって一つの銘柄を立物米に選び、それを名目として帳合米商いを行っている。

誰もが納得する銘柄をもとに名目（指数）を作りだし、それを満期日まで自由に売買し、最後は全て相殺してしまう。ここには米俵はおろか、米切手も登場しない。こうした先物取引を現代では指数先物取引と呼ぶが、現時点で確認されている限りでは、堂島米市場は、おそらく世界最古の指数先物取引市場（巻末用語集「先物取引」も参照されたい）であろう。

清算機関の誕生

右の取引を生み出した商人として、先に掲げた史料に登場する備前屋と柴屋については全く属性が分からない。これだけのイノベーションを起こした商人が、なぜ無名なのかと不思議に思う読者もいるだろう。しかし筆者は、ここで名前の挙がっている商人が無名であることは、これまでの解釈とかえって整合的であると考えている。これは大きな元手も、蔵も持たない商人が、それでも取引を続けたいと願って立物米取引を生み出したことを示唆しているからである。

ひとたび産み落とされた立物米取引は、さらなるイノベーションを生み出す。それが集中清算システムである。先に掲げた史料の続きを読みたい。

【史料原文（書き下し）】

振合相対にて限月までには済まし来り候えども、追々人数相増し候につき、振合相対にては済まし難く、これによって支配人と申す者を相定め、賃銀をもって支配致させ候わば、埒合いよろしくこれあるべくとて、又々相談に及ばれ、支配人出来致し候、只今の遣来両替屋なり（「米商旧記」）

（大意）

〈決済は〉一対一の相対で行ってきたけれども、おいおい人数が増えてくるにしたがって、相対で決済することがむずかしくなってきた。そこで支配人という者を設け、賃金を支払って決済の管理をさせれば都合がよかろうということで、再び米商人同士で相談し、支配人という役職が生まれた。これが今の遣来両替屋《やりくりりょうがえ》である。

先に述べた通り、立物米取引の決済は、売りと買いを相殺する形で行うが、参加者が取引のたびに一対一で行っていたのでは大変なので、支配人という役職を設け、この支配人に清算を統括させるようになったとある。この支配人と呼ばれる人びとが集まって清算を行う場が、後に「消合場《けしあいば》」と呼ばれる清算機関となり、支配人は「遣来両替（米方両替）」と名前を変えて清算業務にあたることになる。

二〇〇八年の金融危機を経験したアメリカでは、清算機関を経由しないで清算が行われる店頭デリバティブ取引（OTC, Over the Counter）が大混乱をもたらしたことを踏まえて、デリバティブ取引の清算を集中的に行う中央清算機関（CCP, Central Counter Party）の優位性が議論された（Pirrong 2011）。このことを踏まえる時、どのような商人かも分からないような無名の商人たちが、おそらく世界初となる指数先物取引を創始し、中央精算機関まで作り上げたことには、驚くほかない。日本金融史にしっかりと刻んでおくべき事柄であろう。

堂島米市場の公認

取引とは一対一で行うもの、そして商品と代金を受け渡しするもの、という発想にとらわれなかったことで、大坂米商人は売りたい時に売れる、買いたい時に買える市場を創り出すことに成功した。現代の言葉を用いるならば、流動性の高い市場を創ることに成功した。

しかし、江戸幕府はこれに対して厳しい目を向けていた。一六九七年一月の大坂町触では、「米俵のやりとりもせず、口頭で売買を行うか、あるいは俵数を書いた紙面だけを売買し、さらにこれを質に入れるなど、博打同然の商売をしている者がいる」とした上で、これらを「不実なる売買」として、死罪もしくは牢舎の対象としている（大阪市参事会編一九一一）。

「俵数を書いた紙面」とは先に見た米手形（米切手）を指すと考えられ、米俵のやりとりをせずに口頭のみで売買を行う行為は、上述の立物米取引と発想を同じくしている。少なくとも、帳簿上で売りと買いを相殺させ、取引対象物の移転を省略する取引そのものは、一七世紀末の段階ですでに生まれていたことが分かる。

第1章で紹介した、一六五四年（承応三）三月の大坂町触では、米価高騰につながるからという理由で米手形取引を禁止していたが（三六–三七頁）、ここでは米価についての言及はない。商品をやりとりしない帳簿上だけの売買、あるいは「紙面」のみを転々と売買する行為は「不実」であり、博打同然である、という理由で禁じているのである。それが一七三〇年（享保一五）には一転して認めるに至る。この変化には米価が深く関係している。

第1章で論じた通り、一七世紀を通じて、石高、人口、ともに大きな伸びを示した日本経済は、一八世紀に入ると成長が鈍化する。特に人口の伸びが止まったことは明らかで、一七世紀を通じて拡大しきった米生産を受け止めるだけの消費人口の伸びは期待できない状況に陥った（第1章、表1–2）。

そうした状況下で豊作が続いた場合、しかも外国に米を輸出するという選択肢がない場合、何が起こるか。米の供給過剰であり、米価の低落である。米価の低落によって困るのは誰か。第一に、江戸幕府も含む領主階級である。彼らは米現物で年貢を徴収し、それを売却することで財政収入としていたので、米価が下がる、より正確に言えば、米の他財に対する相対価格が低落すれば、収入は目減りするため、米価安の状態を看過することはできない。

一七三〇年八月、江戸幕府は堂島米市場における米切手取引と帳合米商い（先の立物米取引）を容認し、翌年には正式に承認して公的な米市場として位置づけるのだが、この一七三〇年という年は、まさに米価が底値をつけた年であった。それまで米価高騰の原因となる、あるいは「不実」であるといった理由で禁止してきた米切手取引と帳合米商いを認めてまでも、米価の上昇を期待したのである。

大坂米市場の全体像

堂島米市場が「天下御免」の米市場になったことは、日本金融史に大きな画期をもたらした。その画期性について説明する前に、ここで大坂米市場の全体像を確認しておきたい。

図2-2は、制度的完成を見た一八世紀中期以降の制度を反映したものとなっている。各地の農民より貢租米が領主へ納められ、領主はそれを陸路・海路を通じて大坂へと運ぶ（図2-2の1）。九州・中国・四国地方の諸藩は、この作業を例年一〇月から翌年四月頃にかけて行い、日本海沿岸諸藩は四月から九月頃にかけて行った。

大坂の蔵屋敷では貢租米を入札によって売却し、落札者に米切手が発行される（図2-2の2）。ほとんどの大名は、この時に得られる収入を引き当てとして、商人から資金融通を受けており、蔵屋敷に対して米仲買人が支払った米代銀は、その返済に回された。残ったお金が江戸ないし大名の国元へと送金され、各種の支出にあてられる。

送金といっても、江戸時代の中期以降は現金銀が輸送されることはまれで、ほとんどが為替で送金された。為替の仕組みの詳述は避けるが、大坂で受け取ったお金を、江戸ないし国元のATM（現金自動預け払い機）から引き出すような仕組みだと考えればよい。

米仲買が受け取った米切手は、多くの場合、堂島米市場へそのまま転売される（図2-2の3）。米現物を必要とする者は、米仲買を通じて堂島米市場で米切手を発注し、そこで得た米切手を蔵屋

図2-2　大坂米市場における取引の流れ

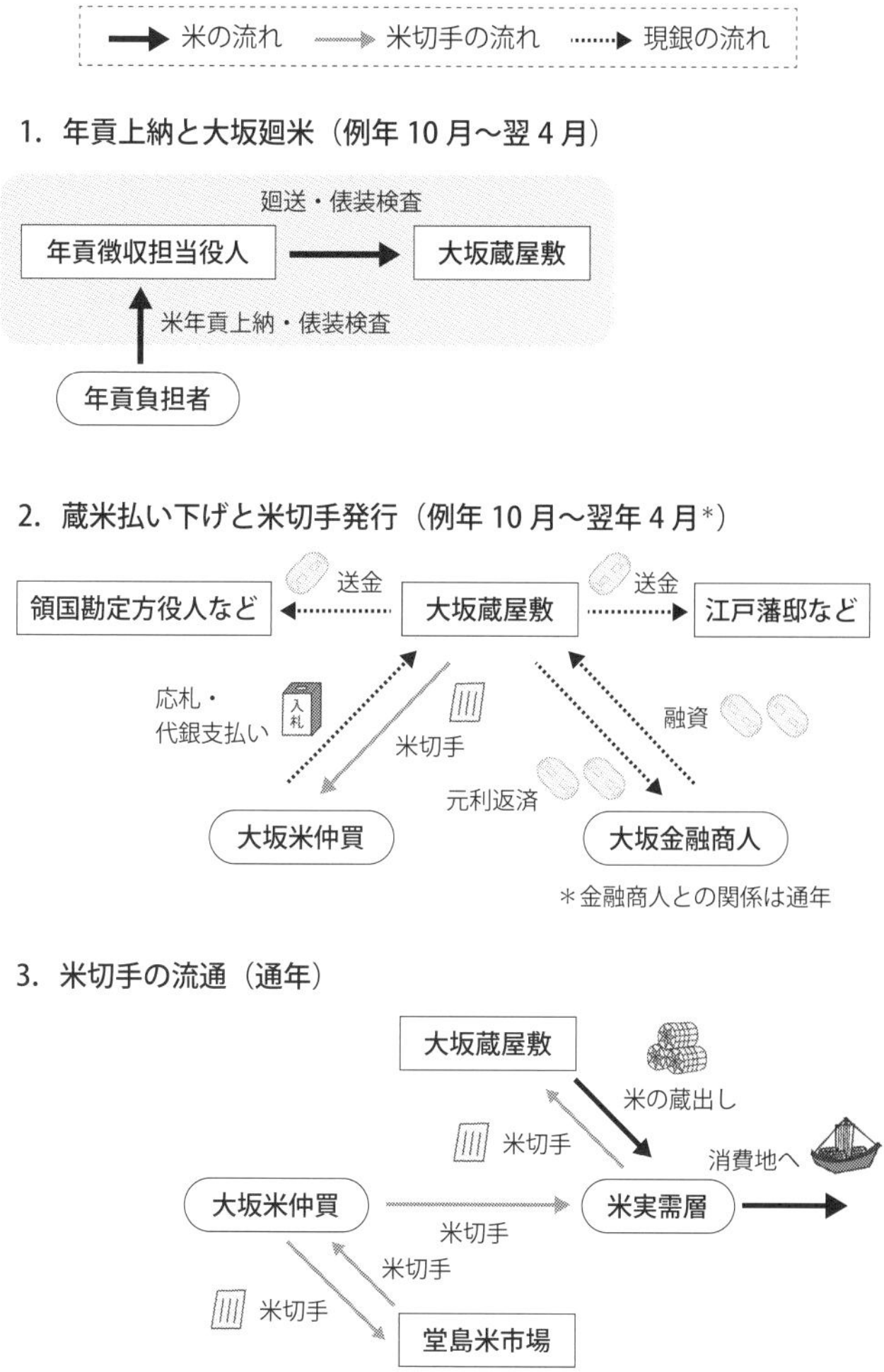

出所：高槻（2012）をもとに作成。

敷に提出することで米を得る。この米が大坂市中ないし江戸をはじめとする各地の市場へと再び送り出された。

大名が大坂で得た資金は、金融ネットワークを通じて、江戸や諸大名の国元に循環したことが分かるだろう。まさに近世日本経済の心臓として機能したのが大坂米市場だったのであり、その中枢にあったのが堂島米市場だったのである。

大名の資金調達市場としての堂島米市場

当時、最大の資金需要者であった大名は、右の構造において資金調達を行ったのだが、それには大きく分けて二通りの方法があった。

第一に、蔵米を入札で販売し、米切手を発行する方法である。もし米切手がなければ、大名は廻送してきた米俵を逐次、入札で払い下げていくしかなかったわけだが、米切手という証券により、将来蔵に格納される予定の米についても、あらかじめ売ることができた。一度に全ての米切手について米との交換を求められるわけではなかったから、廻送されてくることが明らかな米については、先にこれを売ることができたのだ。これは堂島米市場がもたらした画期的な変化である。

第二に、米の売却益などを引き当てにして特定の商人から資金貸与を受ける方法である。このような金融契約を、当時の人々は「大名貸《だいみょうがし》」と呼んだので、本書もこれに倣うことにする。歴史的経緯からすると、第一の方法、つまり米切手発行や代金の授受・送金をサポートした商人（蔵元・掛屋と呼ばれた）が、次第に当該大名に融資を行うようになっていく形が一般的であったとされているが（森一九七〇）、江戸時代の後半に入ると、金融業を専業としない商人も含め、多くの商人が大名貸市場に参入してくるようになる。

右の二つの方法の内、前者、すなわち米切手発行・取引市場については、江戸幕府がこれを自らの支配下に置いたため、米切手取引を巡る紛争（代金の未払いなど）や、蔵米と米切手との交換を巡る紛争が生じた場合、大坂町奉行所に訴え出ることで裁定を仰ぐことができた（高槻二〇一二、二〇一六、二〇一八）。

後者の大名貸については、大名が元利の支払いを遅延ないし拒否してきた場合、債権者は江戸幕府に訴えることは可能であったが、江戸幕府はこれに対して積極的に弁済命令を出すことはなかった。仮に弁済命令を出しても、強制執行を行うようなことはなかった。

以上を踏まえると、大名は幕府の管理下にある米切手発行市場と、事実上、管理外であった大名貸市場の両方にまたがって資金調達を行っていたことになる。

米切手は、現時点では蔵にない米についてもあらかじめ売ることができる便利な証券であったが、運用を誤って過剰に発行してしまうと、蔵米との兌換請求に応じられない状況に陥る可能性がある。こうなった場合、米切手所持人による取り付け騒ぎが起きるだけでなく、大坂町奉行所への公訴に発展するため、大名には極力これを避けたいという誘因が働く。

一方、大名貸については、江戸幕府から弁済指示が強く出されるわけではないので、大名には元利返済を行わない誘因が常に働く。事実、少なくない大名がいわゆる借金の踏み倒しを行っており、世間一般に抱かれている大名貸のイメージを形成しているが、仮にこのイメージ通りであったとすれば、加久をはじめとする商家の成長が説明できなくなってしまう。やはり、大名に元利返済を動機づける方法は現実に存在したのであり、この点については次章で詳しく論じる。

「加島屋久右衛門巧者につき」

以上に見てきた一七世紀末から一八世紀初頭の変化の中で、加久はどのように立ち回ったのであろうか。具体的な行動は史料的に確認することが難しいが、ひとつ確実に言えることは、一七三〇年から翌年にかけて、江戸幕府が堂島米市場を公認し、米仲買人たちを株仲間に編成した際、最初の頭取役の一人として加久（四代目・吉信）が任命されたことである（廣岡家研究会二〇一七）。

第1章で述べた通り、加久は、一七二六年（享保一一）に大聖寺藩の「蔵元・掛屋・船裁許兼帯」を拝命しており、加久が堂島での米商いを手がけながら、蔵元として大名との関係を築きつつあった時期に、堂島米市場が認可されたことになる。

堂島米市場が認可されたことにより、大名による米切手発行はいよいよ活発化した。認可前の市場全体における米切手発行残高は六〇万俵から九〇万俵程度を推移したのに対し、認可後は、安定的に一〇〇万俵を超えるようになる。ちなみに最高値を記録したのは一八一一年で三四二万五千俵（四斗俵で石高換算して一三七万石、重さにして二〇万トン強）である（株式会社大阪堂島米穀取引所編一九〇三）。

米切手取引の拡大は、加久に新たな活躍の場を与えた。それは、米切手を用いた大名の資金繰りをサポートする役割である。

先に述べた通り、米切手は将来到着することが分かっている米について、「今」売ることを可能にする便利な証券であったが、当然、限度がある。目先の資金欲しさに目がくらんで、度を超して発行した場合、米切手所持人からの兌換請求に応じられなくなる事態に陥ってしまう。

江戸幕府は一七六一年（宝暦一一）に米切手と米との兌換を法的に義務づけ、もし兌換が滞った場合に、大坂町奉行所に出訴する道を開くが（高槻二〇一二、二〇一八）、それ以前においては取り付け騒ぎが起きた場合、当事者同士、つまり蔵屋敷と米切手所持人による話し合いで解決するほかなかった。大名にとっては難しい交渉であり、一歩間違えば市場での信頼が失墜し、米の販売（＝米切手発行）に重大な支障が生じ兼ねなかった。この交渉で手腕を発揮したのが加久（四代・吉信）だったのである。

一七四八年九月、周防国・長門国が暴風雨に見舞われ、米の生産が打撃をうけたことにより、毛利家（萩藩）の大坂廻米が減少し、翌年四月ごろには、米切手と米俵の交換が滞るようになり、騒動に発展してしまった（以下、小川一九九六による）。この時、萩藩は「加島屋久右衛門巧者《こうしゃ》につき」

という理由で加久に相談し、加久は米仲買の立場や思惑を勘案しながら萩藩に解決に向けた助言を行い、五月には問題を解決している。

加久の急成長

萩藩が「巧者」と見立てたのは、加久が堂島の動静に精通しており、仲買人の間で顔が利くことを念頭に置いていたためと考えられる。右の事件がひとつの契機となったのであろう、加久はその後、萩藩との関係を深め、同藩による藩政改革を支えていくことになる（森一九七〇、伊藤二〇一四）。この点は、第3章において詳述する。

加久が御用達を務めたのは萩藩に限らない。加久は堂島米市場の米仲買としての知識・経験・人脈をテコとして諸大名からの信頼を勝ち取り、大坂を代表する豪商へとのし上がっていった。

大坂で大名貸を積極的に行った家の内、連続的に資産額が把握できる鴻池屋善右衛門（以下、鴻善）、加久、小西新右衛門（以下、小西）の三家について、資産から負債を差し引いた純資産額の推移を追ったものが図2−3である。

各家とも近世中期から幕末にかけて順調に資産を増やしていたことが分かる。鴻善の場合、一七世紀中は米の江戸積や苧《からむし》の取引などを盛んに行っていたものの、一七世紀末から一八世紀初頭までに、諸大名の蔵元・掛屋を務めるようになり、その後大名貸に特化したことが知られている（森

図2-3　大名貸商人の純資産推移

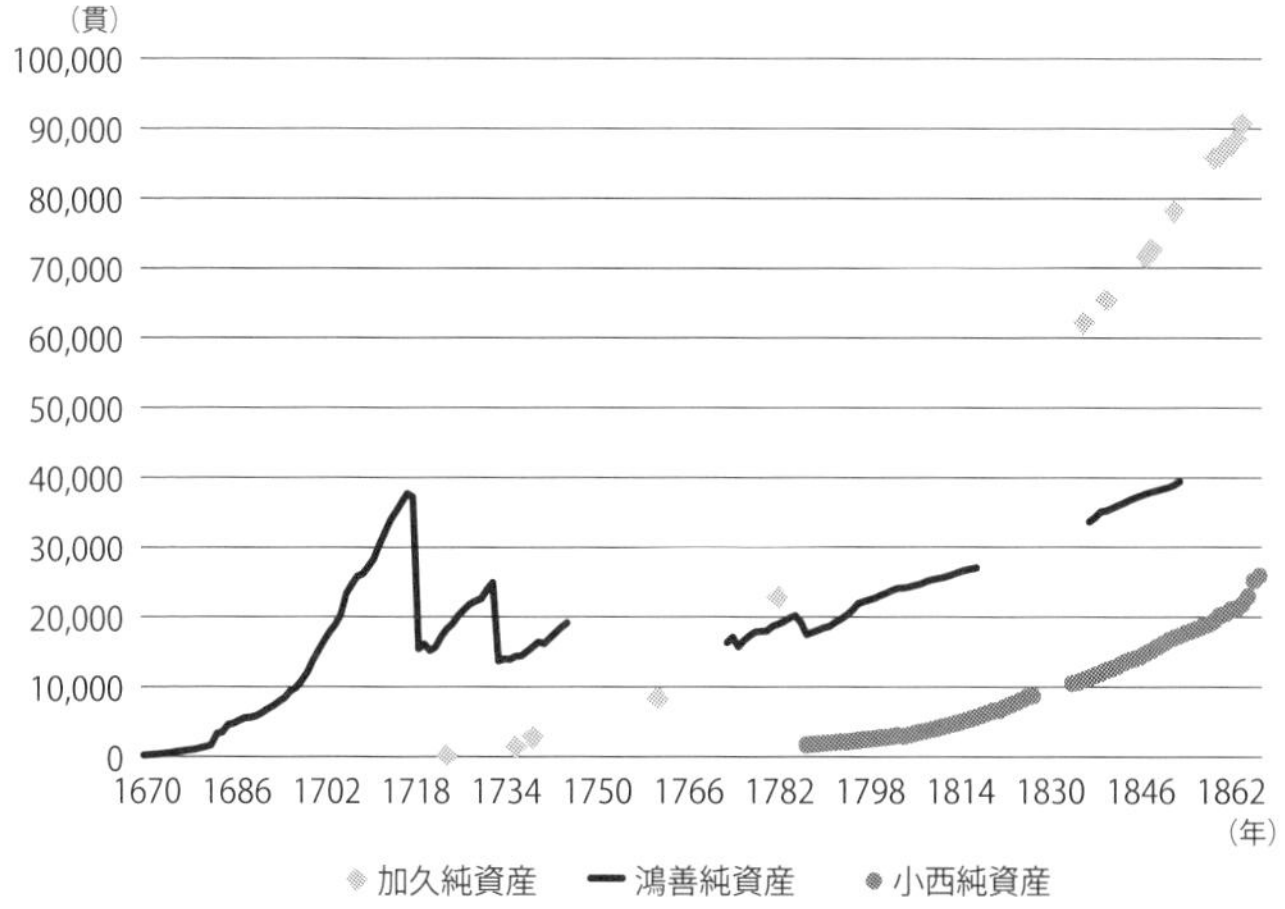

注：鴻善の純資産は大阪大学経済史・経営史資料室所蔵「鴻池善右衛門家文書」より各年度「算用帳」（紙焼き資料）より。小西新右衛門の純資産は、賀川（2012）表1-6より転記。加久の純資産は、神戸大学経済経営研究所所蔵「廣岡家文書」所収の各年度「勘定目録」より。算用違を修正している場合には修正後の数値を採録した。

一九七〇、安岡一九九八）。図2-3に見える一七世紀後半から一八世紀前半にかけての伸び（途中、貨幣改鋳に伴う切り下げは含むが趨勢としては上昇傾向が続いている）は、大名貸に特化する過程で実現したものである。

加久の場合、一八世紀初頭までは、米仲買人あるいは諸藩蔵元として口銭を得ることを生業としていたが、一八世紀中期以降は大名貸にほぼ特化し（廣岡家研究会二〇一七）、やはり資産額の急激な伸びに帰結している。米仲買から大名貸商人への転身に見事成功したと言えるだろう。

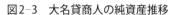

四代加久の遺言

この転身を実現したのが四代加久・吉信である（表0-1参照）。一七一八年（享保三）に家督を継いだ彼は、一七六五年（明和二）に亡くなるまでに加久の店を押しも押されもせぬ豪商に押し上げた。加久という店、廣岡という家にとって、文字通り中興の祖といえる人物である。

一七六三年（宝暦一三）、死の二年前に彼が書き残した遺言が幸いにも廣岡家に伝わっている（「廣岡家文書」一-二-五六-二-一-二）。それを読むと、意外なことに彼が家督を相続した直後は、経営が極めて厳しい状況にあったことが分かる。諸方面に借金を抱え、各地に保有していた家屋敷も売却し、それでも残る借金の返済に苦しんだとある。ここからの挽回について、彼はこう振り返っている。

【史料原文（書き下し）】

倹約を専らに致し、質素に身を固め候はば、是非家をも引き起し申すべくと、なおまた随分身をしまり相勤め申し候ところ、第一元祖教西様より代々御本寺様へ段々御馳走これあり候陰徳顕れ候や、問屋商売追々繁昌に相成り、毎年北国米登り高四・五万石ばかりも登り、または得意方積み出し米、そのほかおもわく米とも、浜方売買の口銭多く、ことのほか繁昌致し来たり候、なおまた随分倹約いたし、一切花美を好み申さず、家内にて酒を好み申す事一度もこれなく、あるいは外々参会事か御屋敷方振廻などのほか、自分に酒食好み申さず、心を固め、もちろん若年より遊所へ一切足踏みいたし申さず、一生かように致し来たり候、第一自分商いと申す儀、家の法度にいたし、堅く相慎み、浜商いの儀、一切致し申さず候、かように候ゆえ冥加にも相叶い、次第に繁昌致し来たり候

（大意）

倹約を第一とし、質素に身を固めれば、必ず家も再興されるであろうと、なお一層、身を引き締めて営業をしていたところ、何よりも元祖教西様より代々西本願寺様へご馳走をしてきた陰徳があらわれたのか、問屋商売が徐々に繁昌してきた。毎年、北国米が四～五万石ほども廻送され、得意先が大坂から積み出す米や投機筋の売買も多く、口銭が入ってことのほか繁昌した。その上、なお随分と倹約をし、華美な生活を一切好まず、家で酒を飲むことは一度もしなかった。外での参会や諸大名の蔵屋敷からの饗応の他は、個人的な酒食を楽しむことをせず、心を固めてきた。もちろん、若い頃より遊所には一切足を踏み入れず、一生をこのように過ごしてきた。何よりも「自分商い」は家の法度にし、堅くこれを慎んで、堂島米市場での商いは一切しなかった。このようにしてきたがゆえに、冥加にかなって次第に繁昌してきた。

いわゆる自分語りであるので、その点は少し割り引いて考えねばならないが、四代・吉信の考え方がよく表れている。まず注目したいのは、西本願寺への寄付行為と経営がリンクしているという発想である。廣岡家による西本願寺への夥しい寄進は、信仰・信心を示すものではあるが、家業の

発展と関連づけて、これを捉える必要がある（コラム「信心と経営」参照）。そうしない限り、真宗が多くの商家を門徒としたことの意味は説き明かせないのではないだろうか。

次に、加久の経営が好転した契機として北国米（日本海沿岸諸藩の蔵米）の取り扱いが挙げられている点である。このことは、加久が一七二六年に大聖寺藩の蔵元に就任していることと整合的である（第1章）。蔵屋敷による米の払い下げ、堂島米市場における投機取引の仲介によって得られる手数料収入から、加久が経営を軌道に乗せていったことが分かる。

しかし、吉信自身は堂島米市場での商いをしなかったと述べている。一見すると矛盾しているようであるが、「自分商い」を決してしなかった、と述べていることに着目すると、彼の言わんとすることは理解できる。つまり、米仲買として顧客の売買を取り次ぐことによる手数料収入を得ることに特化すべきであり、自己ポジションを組んで行う勝負商い（自分商い、浜商い）は決して行ってはならない、と考えていたのである。

吉信は、米仲買株仲間の初代頭取役を務め、「巧者」と呼ばれる人であったからこそ、堂島米市場での投機取引の怖さを理解していたのであろう。あるいは彼が家督を継いだ時の苦境は、投機取引に起因する損失が関係していたのかもしれない。いずれにせよ、一攫千金を狙うのではなく、堅実に、着々と手数料収入を得ることが、彼の経営戦略だったのであり、事実、加久はこの戦略から多くの大名の信頼を勝ち取り、大名貸商人としての地位を確固たるものにしていったのである。

吉信の遺言は、以下の文章で終わっている。

【史料原文（書き下し）】
万事しかと心に相慎み、身を固め、相勤め申すべく候、もしまたおごりがましき儀、または博弈・遊女狂など致し候か、第一は浜商などいたし候はば、我ら存念に叶い申さず候間、その所相慎み申すべく候

（大意）
何につけ、しかと慎みの心を持ち、身を固めて、職務に励むべきである。もしまたおごりたかぶったことをしたり、博打や遊女に溺れたり、そして何よりも堂島米市場での自分商いなどをしたりすることは私の意に沿わないので、その点をよくよく慎むように。

第1章で紹介した初代の遺言と比べ、家の存続に強い意識が向けられていることが分かる。初代の遺言には、「我等一代のもうけ」という言葉が頻出し、私が一代で稼いだ金を何に使おうが勝手ではないか、という意識が見え隠れしていた。これに対して四代目の遺言は、家がこれからも永続し、繁栄していくことを願うものになっている（巻末用語集「商家の継承」も参照されたい）。

そして彼は再びおごりがましい行為を強く戒めている。「もしまた」としていることからすると、彼が家督を継いだ時は、緩みのようなものがあったのかもしれない。そして彼は、博打や遊女に入れ込むことよりも慎むべきこととして、「浜商」、つまり堂島米市場での自分商いを挙げている。日

本金融市場に燦然と輝く堂島米市場は、加久浮上のきっかけを提供したものであると同時に、ひとつ間違えれば、家の存亡にも関わる損失をもたらす場としても四代加久の目に映っていたのである。

注

（1）日本銀行貨幣博物館のウェブサイト（https://www.imes.boj.or.jp/cm/history/historyfaq/answer.html）を参照（二〇二二年六月七日閲覧）。

参考文献

「米商旧記」大阪商工会議所所蔵。

大阪市参事会編（一九一一）『大阪市史 第三』大阪市参事会。

小川國治（一九九六）『転換期長州藩の研究』思文閣出版。

賀川隆行（二〇一二）『近世江戸商業史の研究』大阪大学出版会。

株式会社大阪堂島米穀取引所編（一九〇三）『大阪堂島米商沿革 附 諸統計表』同所発行。

高槻泰郎（二〇一二）『近世米市場の形成と展開――幕府司法と堂島米会所の発展』名古屋大学出版会。

高槻泰郎（二〇一六）「近世の米取引を支えた商秩序――江州水口小豆屋又兵衛一件を素材に」青柳周一・東幸代・岩﨑奈緒子・母利美和編『江戸時代近江の商いと暮らし――湖国の歴史資料を読む』サンライズ出版、一五五―一七八頁。

高槻泰郎（二〇一八）『大坂堂島米市場――江戸幕府VS市場経済』講談社。

鶴岡実枝子（一九六九）「一八世紀以降の大名金融市場としての堂島――借銀担保の米切手をめぐって」『史料館研究

紀要』第二号、一三三―二〇八頁。

廣岡家研究会（二〇一七）「廣岡家文書と大同生命文書――大坂豪商・加島屋（廣岡家）の概容」『三井文庫論叢』第五一号。

村田路人（二〇〇九）『近世の淀川治水』山川出版社。

森泰博（一九七〇）『大名金融史論』大原新生社。

安岡重明（一九九八）『財閥形成史の研究〔増補版〕』ミネルヴァ書房。

Pirrong, Craig. (2011) The Economics of Central Clearing: Theory and Practice, ISDA Discussion Papers Series, 01.

廣岡家の邸宅について

高槻泰郎

玉水町の屋敷について

廣岡家の邸宅として、まず紹介すべきは大坂玉水町（現・大阪市西区江戸堀一丁目・土佐堀一丁目）の屋敷である（図0-4）。中之島が眼前にあり、堂島米市場にも歩いて五分とかからないことから、家業にとってはこの上ない立地であったと言える（図2-1）。

第1章でも論じた通り、初代加久が創業した場所や年代は分かっていない。玉水町に移住してきた年代も不明であるが、遅くとも一六九三年には加久名義の土地が存在していたことが分かっている。

加久は玉水町に数筆の土地を所有していた。一七一七年（享保二）時点の史料に基づいてそれぞれの面積を求めると、[1]①約八四四・四四〇㎡（約二五五・七七坪）、②一〇一〇・四六二㎡（約三〇六・二坪）、③六〇五・一一三㎡（約一八三・四坪）、の三筆となっている（「覚」廣岡一三-五〇-七）。西横堀川にかかる西国橋の西詰を起点として、土佐堀川沿いに東から①・②・③の順に並んでいた。

この内の②が加久の店舗兼住宅であり、①には蔵と長屋を備えて貸し出していたと考えられるが（「玉水町絵図」廣岡追八）、③については使途不明である。分家の五兵衛家は、玉水町から少し南に移動した江戸堀一丁目（現・大阪市西区江戸堀一丁目・土佐堀一丁目）に店舗を構えており、江戸時代の史料では「新宅」、「新宅店」などと呼ばれている。

玉水町の右所有地は、明治以後、加島銀行、加島信託銀行の本社としても機能し（図0-4を拡大すると「加島銀行」、「加島信託銀行」の看板がかすかに見える）、一九二五年に大同生命の本社が設けられることになる。

この時に建てられた大同生命本社ビルは、ウィリアム・メレル・ヴォーリズ（後述）の設計、竹中工務店の施工によるもので、一九二二年一〇月に着工したものの、関東大震災を受けて耐震のための構造見直しを行ったため、当初の予定より遅れて一九二五年六月に完成披露となり、加島銀行、廣岡合名会社も、このビルに入居することになった（以上、『大同生命七十年史』五五-五八頁）。

現在、同地に立っている大同生命大阪本社ビルは一九九三年に新たに建てられたものだが、ヴォーリズによる意匠の一部が継承されており、旧本社ビルの姿を伝えるものとなっている。右新本社ビル二階のメモリアルホールには、現在展示室が設けられており、「大同生命文書」の一部が無料で公開されている。

また、二〇二二年七月からは、同ホールにて玉水町にあった屋敷の三〇分の一スケール模型が公開される予定である。

廣岡家の私邸

廣岡家は江戸時代から玉水町の屋敷の他に別邸を設けていた。史料上に明らかなのは、六代加久・正誠が隠居後に暮らしていた大坂の幸町三丁目の別宅（「廣岡家由緒并に御褒美頂戴の儀書上」大同A二-三、「幸町三丁目別荘絵図」大同A五-四）である。

廣岡家子孫に伝わる話では、明治期には須磨にも別荘を持っていたらしく、これは九代加久・正秋の一人娘・郁（一八八九-一九七四）が生まれた際、病弱であったことを気にして、空気のよいところで育てたいという夏（九代加久・正秋の室）の意向で設けられた別荘だと言い、それとおぼしき写真も数葉、「廣岡家文書」に伝来している。

余談ながら、この郁は大阪を代表する若手実業家の夫人たちが一九二五年に創設した社交倶楽部である木曜会の発起人となっている（竹村二〇一二、八一-一二〇頁、五四三-五九六頁）。その人柄については、本書所収の西野久子氏による回想録を参照されたい。

昭和に入って、廣岡家は本家・分家ともに住宅を大阪市天王寺区に移すことになる。建設・移住の正確な年代は確定できていないが、大阪市天王寺区松崎町に本家・久右衛門家の邸宅が、同区小宮町に分家・五兵衛家の邸宅がそれぞれ存在したことが分かっている。

一九三一年二月二一日付の、熱海の別荘（後述）に暮らす廣岡郁から土佐堀一丁目（旧玉水町）に住む母の夏に宛てた書翰に、天王寺屋敷の棟上げが行われるとの記載が見られる（廣岡一七-五-二五-四）。屋敷は洋館と日本家屋からなり、右記の夏が暮らした離れ座敷もあったという。

現在、この場所は廣岡家の手を離れ、集合住宅が建っているが、筆者が周辺を廣岡家子孫の方々と散策した折、昔時の廣岡家の様子を知る方と偶然お話しすることができた。一帯では大変有名な屋敷であったとのことである。

また、建設時期、使用時期を正確に特定できていないが、本家・分家ともに六甲山に別荘を構えており（稲見・森一九六八）、写真もそれぞれ伝来している。この他、本家は東京の小石川老松町（廣岡一八−五九−二）と熱海町（廣岡一七−五−二五−四）に、分家は東京の麻布材木町、軽井沢、

写真①　天王寺の邸宅（久右衛門家）

写真②　森の屋敷

御殿場にそれぞれ別邸を構えていたことが確認できている（浅井二〇一八、廣岡一七‐五‐二六‐六）。
　廣岡家の私邸として、もうひとつ特筆すべきものは、分家の五兵衛家が兵庫県武庫郡本山村森（現・兵庫県神戸市東灘区森北町の甲南女子大学と南側一帯）に建てた屋敷であり、廣岡家では「森の屋敷」と呼んでいるものである。
　この屋敷の設計を手がけたのがヴォーリズであり（「深江廣岡邸設計図・弐階平面図」大同A五‐二三など）、完成は一九二〇年と伝わる（山形二〇〇八）。洋館と和館からなり、のちにテニスコートや車庫なども建設されている。当該屋敷は、第二次大戦後、米軍に接収され（村上二〇一八、七九‐

八〇頁）、後に返却を受けたものの、一九五二年から五三年にかけて売却している（大同A五–四九番台の史料群より）。

ヴォーリズと廣岡家

以上に見てきたように、近代以降における廣岡家（特に分家）と深く関わりのあった建築家であるヴォーリズは、廣岡家と縁戚関係にあった。分家である五兵衛家の廣岡正信（通称・信五郎）と浅の間に生まれた一人娘・亀の婿として、旧大名・一柳家より婿養子に入ってきたのが恵三であるが（序章、図0–3）、その妹・一柳満喜子の配偶者こそ、ヴォーリズであった。

米国カンザス州に生まれたウィリアム・メレル・ヴォーリズ（一柳米来留、一八八〇–一九六四）は、一九〇五年に滋賀県立商業学校（現・滋賀県立八幡商業高等学校）の英語教師として来日、一九〇八年からは「ヴォーリズ建築事務所」を設立のうえ、建築設計の事業を開始し、学校・教会・病院・商業建築など、数多くの建築を手がけたことで知られる（『国史大辞典』、『世界史人名事典』）。代表的な建築

写真③　ウィリアム・メレル・ヴォーリズと一柳満喜子

出所：廣岡G38–2011。

物には、大丸心斎橋店（大阪市中央区）、山の上ホテル（東京都千代田区）、豊郷小学校校舎（滋賀県豊郷町）などがある（山形二〇〇八）。

恵三の紹介で、アメリカ留学経験のある満喜子が通訳を務めたことが縁で、ヴォーリズと満喜子は一九一九年に結婚している。華族の女性と外国人の結婚は過去に例がなく、当初は周囲の反対を受けたようだが、最終的に満喜子が子爵一柳家から分家し、平民・一柳満喜子として結婚に至った（浅井二〇一八）。

こうした縁からヴォーリズは、廣岡家からの依頼に応じて、大同生命の旧肥後橋本社ビル（大阪市西区、一九二五年完成）をはじめ、廣岡家の私邸、加島銀行、大同生命に関連する建築を手がけることになったのである。

注

（1）ここでは江戸時代の大坂で適用されたと考えられる一間＝六尺五寸、一尺＝三〇・三㎝を採用して史料上に見える表口と裏行の長さを換算し、面積を求めている。坪数については、現代的感覚に合わせるため、明治以降の一坪三・三㎡を採用した。

参考文献

浅井雅（二〇一八）「一柳満喜子――近江八幡でキリスト教に基づく幼児教育」滋賀県教育史研究会編『近

代滋賀の教育人物史』サンライズ出版、六月、九一–九六頁。

稲見悦治・森昌久（一九六八）「六甲山地の観光・休養地化について」『歴史地理学紀要』第一〇巻、一五九–一九〇頁。

大同生命保険相互会社（一九七三）『大同生命七十年史』大同生命保険相互会社。

竹村民郎（二〇一二）『阪神間モダニズム再考』三元社。

廣岡家研究会（二〇一七）「廣岡家文書と大同生命文書――大坂豪商・加島屋（廣岡家）の概容」『三井文庫論叢』第五一号、三〇三–三九四頁。

村上しほり（二〇一八）『神戸 闇市からの復興――占領下にせめぎあう都市空間』慶應義塾大学出版会。

山形政昭（二〇〇八）『ヴォーリズ建築の一〇〇年――恵みの居場所をつくる』創元社。

廣岡家の暮らしを伝える生活文化財——節句飾り

服部麻衣　谷直樹

旧家の土蔵を調査すると、揃いの膳や椀、酒器や座布団まで、たくさんの道具類が大切に保管されているのを目にする。かつては冠婚葬祭や祭礼、四季折々の行事は自宅で行い、家の主人はお膳をかこみながら来客をもてなしていた。とりわけ豪商「加島屋」廣岡家ともなれば大勢の来客でにぎわったことであろう。それに合わせて多種多様な調度や生活道具、美術品などが所有されたに違いない。廣岡家は近世から近代にかけて大阪を代表する豪商でありながら、その暮らしぶりを伝える資料がこれまでほとんどなかった。近年、廣岡久右衛門家と分家である廣岡五兵衛家に伝来した歴史資料の調査が行われ、大阪の豪商の生活文化の一端が判明した。

調査のきっかけは、NHK朝の連続テレビ小説「あさが来た」（二〇一五年後期）のヒロインのモデルに、加島屋に嫁いできた廣岡浅が選ばれたことにさかのぼる。二〇一六年三月に開かれたドラマの終了会の席で、歴史・風俗の考証を担当していた宮本又郎大阪大学名誉教授と高槻泰郎神戸大学准教授から、大阪市立住まいのミュージアム（愛称：大阪くらしの今昔館）館長の谷直樹に、廣岡家の雛人形の情報が伝えられた。

今昔館では、同年五月に廣岡家の親戚にあたる奈良県橿原市の岡橋家を訪れた。岡橋家には、第二次世界大戦の戦火が大阪に及ぶ前に廣岡家から疎開された一万点以上の古文書や古写真が保存されていて、すでに高槻准教授によって神戸大学で整理作業が進められていた。しかし、残された生活道具を今後どのように保管していくべきか憂慮しておられた。

岡橋家の土蔵に入ると、雛人形は複数の大きな櫃に分けて保管されていた。男雛はすぐに見つかったのだが、女雛がなかなか見つからず、不揃いなのではないかと懸念された。しかし一番奥にあった櫃のふたを開けると、中から女雛のお顔があらわれ、最終的には内裏雛や三人官女などの人形類、道具にいたるまで約百種類におよぶ雛飾り一式が保管されていたことが明らかになった。岡橋家のご当主によると、子どもの頃から「これは大事な預かり物だから、開けて遊んではいけない」と言いつけられていたので、櫃の中から取り出したことがなかったそうだ。土蔵の保存環境も幸いし、虫や鼠の被害もなく、保存状態は極めて良好であった。今昔館としては、大坂の豪商「加島屋」に伝来したこれらの歴史資料を、是非とも館で整理して展示公開したいとお願いして、両家のご承諾を得て、館に寄贈されることになった。

神戸大学に所蔵された廣岡家の古写真の中に、雛壇を座敷に飾り付けた写真がある（写真①）。雛段の前には着物姿の女性と女児合わせて一五人が集まり、小さな懸盤《かけばん》を囲んでお祝いの飲食に興じている様子が記録されている。これは大正初期に撮影されたと推定されている写真である。

雛壇は座敷の幅二間（約三・八メートル）いっぱいに設えられ、五段飾りで、最上段の内裏（女雛と男雛）の御殿の位置は鴨居を超える高さがある。雛御殿は屋根のない「吹き抜け屋台」で、これは上方の雛飾りの伝統的なスタイルである（写真②）。

写真①　天王寺屋敷の雛飾り

出所：廣岡H5-9-1-2。

写真②　廣岡家の御殿雛

出所：大阪くらしの今昔館。

御殿の左右の脇障子に描かれた秋の草花は、江戸後期に大坂で活躍した絵師、森一鳳の作である。内裏雛は「享保雛」と呼ばれる大型のもので、能面のような厳かで静かなお顔と、着物の袖の重なりの表現がやや形式的で古風である点に特徴がある。内裏雛の箱には、銘や年代など手掛かりになる情報が書かれていないため、詳細は明らかではないが、廣岡家の座敷に合わせて特注で誂えたことは確かだろう。同様に制作年代も不明だが、衣装の裂《きれ》などから江戸時代後期、加島屋の最盛期に誂えられたと推定される。

さて、現代の雛人形の段飾りは複数の人形と道具で完成したセットで販売されているが、かつては最初に内裏雛と最低限の道具のみを誂え、家に女の子が誕生するたびに、初節句のお祝いに人形や道具を増やしてゆくものであった。三人官女の箱書きには「大正七年三月 為鈴子初節句」、随身（右大臣・左大臣）には「大正拾貳年三月 為千鶴子初節句」、胡蝶の舞には「大正十三年三月 蝶の舞 為 廣岡瑠璃子様初節句」と家族の名前が記されている。また、高坏には「大正十四年三月吉日 高月壹対」とあり、貼り札から大阪三越で購入したことがわかる。これらの人形・道具類を数えると約百種類に及び、大正初期の写真を参考に今昔館で飾り付けてみたところ、一部の玩具や端に飾られている抱き人形などは失われていたが、写真にある道具のほぼ全てが残っていることが分かった。展示をする際に内裏雛を横から見たところ、やや前傾姿勢に作られていた。これは、高い雛壇の上に配置することを見越して、座敷から見上げた時に内裏雛と目が合うよう、人形師が意図して製作したのかもしれない。

享保雛一式のほかに、同じ蔵から立雛（写真③）と五月飾り一式も発見された。立雛は「次郎左衛門雛」と呼ばれるお団子のような丸い顔に、引目鉤鼻、おちょぼ口という平安貴族のような特徴を持っている。男雛の高さは八〇cmほどもあり、一般的な立雛よりもかなり大型のもので、専用の台に立たせるように作られている。

写真③　立雛
出所：大阪くらしの今昔館。

五月人形（写真④）は、矢襖で囲まれた具足を中心に、采配と軍扇、菖蒲弓、鉄砲、陣太鼓、錫製の神酒徳利、三方、錦ノ御旗、御紋付紅旗、御紋付白旗、白毛、提燈、白馬と黒馬、薬玉、武者甲冑、金時人形、弁慶人形、相撲をとる加賀人形で構成されている。旗や提灯、鉄砲、棹頭には廣岡家の定紋である「丸に蔦紋」が配置されている。

この五月人形には、「五月人形ノ図 大正十一年五月吉日 齋藤勝兵衛謹寫」と記された図が付属しており、これらの道具を座敷にどのように配置するか、屏風の位置や畳み方に至るまで詳細に図示されている。この図によると具足一式の飾りを座敷の左側に、人形類や馬、武者甲冑、幟などは右側に分けて飾っている。右側の幟の後ろにたてる金屏風は雛飾りと兼用で使っていたことも記されている。旗の組み立て完成図などもたいへん実用的で、毎年この図を確認しながら飾っていたのであろう。図のうち、三方の上の粽と柏餅、桃太郎の人形と旗棹は伝来していない。粽と柏餅はおそらく実物を飾ったのであろう。それ以外は、雛飾りと同様にほぼすべての道具が揃っていた。

雛飾りも五月人形も豪商の名に相応しい豪華な節句飾りで、近世から近代にかけての大阪の商家ではぐくまれてきた生活文化を伝えるたいへん貴重なコレクションである。

一方、廣岡家を特集した展示会を大同生命メモリアルホールで開催することを機に、今度は廣岡五兵衛家に伝来した美術品や生活道具類について調査を行う機会に恵まれた。調査は、大同生命の協力のもと、大阪くらしの今昔館の学芸員、そして今昔館のボランティア「町家衆」が、資料記録用写真の撮影を行いながら、種類や数、資料名称を確定させていった。その結果、四百四件の資料群であることが判明し、そのうち文書記録類・写真記録類を神戸大学が保管し、食器や小物などの生活道具類を大阪くらしの今昔館に寄託していただくこととなった。このコレクションの中から、廣岡浅にゆかりのある品を紹介する。

「竹鶏図」は三面の衝立である。つがいの鶏と雛が三羽、仲良く地面をついばんでいる。背面に描かれた竹が生き生きと伸びやかな印象を受ける作品である。落款がなく作者は不詳であるが、鶏や竹の描写から確かな腕を持った絵師によるものであることが分かる。この「竹鶏図」は元々廣岡浅が描かせたもので、後に浅の娘・亀子が現在の衝立に仕立て直したものと、子孫の方に伝わっている。浅は一八四九年（嘉永二）酉年の生まれで、また、「脩竹」と号した時期もあったように竹のモチーフを好んだといわれている。この絵は浅を表す鶏と好みの竹で構成されたお気に

写真④　五月人形
出所：大阪くらしの今昔館

入りの品だったに違いない。

　また、浅の詠んだ和歌が彫られた一輪挿しも伝来している。何か行事の記念に製作されたものであろうか。この一輪挿しのモチーフも竹である。竹は浅のまっすぐな気質に通ずるものがある。そのほか、廣岡家の紋である蔦が配された盆や椀、そしてランプや銀製の洋食器など近代化する生活を感じさせるもの、家族が蒐集したミニチュアのコレクションなど多彩な資料で構成されている。廣岡五兵衛家の資料は近代の大阪の生活文化を物語るたいへん貴重な文化財といえる。

　大阪くらしの今昔館ではこれら二家の廣岡家に伝来した資料を、展覧会のテーマに合わせて随時公開している。

第3章

大名貸の展開

――豪商はいかにリスクをコントロールしたか

酒井一輔

大名貸の必要性と危険性

本章では、廣岡家が経営の柱とした大名貸について見ていこう。大名貸とは、江戸時代に民間の商人たち、とくに大坂や京都、江戸の有力商人たちが、大名家を相手に行う金融である。もちろん、それは大名個人に対するものではなく、家臣団を含めた統治機構たる藩への貸し付けであって、借りた大名の側からすれば、藩としての借り入れ（藩債）と考えた方が実態に即している。

江戸時代の大名は、この大名貸を常に必要とする「運命」にあったと言えるかもしれない。大名の収入の中心は、領地からとれる年貢米である。この年貢米を大坂や江戸などの中央市場に輸送・売却して、幕府が発行する貨幣（正貨）を獲得し、領内では自給できない物資を購入するための支出に充てた。しかし、こうした循環には、収入と支出の間にタイムラグが発生する。米の収穫時期は通常、秋に限定されるため、それを年貢として徴収・売却して貨幣収入を得る時期は限定されてしまう。一方で、大名には参勤交代と一年間の江戸在府が義務付けられており、多額の支出を要する江戸藩邸での諸経費を賄うために、恒常的な貨幣支出が必要となる。こうした貨幣収支の時間的なずれは、大名の財政に構造的に発生する問題である。

それに加えて、予期せぬ突発的なイベントによって、財政赤字が発生することもしばしば見られた。収入の柱であった年貢米は、自然災害や凶作によって、期待される収納水準を大幅に下回ることも少なくない。また、幕府から御手伝普請や海岸防備などを命ぜられて、巨額の臨時支出を強いられることもあった。御手伝普請とは、上述の参勤交代と同様に、大名が将軍・幕府に対して果たさなければならない義務（軍役）のひとつである。たとえば、江戸城や有名寺社の建築・修理、大規模河川の工事や堤防の修築といった土木・建築工事が主なものであったが、その遂行に掛かる人員・資材あるいは経費を、幕府は大名側に負担するよう求めたのである。こうした構造的あるいは突発的に起こる収支の不均衡を埋めるために、大名貸は江戸時代の大名たちにとって必要不可欠な金融手段であった。

一方で、大名貸を金融業として貸し手の立場から見た場合、そこには次のような危険性が存在した。大名貸は商人と大名が個別に相対で取り結ぶ契約であり、江戸時代の司法制度の下では、商人側の債権が積極的に保護されることはなかった（高槻二〇一二）。大名が債務不履行を働いた場合、債権者が訴訟に及んだとしても受理されないか、受理されたとしても極めて緩慢な形でしか返済の催促がなされなかったのである（賀川一九九六、中川二〇〇三）。そのため、借り手である大名側が元利返済を滞らせたり、場合によっては一方的な踏み倒しが行われたりすることも決して珍しくなかった（森一九七〇）。三井高房が著した「町人考見録」は、破産した商人の実例を数多く紹介しながら、三井家が生き残っていくための教訓を子孫に説いたものであるが、そこで破産に至る要因として真っ先に挙げられているのが、大名貸における債務不履行である。三井家が家訓のなかで大名貸への関与を禁じたのは、まさに「大名がしの商売は博奕のごとくにて」というリスクの大きさが所以だった。

しかし、大名貸という業態が江戸時代を通じて消滅することはなかったし、大名貸に特化しながら一〇〇年以上に渡って経営を持続させた商人も存在した。近年の研究では、経営上の工夫によって、江戸時代後期に至っても堅調に経営拡大を見せた事例も注目されている（中川二〇一四、小林二〇一四）。これは、商人側の意思と裁量によって、大名貸に内在するリスクをある程度までコントロールし低減することが可能であったことを意味するものでもある。対大名債権の保護が期待できず、債務不履行の危険性がつきまとうなかで、大名貸に携わった商人たちは、債権回収を確実なものとすべく、どのような努力と工夫を積み重ねていたのか。大名貸を経営の中心に置き続けた廣岡家の観察事例を中心に概観していこう。

危険回避の戦略

金融の一般論として、特定の金融商品だけに偏った資産配分をすることは、リスク管理の上で望ましくない行動とされるが、これは大名貸にも広く当てはまる。こと廣岡家においても、貸付先を特定の大名に限定することなく、幅広く融資を行っている。加島屋久右衛門（以下、加久）の決算書から一八六八年末（明治元）時点の貸付先を見てみると、債務者として大名・旗本合わせて四八家が記されている。また貸付残高ベースで見ても、第一位となる中津藩（中津蔵）が一万二七一三貫余りで総額の一四・七％、続く福岡藩（筑前蔵）が一万二七九貫余りで一一・九％、萩藩（長州蔵）が八一五七貫余りで九・五％となっていて、特定の大名家に集中していない。同様の傾向は他の年次でも概ね共通していたと推測される。貸付先の分散は、貸し倒れのリスクに備えるという点で優れている。

また、当然のことながら、単独の商人がひとつの大名の金融すべてを独占したわけではなく、複数の商人によって担われることが一般的であった。その際、同一の融資案件に対して、複数の大名貸商人が共同で融資を行うこともしばしば見られた（松好一九六五）。加久の得意先のひとつだった萩藩の事例を見てみよう。同藩は一八三四年（天保五）、幕府から上野寛永寺の御手伝普請を命じられ、その財源の一部として銀一三〇〇貫目を大坂の商人たちから調達した。この時、融資を行ったのは加久を含めて七軒。そのなかには、鴻池屋善右衛門の別家である鴻池市兵衛や日向延岡藩の館入を務めた高池三郎兵衛など、加久と同様に大名貸を積極展開した商人たちも含まれていた（荒武二〇一六）。各商人からの融資額は一様ではなかったが、加久を含めいずれの商人からの融資についても、返済方法は二ヶ年賦、約定利率は月六朱（〇・六％）に統一されていた。

加久の記録（「長州諸用帳」）によれば、彼ら商人は萩藩からの融資要請を受けて、「舛仁」という料亭で「相談」を行い、そののち融資に応じる旨を記した「御請書」を連名で同藩に宛てて提出している。いわば、この時の融資案件について彼らは常に協調行動をとっており、萩藩自身も彼らを「銀主一統」や「組合一統」と呼んでいた。このように同一の契約条件に基づいて、複数の商人がシンジケートを組むような協調融資の方法は、危険の分散を図るうえで有効であり、当時一般的に行われるものだった。

また、大名貸は単なる信用貸しではなく、返済を保証する物件や手段の当てがあってはじめて成り立っていた。多くの場合、それは年貢米である。国内最大の年貢米販売市場であった大坂には、諸藩の蔵屋敷が置かれ、大量の年貢米が輸送された。この大坂蔵屋敷に送られる年貢米こそが、大名貸の信用の源泉であった。藩の蔵屋敷に将来輸送されてくる年貢米（蔵米）、それを売却して得られた代金を元利返済に充てることを約束して、大名たちは商人から円滑に融資を受けることができたのである。それゆえ、大坂に安定的にかつ大量に米を輸送できるか否かで、大坂での資金調達の成否がきまったと言われる（森一九七〇）。

とくに、蔵屋敷にある蔵物の保管や販売にあたる蔵元、その販売代金の出納や送金を担う掛屋など、年貢米の販売と代金管理に直接携わった商人たちの多くが、大名貸を行っていた理由もここにある。年貢米の輸送量を熟知し、年貢米の販売から代金の出納管理に至る過程を包括的に掌握していたからこそ、融資する相手の支払い能力を見極め、返済の確実性を高めることができた。実際、加久は大聖寺藩の蔵元や中津藩・萩藩の蔵元・掛屋を務めていることがわかっている（第1章）。

大聖寺藩については不明だが、中津藩と萩藩は先に述べたように加久の大口貸付先であり、蔵元・掛屋を務めていたことが両藩への融資に対する信用の源泉のひとつとなったものと考えられる。

新たな戦略の展開

以上のような危険回避の工夫は、大名貸の成立とともに大名貸商人たちに広く共有された、伝統的な経営戦略とでも言いうるものだった。ところが、これだけでは十分に対処できない事態が発生する。一八世紀初頭、とくに八代将軍徳川吉宗の時代になると、米価の相対的な下落（「諸色高の米価安」）が社会問題となった。その影響をもっとも受けたのが、年貢米の販売代金によって財政支出をまかなっていた大名たちである。この時期、財政の悪化した大名たちが借金の踏み倒しなど債務不履行を働き、その結果、倒産に陥る大名貸商人が少なくなかったと言われている（森一九七〇）。大名貸市場は一八世紀前～中期に危機の時代を迎えていたのである。しかし、そこから新たな経営戦略も生み出されていった。引当となる物件の多様化や「館入《たちいり》」の成立などである。

そもそも、引当となる産物は必ずしも年貢米には限られない。融資をする商人側にとって重要なのは換金できるか否かであって、大坂市場で広く売り捌くことが可能であれば、米以外の他の蔵物を引当に融資することも可能であった。加久と津和野藩の間で取り結ばれた融資契約は、まさにその象徴的な事例と言える。領内での製蠟と紙漉きを奨励した津和野藩では、米に代わって紙を年貢として納めることも許されており、石州半紙は同藩の特産品として主に大坂で売り捌かれていた。一七七〇年（明和七）、津和野藩は加久に対して既存の債務整理と新たな融資を依頼するとともに、同藩の紙と蠟燭の販売を加久へ委託する契約を結んだ（高槻二〇一四）。契約書によれば、紙と蠟燭の販売代金はすべて加久の手に渡り、そこから同藩が江戸や国元で必要とする経費が支払われ、さらに、加久への元金返済と利払い額が控除されることになっている。また、これら支払や控除が済んだ後に余剰金が出れば、それは同藩から加久への預金として処理され、年六朱（六％）の利息が付く仕組みともなっていた。津和野藩の大坂における特産品販売と代金管理を包括的に請け負うことにより、自らの債権回収を確実なものとする加久の意図をここに読み取ることができる。

このように、単に融資をするだけでなく、大名の財政により深く関与して関係を強化していく大名貸商人が、とくに一八世紀半ば以降になると広く見られるようになった。彼らのなかには、蔵元・掛屋でなくとも蔵屋敷に出入りを許され、場合によっては大名から扶持（主君から家臣への俸禄）を与えられる者もあった。こうした金融商人たちは当時、「館入」と呼ばれて、大名の資金繰りや資金調達の相談に応じたり、優先的に融資をするなどして、単に融資を行うだけの者とは一線を画するような存在となった（森一九七〇、高槻二〇一四）。

加久の場合で言えば、一八世紀後半以降、先にも紹介した鴻池市兵衛・鴻池善五郎・高池三郎兵衛らとともに萩藩の館入を務めていたことが知られている（野高二〇〇六）。加久を含む館入たちは萩藩から融資の依頼を受けると、使途や必要額、利率・返済期間などの詳細を聴取し交渉を行ったうえで、可能ならば彼らで一手に引き受けた。もちろん館入間での分担・割当は行われるが、利率・返済期間などはすべて同一である。また、調達金額が多大で館入だけでは融資枠を満たすことが困難な場合は、分担融資先（「加入之者」）を募るなどした（「長州諸用帳」）。[1]

そして、これら萩藩館入たちのなかでも、加久は特に深い関係を築いていたようである。一七七〇年（明和七）、加久は萩藩から「大坂蔵屋敷留守居格」に任じられたが、ここでの加久の立場は言うなれば館入筆頭のようなものであった。たとえば、館入と藩との本格的な融資交渉が開始される前に、加久だけが藩から呼び出されて「内談」に及ぶことがしばしばあった。この「内談」で加久は萩藩から「本格的な融資交渉の開始に先立って、まずは加久から他の館入らに内々に話をして、円滑な融資が実現できるようにして欲しい」などの旨を依頼されていた。つまり、館入筆頭の加久に期待されていたのは、融資交渉に際して藩と事前協議を行い、交渉本番では他の館入たちとの間を取り持って交渉が円滑にまとまるように調整することであったと考えられる。また、融資決定後に何らかの事故が発生して融資不可能に陥った館入が発生した場合には、加久がその分を補塡して融資することもあった（「長州諸用帳」）。

大名側から見れば、加久のような特に親密な関係を築いた館入の存在は、資金繰りや資金調達の安定化を図るために大きな利点があった。一方で、館入となる商人の側から見れば、大名と長期的かつ密接な関係を構築して、内情を詳しく把握したうえで貸付を行えることが利点となる。言い換えれば、融資先の内情を詳しく把握し事前・事後の監視をすることによって、自らの債権を保全する機会を獲得できたと評価される（高槻二〇一二）。

しかし、「長期的かつ密接な関係」が内情の把握にどのようにつながるのか、事前・事後の監視が債権保全にどのように寄与するのか、具体的なプロセスを考えると十分なイメージが描けていない部分もまだ多い。そこで、ここからは加久と中津藩の関係に対象を絞って、両者の間で構築された「長期的かつ密接な関係」のさらなる具体像を観察していくことにしよう。

中津藩と加久の関係

豊前国中津に居城を置く中津藩は、江戸時代前期には、黒田家、細川家、小笠原家とたびたび領主が移り変わったが、一七一七年（享保二）に奥平昌成が丹後国宮津から入封し、以降、廃藩置県まで奥平家九代が支配した。本稿で述べる中津藩とは、この奥平家治世下の中津藩を指している。奥平家は徳川家康に三河時代から仕えた譜代大名で、中津入封後の領知高は一〇万石余りの中規模藩である。藩領は中津周辺にまとまっていたが、一部、筑前国怡土郡と備後国甲奴・神石・安那郡にも広がっていた（中津市史刊行会一九六五）。

中津藩は江戸時代中〜後期に蘭学が興隆したことで広く知られており、三代藩主奥平昌鹿や五代藩主奥平昌高らが蘭学を庇護・奨励したほか、藩士のなかからは、『解体新書』を訳出した前野良沢、幕末に蘭学塾を開き、のちに慶應義塾を創設した福沢諭吉などを輩出した。なお、福沢諭吉の

写真3-1　福沢百助の記名押印のある借用証文

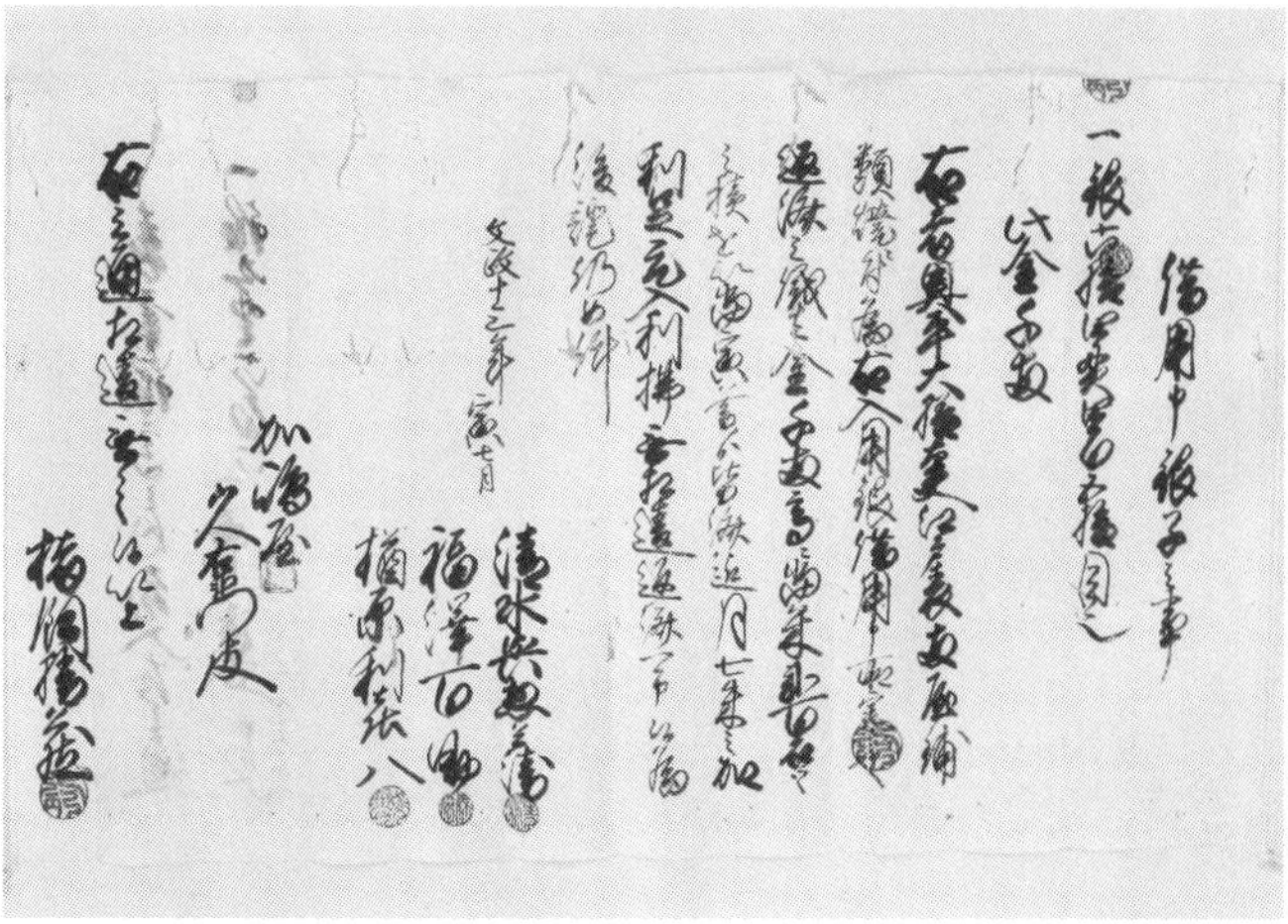

出所：「借用申銀子之事（六拾四貫四百五拾目江戸表両屋鋪類焼二付）」（廣岡12-50-2-1-5-2）

父である福沢百助は、同藩の財務会計担当役人として長く大坂蔵屋敷に詰め、「大阪の金持、加島屋、鴻ノ池というような者に交際して藩債の事を司どる役」（『福翁自伝』）を務めたと言われるように、大坂商人との間で借財交渉事務を担当した人物である（西川一九八七）。実際に、廣岡家文書のなかには、福沢百助の記名押印がある加久宛て借用証文も残されている（写真3-1）。

すでに見た通り、加久にとって中津藩は大口貸付先であり重要顧客のひとつであったわけだが、中津藩にとっての加久はそれと同じか、あるいは、それ以上に重要な存在だったと考えられる。加久と中津藩の取引関係が、いつから、どのような経緯で始まったのかについては、確かなことはわからない。しかし、加久の決算書を見ると、一七五一年（宝暦元）に中津藩から扶持米が与えられていること、扶持米等の授与は幕末に至るまで継続していることが確認できる。ここから、一七五一年の段階ですでに加久は中津藩の館入となっており、その関係は幕末まで継続していたのではないかと推測される。また、詳細不明ながら、一七七九年（安永八）八月、当時の中津藩主が五代目久右衛門（正房）を屋敷に呼び出して、自ら会談した、という記録も残されている（「中津様御用御意之覚」廣岡六–三〇）。会談内容は融資に直接かかわるものではなかったと思われるが、中津藩が加久との間で密接な関係を構築していたことを象徴する出来事と言えよう。

これを特徴づける史料が、廣岡家文書のなかに残されている中津藩の財政関係帳簿の一群である。これら帳簿群は、年次ごとに一括されて目録とともに保管されている。目録は墨書されており、帳簿とほぼ同じ時期に作成されたものと考えられる。これらは、一部欠年はあるものの、一八四一年（天保一二）から一八七〇年（明治三）までおおむね連続して残されている。これによって中津藩財政の変化を時系列で知ることができる。また、同一年次でも、さまざまな種類の帳簿が存在し、さらに、それらが系統立てられていて、中津藩財政の実態をかなり詳細に把握しうるものとなっている。

それでは、それ程に詳細な藩財政帳簿を、なぜ廣岡家が保有しているのか。答えをやや先取りしてしまうと、これら財政帳簿は中津藩から廣岡家に対して提出されたものなのである。これらの帳

写真3-2　中津藩財政帳簿類とそれらを納めていた木箱

出所：「御頼談書面入」(廣岡9-68-1。京極寛氏撮影)

簿は年次ごとにひとつずつ木箱に納められているが(写真3-2)、いずれの木箱にも「御頼談書面入」というような文言が墨書されている。「御頼談《ごらいだん》」とは、大名貸における藩から商人への融資の依頼やその交渉のことを指す用語である。つまり、これら帳簿は、中津藩が加久から融資を受けるのに伴って作成されたものであることが示唆される。確かに、中津藩にとって加久は最大の資金調達先であり、館入として密接な関係を築いている。それにしても、中津藩財政の実態を丸裸にするような詳細な帳簿が、身分的には下位にある一介の商人のもとに、三〇年にもわたって継続的に提出されるということは、尋常な出来事とは思われない。なぜ中津藩は自らの財務情報をここまで開示しなければならなかったのか。そこに至る経緯はどのようなものだったのか。一八四二年（天保一三）春頃、中津藩と加久との間で行われた「御頼談」の内容を復元しながら、その答えに迫ってみよう。

天保財政改革と「御頼談」

廣岡家文書のなかに、一八四二年（推定）の二月二七日付けの標題のない書状がある（廣岡家研究会二〇一七に全文翻刻）。この書状は、中津藩財政帳簿類とともに「御頼談書面入」と墨書された木箱に納められており、来るべき「御頼談」のために依頼内容を文書化したものであることが本文中にも記されている。いわば、中津藩から加久への「御頼談」の内容が判明する史料である。また、同梱された財政帳簿類が廣岡家文書のなかに残された一連の中津藩財政帳簿群のなかで最古のものであることを踏まえれば、この頼談書の内容を読み解くことで、なぜ中津藩から加久へ同藩財政帳簿が提出されるようになったのか、を明らかにする重要な手掛かりが得られる。まずは、この頼談書の記述を確認してみたい。長文になるため重要な部分を摘記して、大意を示すと以下のようになる。

①中津藩では、借財が累積し財政が困窮したため、これまで何度も「暮方《くらしかた》改革」を企ててきた。

しかし、実現するには至らず、また、一昨年（一八四〇年〔天保一一〕）に幕府から御手伝普請を命じられた際にも「御恩借《ごおんしゃく》」（幕府からの借入）などの措置を講じてこなかった。その結果、近年は江戸・国元で高利の借財が嵩み、実に「主従飢寒《しゅじゅうきかん》」に至る程の財政危機に陥ることになった。

②それは、「別帳」が示す通り、「物成高」（収入）に釣り合わない「不相当之暮方《ふそうとうのくらしかた》」をしていたためである。そこで、中津藩では主君と江戸・国元の家臣一統で申し合わせて、「格外之省《かくがいのしょう》略《りゃく》」（抜本的な支出削減）を中心とする「改革仕法《しほう》」を行うこととした。

③しかし、従来から家臣への俸禄の削減等を継続的に実施して、藩内も困窮しているので、「別帳」で示した額以上に支出を減らすことは難しい。それゆえに、大坂・江戸・国元の諸借財の返済に充てることのできる「出目《でめ》」（収支差額）はほとんど生じない。

④江戸の借財は、高利かつ余計な出費が掛かり、また、利下げや永年賦、欠年などを求めて交渉することは難しい性質のものである。

⑤「出目」（収支差額）が少なくては、利払いにも事欠くこととなり、いくら「別帳」で示した通り「省略《しょうりゃく》」（支出削減）をしても、借財の元本を減らすことはできず、藩内は難渋するばかりである。これでは、結局のところ「改革仕法」は失敗する恐れがある。

⑥したがって、もはや「御店方之御約《おたなかたのごやっ》〔厄〕介《かい》」になるよりほかにないので、「改革仕法并《ならび》借《しゃく》財高等之帳面類《ざいだかとうのちょうめんるい》」や「別帳」を作成し提供するので、「改革仕法」が成り立つように、「御助《ごじょ》

情《じょう》」して欲しい。

内容は多岐にわたるが、まず注目しておきたいのは、今回の「御頼談」が「改革仕法」の開始に端を発していること、そして、この「改革仕法」が中津藩の債務整理を主眼とした藩財政の再建を目指すものだったことである。とくに「高利」だとされる江戸借財の処理が中心的な目標となっており、そのための手段として家臣の俸禄削減を含む大規模な支出削減を実施し、これによって生じる収支差額（「出目」）をもって、諸借財の返済に充てることが企図されている。

中津藩では、一八三四年（天保五）から一八四二年（天保一三）にかけて、藩の財政再建を中心に下級武士層の救済と農民救済などを含めた一連の諸政策、いわゆる天保改革を実施・展開した（大分県総務部総務課一九八五）。頼談書で言う「改革仕法」とは、この天保改革の一環と位置付けられる。恐らくは、一八三四年に天保改革が開始されたものの、一八四〇年（天保一一）に幕府から御手伝普請が命じられたことを契機として、さらなる債務の累積と財政の悪化が進んだために、財政再建計画の練り直しを迫られて、今回の「御頼談」に至ったのではないかと考えられる。

では、この「御頼談」での目的は何だったのか。それは、加久から財政再建計画に伴う協力と援助を得ることにあった。中津藩は、この「御頼談」のために、藩財政に関わる様々な帳簿類を作成している。それによると、中津藩が策定した現状の収支計画では、徹底的な支出削減を講じても、そこから生じうる収支差額では累積した債務の利払いすら十分でなく、元本の返済にまで至らない。

しかし、さらなる支出削減は難しく、また、問題となっている江戸借財は利下げや年賦返済などの交渉もできない類の債務であるため、自力で財政再建を図ることがそもそも不可能である。それゆえ、いわば最後の手段として、中津藩は「御店方之御約〔厄〕介」と「御助情」、すなわち加久による協力と援助を求めたと述べている。そして、頼談書の末尾には、次のように記される。

【史料原文（書き下し）】

右の段、ご承知もくだされ候えば、往々、仕法取続き出来もうすべくやと存じ候、もっとも御頼談仕法、思し召しにあい叶わず、いかが致し候はば、改革仕法あい立つべきご工夫、なんともご面倒ながら、いささかもご腹蔵なくお指図くだされ候

（大意）

このこと（＝加久が中津藩に「御助情」すること）をご承知くだされるのであれば、きっと、改革を継続していくことができるだろうと思います。もし、我々がご相談した改革が、〔加久の〕お考えに沿わないようであれば、どうすれば改革が成り立っていくのか、そのための方法を、ご面倒とは存じますが、少しも包み隠すことなくご指摘ください。

中津藩は、財政再建のために策定した計画を、加久に示してその承認を求め、もし不十分な点がある場合には、具体的な改善案を助言あるいは立案してもらうことを期待している。中津藩側のこ

うした期待は、同藩と加久の関係が単なる融資にのみとどまるものではないことを示唆している。他方で、この財政再建計画のなかで、中津藩がどのような援助を求めているのか。すなわち、加久からの「御助情」の具体的な中身は何なのか、頼談書では明示されていない。これを知るためには、頼談書に添付されていた藩財政帳簿類を検討しなければならない。そこで以下では、現存する帳簿類の分析結果を示しながら、中津藩が加久に求めた援助の具体像を考察したい。

頼談時に提出された帳簿の分析

まず確認しておきたいのは、財政再建計画実施前後の財政収支である。中津藩が提出した帳簿では、再建計画以前の平均的な藩財政収支（A）と再建計画以後の支出削減等を実施した場合の財政収支の予測（B）がそれぞれ示されている。その結果をまとめた表3−1を見ていくと、計画前では、収入は米一四万俵余に対して支出は二四万俵余となり、一〇万俵近い赤字が出ている。これに対して、計画後では、支出を約五〇％削減して、二万俵余りの黒字を出すことになっている。支出削減の内訳を見てみると、江戸藩邸経費や家臣人件費の削減率が大きいが、大坂借財の償還費も三分の一程度削減されており、加久を含む大坂商人からの借財に関して、何らかの債務整理が行われることが前提とされている。

そして注目すべきは、江戸と国元の借財の償還費の額が空欄になっていること、すなわち、帳簿

表3-1　財政再建計画前後の財政収支

項目	平均的な収支（A）	収支の予測（B）	増減率（B/A）
歳入総額	145,459 俵	145,459 俵	100.0%
歳出総額	243,605 俵	122,707 俵	50.4%
家臣人件費	57,000 俵	33,000 俵	57.9%
江戸藩邸諸経費	84,787 俵	38,898 俵	45.9%
国元諸経費	21,480 俵	16,669 俵	77.6%
その他諸経費	11,793 俵	9,428 俵	79.9%
大坂借財償還費等	37,327 俵	24,713 俵	66.2%
江戸借財償還費等	27,218 俵	…	—
国元借財償還費等	4,000 俵	…	—
収支差額	▲ 98,147 俵	22,752 俵	—

註：典拠史料に記載が無い場合は…で示す。
出所：「平年収納捌帳」（廣岡20-10）

ではこれら費目の記載がないことである。なぜ、江戸と国元の借財の償還費が計上されていないのか。試みに、これら空欄に計画前の値を代入すれば、収支差額は再び赤字に陥ることになる。中津藩の策定した再建計画では、江戸・国元借財の元利返済をしないつもりだったわけでは、無論ない。恐らくは、大規模な支出削減を行ってもなお累積債務の利払いすら十全にゆかない、という頼談書での主張を数値的に裏付けることが、ここでの目的だったと考えるべきであろう。いずれにせよ、累積した債務の整理をどのように進めていくか、これが今回の「御頼談」のもっとも重要な論点となっていたことが改めて確認できる。

それでは、この時点で中津藩が抱えていた債務はどれ程のものだったのか。表3−

2を見ると、借財の総額は銀換算で一万八五三三貫余り（金換算では約二九万六五三七両）にのぼっており、これは平均的な収入規模の六倍近くになる計算である。地域別の構成比では、大坂での借財が全体の五八・九％、次いで江戸が三二・一％、国元（中津や備後）が九・〇％となっている。このうち「御店方」すなわち加久からの借財は総額の三五・九％、大坂借財のなかで言えば約六〇％を占めていて、他と比べても突出している。一方で、中津藩が問題視していた江戸借財は、約三万両にのぼる幕府からの公的融資「公儀御貸付」のほか、「上野御門主様御料物金」や「紀州様熊野三山御修復金」など寺社名目金と目されるものが多い。寺社名目金とは、幕府による許可と債権保護を受けて、有力寺社が行った貸付金融である。この江戸借財の場合、約定利率を調べてみると年利一四％〜一七・五％までが全体の七割以上（金額ベース）を占めている。この利率は、当時の一般的水準に照らしても、また大坂借財と比べても、高い水準にあり、「江戸の借財いずれも高利」という頼談書の記述が裏付けられる。また、年次別で見ると一八四〇年（天保一一）から一八四一年（天保一二）にかけて借り入れたものが七割近く（件数ベース）にのぼることも注目される。江戸借財とは、中津藩が御手伝普請を命じられた一八四〇年以降の直近の二年間に新規に借り入れられた高金利の債務であることが改めてわかる。

高金利の資金を新規に借り入れたということは、この一八四二年（天保一三）春時点で利払い等の大きな負担が中津藩財政に差し迫っていたことを意味する。事実、中津藩の調べでは、とくに江戸借財に関して、一八四二年度分の利払いが前年度比の一・四倍に増加する見込みとなっていた。

表3-2　中津藩債務の内訳

記号	項目	金額	構成比
A	大坂借財	10,969貫 107匁	58.9%
B	加久（御店方）	6,672貫 70匁	35.9%
C	江戸借財	5,896貫 352匁	32.1%
D	幕府（公儀御貸付）	1,908貫 672匁	10.3%
E	寺社（名目金）	1,858貫 125匁	10.0%
F	その他	2,206貫 430匁	11.9%
G	国元借財	1,668貫 137匁	9.0%
H	総計	18,533貫 595匁	100.0%

註1：金額は、金1両につき銀62.5匁ですべて銀目換算した。
註2：構成比は、H総計の金額に対する百分比。
出所：「大坂御借用高調帳」（廣岡20-1）、「江戸借用口々当丑十二月迄元利金調帳」（廣岡20-11）、「中津借用調」（廣岡20-13）

果たして、中津藩はこれにどのように対処しようとしていたのだろうか。中津藩が提出した財務書類からは、借入金の返済条件の変更と借り換えという二つの方法を模索していたことが浮かび上がってくる。ただし、大坂借財と江戸借財とでは、用いる方法を使い分けていた。

まずは、大坂借財について見てみると、中津藩が策定した計画では、一年当たりの元利償還費の圧縮を目指していた。このことは、前に示した表3-1でも確認されたことである。これを実現するために試みられたのが、借入金の返済条件を変更することだった。具体的な根拠となった帳簿では、借入案件ごとに債権者と借入残高、一年当たりの元利返済額をすべて調査したうえで、それぞれに金利減免、元本返済猶予、年賦あるいは現状通りのパターンで条件変更案が示されている。たとえば、「戊年七千両口」

（借入残高銀三九一貫余り・債権者一六人）では、通常、一年当たり一五〇貫目ずつ元利返済することになっていたが、「右の通りご返済致すべきはずのところ、この節ご頼談高」として、利子分のみ二四貫五三〇匁を支払うように変更することが示されている。すなわち、元本の返済を一時的に猶予したうえで利払いの減免がなされる目論見になっている。このような債権者側にとっては不利な条件変更案は、加久が保有する債権に対しても提示されている。

一方で、江戸借財については、こうした条件変更がほとんど試みられていない。江戸借財のうち条件変更案が示されているのは「公儀御貸付」（幕府からの公的融資）のみである。この借入金については「一ヶ年上納高、金一一三一両のところへ金四〇〇両上納にてあい済ませ候つもり」、つまり、一年当たり償還額を一一三一両から四〇〇両へ減額する計画であったようである。しかし、これ以外の江戸借財に対して条件変更案は示されていない。中津藩は基本的に、江戸借財に関してはこれまで通りの返済条件で償還する（せざるをえない）計画だったことがうかがえる。まさに、頼談書の「江戸借財は利下げなどを交渉するのが難しい案件が多い」という記述を反映したような計画である。

しかし、中津藩がもっとも問題視していたのはこの江戸借財であり、先ほども述べたように、江戸借財の利払いが大幅に増加することこそが懸念事項だったわけであるから、中津藩はこれを放置したわけではない。中津藩が用いようとした江戸借財の債務整理の方法は、主に借り換えであった。中津藩が策定した財政再建計画案の大綱は、「御頼談仕方帳」にまとめられており、そこには向こ

図3-1　中津藩債務整理に関わる収支計画

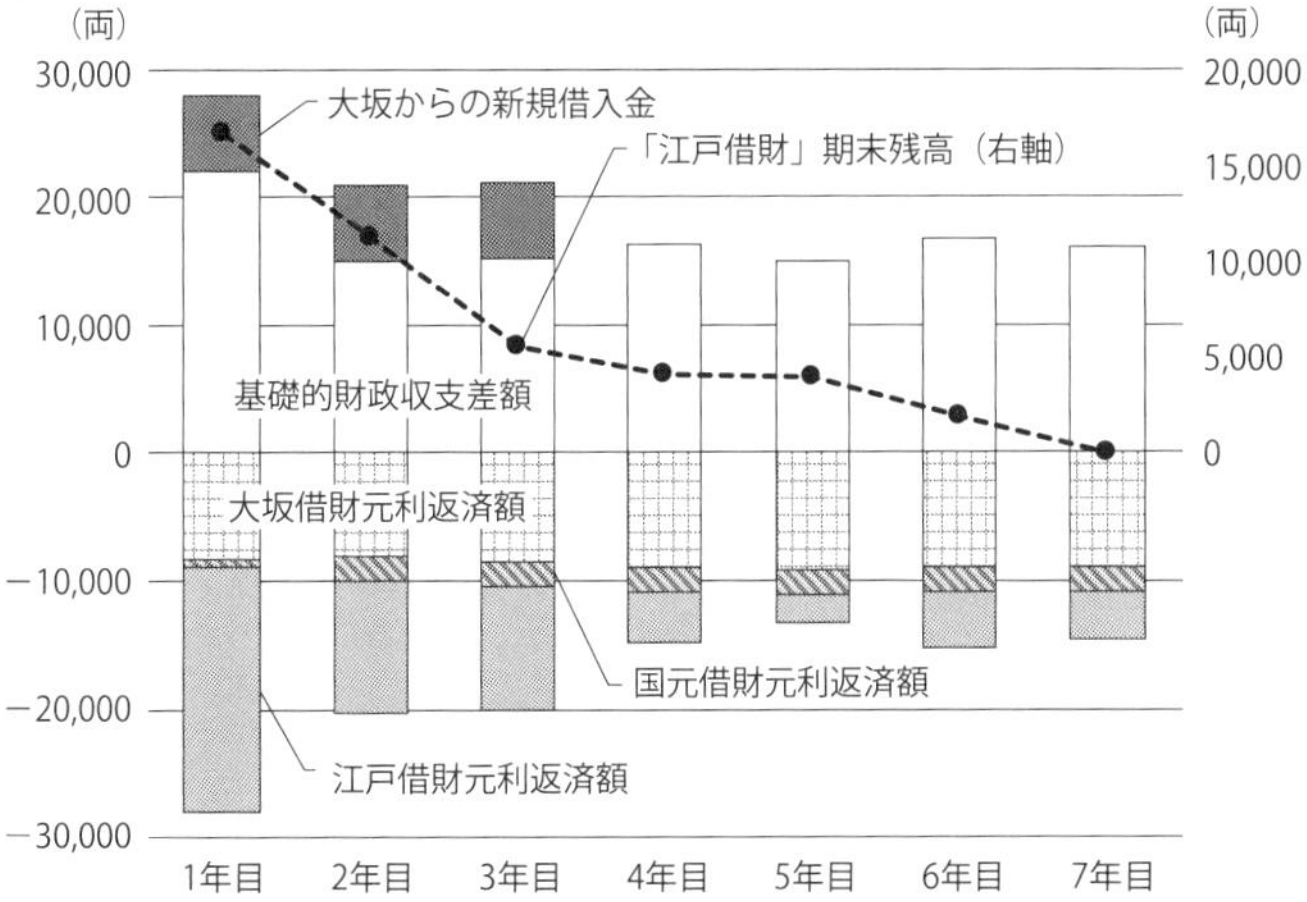

註：金額は金1両につき銀62.5匁の換算率ですべて金換算した。
出所：「御頼談仕方帳」（廣岡20-7）

う七ヶ年間の年度予算計画（財政収支予測）が示されている。図3-1は、そのうち債務整理に関する費目のみを抜粋して、収支（棒グラフ）と「江戸借財」の期末残高（折れ線グラフ）を示したものである。ここから中津藩の狙いを読み解いてみよう。

そこでまず注目されるのは、支出費目にあたる三種類の借財元利返済額である。これらのうち大坂と国元からの借財に対する元利返済額は、おおむね一年当たり金一万両（銀六〇〇～七〇〇貫目）前後を支出することになっており、その水準はほぼ一定である。これに対して江戸借財元利返済額は、計画一年目に金一万八九八六両余（銀一一八六貫余）、二年目に金一万三九二両余（銀六四九貫余）、三年目に金九七三九余（銀六〇八貫余）を支出するものの、四年目以降の支出額は半分以下に減少する。その結果「江戸借財」の期末残高は、一年目から三年目にかけて金一万六八八一両余（銀一〇四二貫余）から金五四九五両余（銀二四四貫余）へと大きくその額を減らしている。つまり、中津藩は、計画の初期段階に多額の元金返済を行い、期末残高を大きく圧縮させようとしているのである。なお、ここでの「江戸借財」とは、表3-2に示した江戸借財のすべてではなく、そのうち「両山其外名目六ヶ敷口々」「当丑年借用并無拠口々」と分類された借財のみである。この二口のなかには、一八四一年（天保一二）に新規に借り入れを行った、約定利率一四%〜一七・五%の高金利の債務が数多く含まれており、中津藩は、今後、利払いが嵩んでくるこれら二口をターゲットにして、元金返済を優先的に進めようとしたものと考えられる。

もっとも、これだけの元金返済を進めるには、多額の償還資金を用意する必要がある。計画一年目については、偶発的な特別利益が見込まれたようで、借入金収入や償還費支出を除いた基礎的財政収支差額（財政黒字）が平年の水準を上回り、元利返済額も大幅に押し上げられた。しかし、それはあくまでも僥倖に属するもので、二年目・三年目を含めて確実な資金源となっていたのが、大坂からの新たな借入金であった。図に示された通り、金六〇〇〇両（銀三七五貫目）ずつ三年間、合計金一万八千両（銀一一二五貫目）を調達する計画となっている。この大坂からの新規借入金に伴う利子負担は、年利換算で八・四%と見込まれており、江戸借財と比べれば低利である。なお、この新規借入金の八〇%以上にのぼる九三七貫五〇〇匁については「蔵許《くらもと》（元）出金」となっており、当時、中津藩の蔵元を務めていた加久からの借り入れを予定していたと考えられる。つまり、中津藩が策定した計画とは、加久から新たに資金を借り入れ、計画初期の三年間で高金利の江戸借財の元金返済を一気に進めて毎年の利払い額を減らし、七年間でこれを完済する、というものであったと理解される。

さて、ここまでかなりの紙幅を費やして、中津藩が加久との「御頼談」に際して提出した藩財政帳簿の分析を行ってきた。この「御頼談」を通じて、中津藩が加久に期待した「御助情」とはいったい何だったのか。帳簿の分析から見えてきた、この疑問への回答は次のようなものである。「御頼談」の行われた一八四二年（天保一三）春、中津藩は前年度に江戸で借り入れた高利の借財を処理する必要に直面していた。そのために同藩は、徹底した支出削減を行って一定の償還資金を確保したうえで、既存の借財に対して金利減免や元本返済猶予などの返済条件の変更を試みるとともに、大坂で新規に資金調達を行って高利借財の借り換えを行おうとした。そこで「御頼談」に臨んだ中津藩が加久へ期待したこととは、条件変更の受諾と借り換えのための追加融資であったと考えることができるだろう。

情報開示と財政規律化

加久は恐らく中津藩からの依頼を受け入れて、条件変更と追加融資を実行したものと思われる。実際に、廣岡家文書のなかには、この時の条件変更に伴って書き換えられた証文の一部が残されている。一方で、中津藩の財政状態を踏まえれば、その返済能力には疑問符も付き、不良債権となるリスクも十分に想定される。なぜ加久は、この依頼を受け入れたのだろうか。そこには複数の要因が想定されるだろうが、ここまでの検討に即して言えば、中津藩が策定した財政再建計画への信用があったと考えられる。藩を挙げて財政改革を行い、借財の返済を確実に実行できる財政運営を実現する。このことを加久に納得し信用してもらうための材料として、頼談書に添付された中津藩財政に関する詳細な帳簿類が重要な意味を持っていたと考えられるのである。

そこで、改めてこの財政再建計画の中身を振り返ってみれば、その成否はひとえに、抜本的な支出削減が実現できるか否かにあった。基礎的財政収支を黒字化し、償還費用を十分に確保することができてはじめて、条件変更や借り換えといったその他の債務整理の方法が有効になってくる。中津藩の場合、他藩のように有力な特産品を持っていなかったため、家臣の俸禄を削って藩収の増加を図るよりほかになかったと言われる（西川一九八七）。津和野藩や萩藩のような加久と取引のあった他藩と比べ、藩専売制などによる有力な収入増加策を期待できなかった中津藩が基礎的財政収支の黒字化を達成するには、現状の収入とそれに応じた支出計画を緻密に策定し、支出の削減を実現することが不可欠な条件になっていたのである。つまり、加久に対して条件変更と追加融資を依頼したことは、中津藩自身にも厳しい財政規律が課されることを意味した。

このことを最も痛切に感じることになったのは、加久との直接の窓口になった財政担当役人たちであったろう。そのなかの一人として、天保財政改革を主導した黒沢庄右衛門がいる。中津藩の天保財政改革は、藩政の実権を握っていた第五代藩主奥平昌高〔当時は隠居〕が、下級藩士〔御茶坊主〕ながら自身の側近にあって、その財政的手腕を認めていた黒沢を財務担当役人に抜擢して進められた〔広池一九七六〕。黒沢は天保財政改革についての回想録[2]を残しており、そこには中津藩財政の実情や問題点について、彼自身の率直な認識が綴られている。無論、黒沢個人のバイアスが含まれていることは否定できないものの、財政改革を主導した政策担当者の認識として、注目に値するものも多い。

とくに、財政改革を進めるなかで藩内から厳しい反発を受けた黒沢が、家老たちの重席会議に呼び出された際に発言した内容は注目される。その席で黒沢は、中津藩財政の深刻さについて数値を示しながら概説したうえで、「もはやこうなっては、家臣への俸禄を停止し、領民への臨時課税を行って、お取り潰しになるほかはない。〔中略〕家臣団の末席を汚す自分がこのような大言を吐くのは恐れ多いが、主君の内命を受けた以上、なんとか改革仕法を達成したいと思っている」と述べた。そして、次のように続けた。

【史料〔書き下し〕】

この節のお急ぎばかりと申しても、ただただ金銀の御作略のみ、上下御心配これ有り、大元、御取稼よりの御割賦の思し召し更々これ無きゆえ、御急務の金銀もまず差し置かれ、御取稼をもって、年中に御割振り御取懸りあそばされたしと、半日程割つつ口説いつ、落涙水鼻にて申し上げ候

（大意）

「家臣たちは上下問わずみな、この急場を凌ごうとして、ただ一時的な金策だけを考えていて、そもそも収入に見合った支出をしようと思っておられない。一時的な金策を考えるより前に、その年の収入の規模に即した支出をする仕組みを作ることにまず取り掛かっていただきたい」と長時間にわたって、涙と鼻水を流しながら事細かに申し上げた。

その年の秋に得た収入で、その後、一年間分の支出を賄う。ごく当たり前のことのように思えるかもしれないが、これを涙ながらに切々と訴えざるを得ないところに、当時の中津藩内では財政規律を保とうとする意識がいかに欠けていたかを感じ取ることができる。

事後的なモニタリング

そうであれば、である。加久の視点に立てば、財政規律が今後も維持され続けるのかどうかが重要な問題となってくる。つまり、一八四二年（天保一三）春の「御頼談」において中津藩が約束した財政再建計画が、その後も計画通りに実施されたか否かをチェックする仕組みが必要になる。これこそが、廣岡家文書のなかに中津藩財政帳簿が経年的に残されている理由なのではないかと考えられる。すなわち、「御頼談」時に示した計画の実施状況や結果を報告するために、「御頼談」以降も中津藩から加久に対して継続的に藩財政帳簿が提出されたと理解されるのである。実際に帳簿群の内容を見てみると、中津藩が自身の活動を円滑に遂行するために必要な管理会計用の資料というよりも、藩財政の状況を外部に報告するための財務会計用の資料としての性格が強い。このことを一八五七年（安政四）分の帳簿類を例に確認してみよう。

表3‒3は、一八五七年度に提出された全一九点の帳簿を、帳簿に添付された目録の記載に沿って整理・分類したものである。目録を参照すると、これら帳簿群は六つの主要帳簿と「此別帳」、すなわち主要帳簿に添付された一三の補助帳簿から構成されていることがわかる。たとえば、表で分類Aとしたのは、一八五七年度の収支予算に関する帳簿群である。そこで中心となるのは⑴「巳秋収納捌并借財済方帳」である。この帳簿には一八五七年秋の中津藩の①収入の内訳、②支出の内訳、③債務残高の内訳が記されている。ただし、ここに記載されている内訳は概要レベルのものも多い。たとえば、「江戸暮金」（江戸藩邸で支出される経費）として「米弐万五千五百三拾俵」を支出する、「江戸扶持米」（江戸藩邸詰の家臣へ支払う給与）として「米壱万八百八拾七俵」を支出するなどといった具合である。こうした費目の詳細な内訳が記されているのが、⑶「巳御収納米ニ而江戸一ヶ年御暮帳」や⑷「御扶持米積帳」である。前者には上述の「江戸暮金」の内訳が一二〇項目以上に渡って記され、後者には「江戸扶持米」を月別にいくらずつ支払うかが記されている。このように主要帳簿と補助帳簿の双方を見ることによって、中津藩財政の全体像をすばやく総覧しながら、必要に応じて、その詳細にも踏み込んで把握することが可能な仕組みになっている。

表3-3　1857年度に提出された帳簿の一覧

No.	表題	分類
(1)	巳秋収納捌幷借財済方帳	A
(2)	巳収納米ニ而中津一ヶ年御暮帳	A
(3)	巳御収納米ニ而江戸一ヶ年御暮帳	A
(4)	御扶持米積帳	A
(5)	子暮中津御貸付残金御遣込相成候分当巳暮皆済調	A
(6)	御帰城御旅用御入目調幷御囲籾代金不足共	A
(7)	江戸御借用口々御談積帳	A
(8)	中津御暮口々惣指引帳	B
(9)	巳御分量銀札渡口々指引帳	B
(10)	御家中御物成米幷御廻米運賃中津御暮差引調帳	B
(11)	中津御暮正米遣イ惣差引帳	B
(12)	御帰城御待受幷所々御修覆調	B
(13)	江戸御暮口々惣指引帳	C
(14)	辰御収納米ニ而江戸一ヶ年御暮清勘帳	C
(15)	江戸御帰城御旅用調帳	C
(16)	御扶持方相場間際調帳	C
(17)	午秋収納捌幷借財済方割合帳	D
(18)	江戸御辞退扶持積り帳	D
(19)	江戸借用残高調帳	D

出所：「諸帳面目録」(廣岡37-2)

そして、さらに注目されるのは、決算に関する帳簿が存在している点である。決算に関する帳簿は、表中の分類Bと分類Cがそれに該当する。双方とも、「辰秋」すなわち一八五六年（安政三）秋から一年間の支出の結果が記されている。つまり、これらは前年度の支出決算を記した帳簿であり、このうち分類Bは主に国元中津での支出結果、分類Cは江戸藩邸での支出結果を記したものとなっている。予算とはあくまでも収支の計画を示すものである以上、財政の実態を把握するのであれば、支出の結果を示した決算帳簿を確認する必要がある。ところが、意外なことに、江戸時代の藩財政史料を広く見渡してみると、決算結果を記したものはそれほど多く残されていない(3)。しかし、この中津藩財政帳簿群は、決算結果が複数年度にわたって確認できること、また、同一年度の予算と決算の両方が揃う場合もあるため、両者を比較検討することが可能なこと、これらの点において、現存する藩財政史料のなかでも稀有な例と言えるものである。その理由は、この財政帳簿群が財政再建計画の実施結果を中津藩が加久に報告するために、言い換えれば、加久が中津藩の財政規律をモニタリングするために、作成されたものだったからと考えることができるだろう。

それでは、加久によるモニタリングの結果、財政の規律化はきちんと実現できたのであろうか。その評価は微妙なところである。江戸の借財を減らすという目的から言えば、それは計画通りとは言えないものの、ある程度の達成をみたと考えられる。一八四二年（天保一三）当初には金九万五五七一両（銀換算五八九六貫三五二匁）にのぼっていた江戸借財は、一八五〇年（嘉永三）には金三万四九一八両余りへと三分の一近くまで減少していることが確認できる（「江戸借用残元高調帳」廣岡一九―一四)。一方、基礎的財政収支を黒字化するという観点から言えば、達成できていたとは言い難い。たとえば、一八五〇年には中津周辺で起こった凶作により年貢収入が平年の水準を下回り、銀五五五貫余りの赤字が発生しているほか(「戌秋収納捌幷借財済方割合帳」廣岡一九―一〇)、一八五三年(嘉永六)にもやはり年貢収入が平年を下回るとともに、幕府から命じられた海岸防備関係の費用が発生したことなども相俟って、銀三三九貫余りの赤字が発生している(「丑秋収納捌幷借財済方割合帳」廣岡三三―二)。このように突発的なイベントによって財政収支が赤字に陥ることが多々あった。もっとも、江戸藩邸経費や国元経費など経常的な経費は財政再建計画で削減された後の水準を大きく上回ることはあまり見られない。そうした意味で、財政の規律化が実現できたか否かの判断は難しい。

藩札発行の適正化

しかし、加久による介入が、中津藩財政当局に財政規律化への意識付けをもたらした点は注目して良い。たとえばそれは、藩札発行額の適正化という現象に見ることができる。中津藩では、一七三〇年(享保一五)に独自の藩札の発行を開始し、領内での決済にはこの中津藩札を使用するように定めた。ところが、天保財政改革の直前、一八二〇年代末から一八三〇年代にかけて、中津藩札の信用力低下が大きな問題となっていた。その要因は藩札の濫発によって藩札の価値が大幅に低下

図3-2　中津藩札の市中為替相場

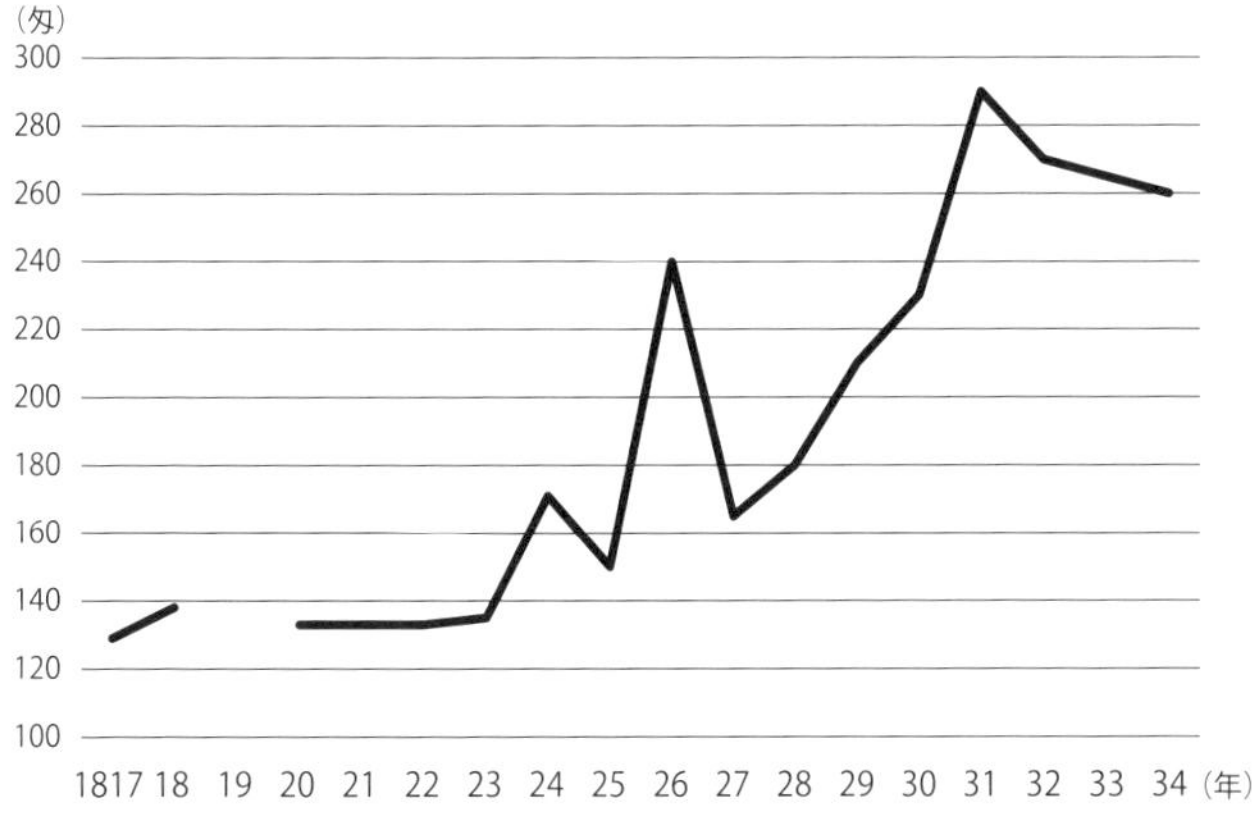

出所：福原桃果「中津藩の藩札流通について」(聖心女子大学提出卒業論文) 掲載表を一部改変して作成。原典史料は「惣町大帳」天保2年10月条・天保7年7月条。

したことにあった。当初の公定為替相場は現銀一〇〇匁に対して藩札一〇〇匁を交換すると定められていた。しかし、実際の市中為替相場は、一八一八年(文政元)正月には現銀一〇〇匁に対して藩札一三八匁だったものが、その後上昇を続け、一八三一年(天保二)一〇月には藩札二九〇匁にまでなっていた。無論、公定為替相場(銀札所相場)も市中相場に合わせてある程度に切り上げられたが、市中相場の変動によっては乖離が著しくなることもあった。その結果、現銀への兌換要求が殺到し、中津藩は銀札所での兌換を制限ないし停止する措置に踏み切った。このように低下した藩札の信用力の回復が、天保財政改革のもう一つの大きな目的であったと言われる(篠藤一九六〇)。

中津藩は、藩札の信用力回復を図るため、一八三六年（天保七）に藩札の兌換準備金として銀三〇〇貫目の融資を加久から受けることとなった。ここで中津藩側の交渉窓口に立ったのが、先に述べた黒沢庄右衛門であった。この時、黒沢は、信用回復を効率的に進めるために、あるパフォーマンスを行ったと言われている（広池一九七六）。借り入れにあたって少額通貨の銭貨をあえて選択した黒沢は、「小銭数百函」を千両箱のように偽装して数艘の船に積んで中津へ輸送し、あたかも金数万両を借り入れたように見せかけたことによって、人々の信用不安を解消させることに奏功したという。無論、これは傑出した人物にありがちな逸話のひとつとして、真偽や実際の因果関係の程は定かではない。

一方、こうしたエピソード以上に注目すべきなのは、中津藩が加久から融資を受ける条件として「通用高《つうようだか》相減《あいげんじ》候《そうろう》御仕法」（藩札発行量を減らす仕法）の実施を求められていたということである。この仕法は、①新規の藩札発行を停止すること、②兌換されて銀札所すなわち藩に戻ってきた藩札の一割を封印したうえで「御蔵元」（加久）へ差し登らせること、の二つがセットになっていた。これには、藩札の発行量減少が着実に行われているかを加久がモニタリングし、中津藩の行動を規律化する目的があったのではないかと推測される。というのも、この件に関する「御蔵元気受《きうけ》」「加嶋屋気受」（加久の評価や評判）を中津藩がしきりに気にしていることが窺えるからである。仕法が着実に実行され、藩札の円滑に通用する状況が取り戻されつつあることに対して、中津藩は「御蔵元の気受もきっと良くなるだろう」としたうえで、「通用高が御蔵元の言う通りの水準まで減少しなければ、新たな融資を受けることが難しい」とも述べている（「惣町大帳」天保八年正月晦日条）。この発言は中津藩が家臣や町役人に対して出した触書の一文であるので、とくに後半の部分についてはどこまで本心を述べていたか疑問も残るが、融資を受けた加久からの評価（「気受」）を気にする中津藩の姿は、両者の関係性を如実に表しているように見える。

「長期的で密接な関係」の強みと弱み

ここまで、加久と中津藩を事例にして、館入と称されるような大名貸商人が大名との間で構築した「長期的で密接な関係」の実態を観察してきた。大名は自らの詳細な財務情報を大名貸商人に開示することで安定的な融資を受け、大名貸商人は得られた財務情報に基づいて大名の財政運営を監視し規律を与えることで融資の安全性を担保する。こうしたものこそが「長期的で密接な関係」の具体的なありようだったと言えよう。加久の場合、一七七〇年（明和七）に津和野藩との間で融資契約を結ぶ際にも、収支計画書を提出させていることが明らかになっている（高槻二〇一四）。もっとも、この収支計画書は同藩財政の全収支を書き上げたものではなく、大坂での蔵物販売に関わる部分に限定されているが、中津藩に先行する事例としてやはり注目に値する。加久は、このようにして取得した藩財政資料（内部情報）によって信用審査を行い、融資先の監視と財政規律化を行おうとする戦略を取っていたのではないかと考えられる。

無論、こうした説明が加久以外の他の大名貸商人にどこまで一般化されるのか、今後の検証をまたなくてはならない。しかし、融資先の大名家において財政規律が確保されているか否かは、およそ大名貸を生業とする人々にとって共通の関心事になっていたと考えられる。たとえば熊本藩の館入を務めた茨木屋安右衛門は、同藩に宛てた意見書のなかで「一ヶ年の御納方（＝収入）を以って御入用（＝支出）をまかなう予算を立てなければ、長期的に見て差し支えることになる」と述べて、単年度収支を均衡させることの必要性を強調している（「茨木屋安五郎口上覚写」熊本大学永青文庫研究センター二〇二二）。機会あらば融資先の大名に対して財政規律の確保を要求しようとするマインドを大名貸商人たちは有していたのであり、加久ならずともその実例はありえたのである。

しかし、大名家の財務情報は本来的に公開されることのない秘匿性の高い内部情報であり、外部者が容易にアクセスできるものではない。それゆえ裏を返すと、秘匿された藩財政資料（内部情報）を入手できれば、大名が自らの収入規模に即した支出をどれだけ実現できているか、すなわち円滑な返済をどれ程に実現できるかを、より厳密に審査して超過利潤を得る機会も生まれてくる。加久はそれを自らの融資戦略と位置づけ、そして見事に実現しえた一握りの成功事例だと理解すべきかもしれない。

しかし、加久のこうした融資戦略の効果や意義をより正確に評価するには、二つの理由で慎重さが求められる。一つ目は、融資戦略の効果に対する定量的な検証を本稿では行えていないことである。加久が江戸後期〜幕末期に至っても順調に資産を増やしていたことはわかっている（第1章）。

だが、果たしてそれが戦略の効果だったと言い切れるのか。これについては、個々の融資先あるいは貸付案件ごとに経営成績を分析していかなければ、確定的な判断を下すことはできない。加久の致富の源泉が一体何だったのかは、未だ十分に解き明かされてはいないのである。

そして、二つ目は、加久の戦略や強みが幕末維新期の動乱と新時代の幕開けのなかでむしろ桎梏となる可能性も持っていたことである。加久の取引相手となった大名とは、江戸時代に固有の、ある種の特殊な経済主体である。それゆえに、加久が得意とした「長期的かつ密接な関係」に基づく融資は、そうした大名との関係の深さゆえに、維新後に訪れた幕藩体制の解体、そして金融市場の構造変化、これらに対応した経営システムへと転換させていくことをむしろ困難にさせる側面を持っていた。こうした幕末維新期以降の加久の苦闘の歴史については、次章以降で述べられることになる。

注

(1)「加入之者」による分担融資は、館入を仲介としたある種の「間接金融」であり、萩藩と「加入之者」とは直接的な貸借関係を取り結ぶものではなかったのではないかとも考えられる。一八三三年(天保四)に萩藩と館入の間で利下げ等の借入条件の変更が決定された際、「銘々(=館入)どもの難渋はさておき、加入之者どもへは銘々どもより右年限中利足などあい償いあい凌ぎ」と館入たちは述べている。これはつまり、萩藩から支払われる利子額(利率)は減額されたが、「加入之者」へ支払われる利子額は契約条件通りであり、その差額分を館入らが負担した、ということになる。こうした事実を踏まえると、館入と「加入之者」は萩藩への貸し手の位置にあったが、その立場性や萩藩との関係は同じではなかったことが想定される。

（2）黒沢の回想録「午睡録」には日付の記載がないが、同人が御役御免になってから一六年以上後の一八五七年（安政四）以降に作成されたものと考えられる。天保財政改革の過程で黒沢が体験した事実や黒沢自身の見解、あるいはそこから導き出される教訓・処世術などを後世に伝えるような形式で記述されている。末尾に「他見無用」との記述もあることなどから、子孫に伝えるために作成されたものと思われる。

（3）さしあたっては、伊藤（二〇一四、一一頁）の表序-1を参照。ただし、高槻（二〇二一）では、江戸時代後期の熊本藩において複数年度にわたる収支決算が作成されていたことを明らかにしており、今後新たな史料の発掘も期待される。

参考文献

荒武賢一朗（二〇一六）「近世後期大坂商人の記録と情報——鴻池市兵衛家の史料から」同編『世界とつなぐ　起点としての日本列島史』清文堂出版。

伊藤昭弘（二〇一四）『藩財政再考——藩財政・領外銀主・地域経済』清文堂出版。

大分県総務部総務課編（一九八五）『大分県史　近世篇2』大分県。

賀川隆行（一九九六）『近世大名金融史の研究』吉川弘文館。

熊本大学永青文庫研究センター（二〇二二）『細川家文書　意見書編』吉川弘文館。

小林延人（二〇一四）「幕末維新期における銭佐の経営」逸身喜一郎・吉田伸之編『両替商　銭屋佐兵衛　第二巻』東京大学出版会。

篠藤光行（一九六〇）「中津藩の藩政改革——城下町商業の危機を通じてみた封建構造の崩壊過程」宮本又次編『藩

社会の研究』ミネルヴァ書房。

高槻泰郎（二〇一二）「幕藩領主と大坂金融市場」『歴史学研究』第八九八号。

高槻泰郎（二〇一四）「近世中後期大坂金融市場における『館入』商人の機能」『日本史研究』第六一九号。

高槻泰郎（二〇二一）「大坂金融商人の成長と領国経済」今村直樹・小関悠一郎編『熊本藩からみた日本近世――比較藩研究の提起』吉川弘文館。

中川すがね（二〇〇三）『大坂両替商の金融と社会』清文堂出版。

中川すがね（二〇一四）「銭屋佐兵衛の本両替経営」逸身喜一郎・吉田伸之編『両替商 銭屋佐兵衛 第二巻』東京大学出版会。

中津市史刊行会（一九六五）『中津市史』中津市史刊行会。

西川俊作（一九八七）「福沢百助・黒沢庄右衛門と奥平昌高」『国民経済雑誌』第一五六巻第三号。

野高宏之（二〇〇六）「加島屋久右衛門と黄金茶碗」『大阪の歴史』第六八号。

広池千九郎（一九七六）『中津歴史』防長史料出版社。

廣岡家研究会（二〇一七）「廣岡家文書と大同生命文書――大坂豪商・加島屋（廣岡家）の概容」『三井文庫論叢』第五一号。

松好貞夫（一九六五）『日本両替金融史論』〈復刻〉柏書房。

森泰博（一九七〇）『大名金融史論』大原新生社。

史料

「長州諸用帳」毛利文庫、山口県文書館所蔵。

「午睡録」黒沢家文書、中津市立小幡記念図書館所蔵写真帳。

「惣町大帳」中津藩政文書、中津市立小幡記念図書館所蔵。

加久と茶の湯

倉林重幸

近世茶の湯史における豪商

近世の豪商が営んだ文化的活動のうち、顕著なものが茶の湯であった。近世茶の湯史研究においては、彼らが遊芸・教養として茶の湯に親しみ、茶道具蒐集を行ったこと（谷端一九八八）、一八世紀頃の家元制度確立期以降、彼らが千家流家元の有力な支持者となったことが指摘されている（千二〇一三）。具体的には、家元が一度にまとまった数の茶道具（数物《かずもの》）を製作・配布した際にこれを購入する等の経済的な支持があった。

また、豪商の茶の湯の事例として、三井家、鴻池屋善右衛門家（以下、鴻善）、平瀬宗十郎家について、茶道具蒐集・処分を中心に明らかにされてきた（清水一九九九、中野二〇〇五、田中一九九九）。また、大坂豪商をはじめとする町人層の茶の湯の実態と多様な人的ネットワークの存在も指摘されている（田中二〇〇二）。近年では、化政期の大坂豪商の茶の湯について、茶会記から俯瞰的な分析を行ったもの（谷端二〇一五）等がある。しかし、豪商の茶の湯は、史料制約もあり解明の進んでいない分野のひとつといえる。

こうした中、鴻善に比肩する大坂豪商であった加久に伝来した古文書類には、近世後期の同家の茶の湯を示すものが含まれ、ここから加久と茶の湯について簡単に示してみたい。

八代加久と表千家一〇代吸江斎からの相伝

加久では、後に触れるように五代加久が自邸で七事式《しちじしき》を披露していることから、この頃までに千家流の茶の湯に触れていた。六代加久が千家流の茶の湯を行っていたことは、他家に記録された茶会記から推測でき（谷端二〇一五）、六、七代加久と表千家九代了々斎宗左《りょうりょうさいそうさ》との交誼を示す史料も散見される。

豪商の当主が茶の湯に傾倒した例として興味深いのが八代加久である。彼は、年次未詳の三月に表千家一〇代吸江斎宗左《きゅうこうさいそうさ》に入門した（「〔書状〕（御門入祝儀への礼状）」廣岡九―二二―二）。この際、大坂の茶匠勝間宗珉《かつまそうみん》が取次《とりつぎ》（家元との仲介者）となった。さらに、年次未詳の九月に勝間宗珉を取次として吸江斎から茶通箱《さつうばこ》点前を相伝された（「〔書状〕（茶通箱相伝相済白銀三枚への礼状）」廣岡九―八―二）。取次が設定された間接的な相伝形式をとっている理由は、被相伝者の身元保証等であるが、上方豪商当主の相伝時には、著名な上方茶匠が取次となっていた。一八四六年（弘化三）初夏に八代加久は吸江斎から乱飾《みだれかざり》を相伝され（大阪美術倶楽部一九二八）、一八四八年（嘉永元）八月二四日には吸江斎から皆伝《かいでん》を伝授された（表千家同門会一九九〇）。皆伝の伝授は、表千家の祖堂《そどう》と残《ざん》月亭《げってい》で行われ、吸江斎の後見役を務めて後に紀州藩御数寄屋頭となった二代住山楊甫が同席した。表千家において皆伝は、最も格式の高い真台子《しんだいす》の点前で、家元継承者をはじめ、限られた男子のみに伝授されてきた（千二〇一五）。皆伝の伝授の際に、吸江斎から八代加久に「茶湯的伝」（神戸

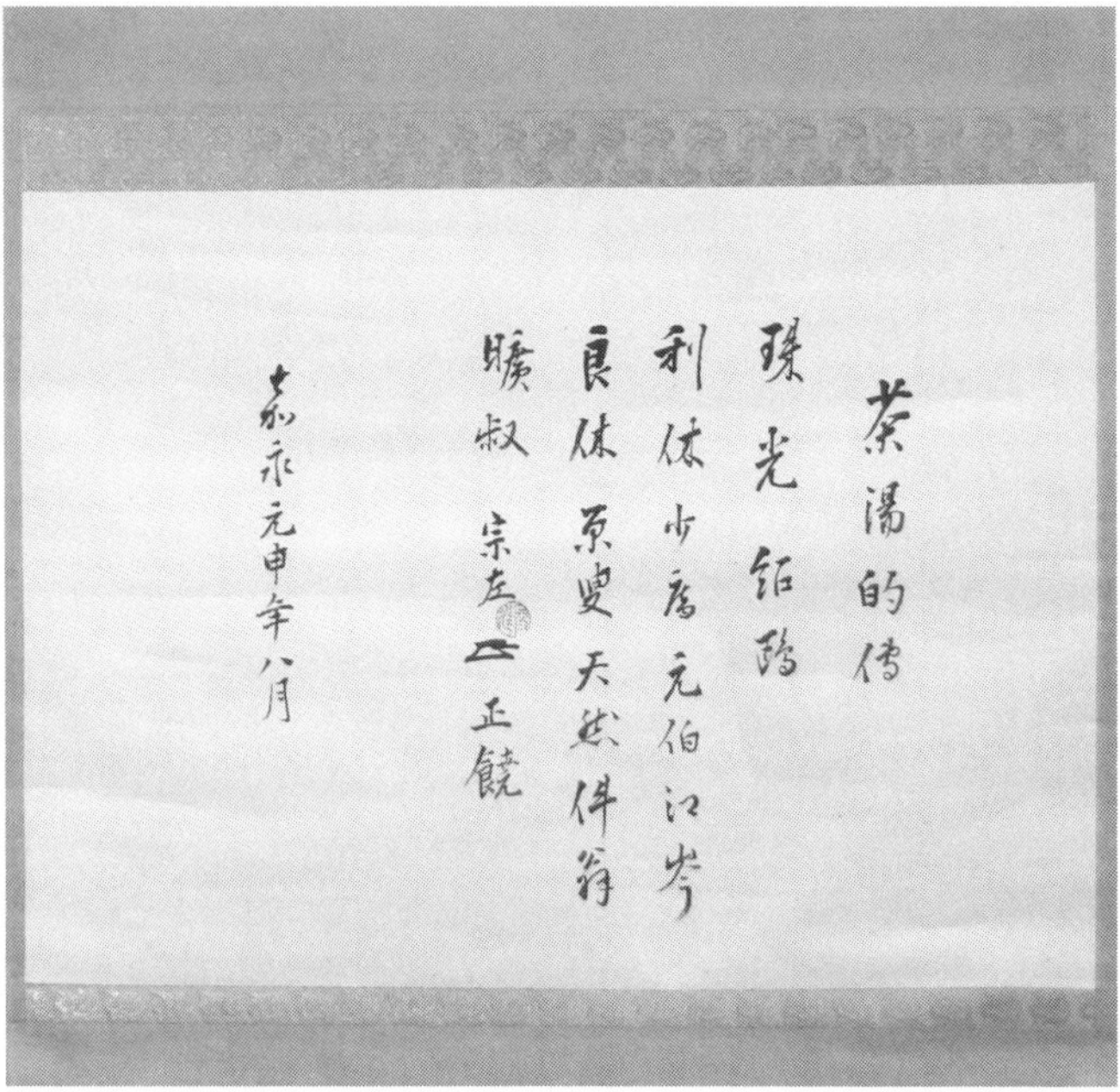

茶湯的傳
珠光 紹鴎
利休 少庵 元伯 江岑
良休 原叟 天然 件翁
曠叔 宗左 正饒
嘉永元申年八月

写真①　茶湯的伝

注：茶湯的伝は皆伝者の証として与えられるものである。珠光、武野紹鷗を経て千利休により大成したとされてきたわび茶について、表千家歴代家元を経て、受伝者である八代加久にその奥儀が継承されたことを示している。

出所：神戸大学経済経営研究所所蔵

大学経済経営研究所蔵、写真①）が与えられた。

吸江斎から皆伝を受けた者は、勝間宗珉（一八四〇年［天保一一］）、五代堀内宗完《ほりのうちそうかん》（不識斎《ふしきさい》、一八四一年［天保一二］）、八代加久、紀州藩田丸領を支配した久野家の家老であった金森得水《かなもりとくすい》（一八四九年［嘉永二］）、吸江斎の嗣子碌々斎《ろくろくさい》（一八五五年［安政二］と推測される）の五名で、商人は八代加久のみであった。

加久の茶道具コレクションと近世後期における道具蒐集

茶会（茶事）を催す際に不可欠なものが茶道具の数々である。近世豪商たちは茶道具のうちでも名品（名物）を所持した。近代には市場を介し、これらの多くが事業家であった近代数寄者の所有となった。こうした経緯から、近世茶の湯史における豪商へのアプローチは、これら名物茶道具の蒐集・移動の主体という観点が強かったといえる。廣岡家では、昭和金融恐慌による加島銀行の経営危機への対応として、一九二八年六月に同家コレクションの中核となる所蔵品の売立「廣岡家蔵品入札」が行われた。

ここで、近世までに加久が入手したと考えられ、近代の同家入札で売却された茶道具のうち、現存する茶碗二点を紹介しよう。

紅葉呉器《もみじごき》茶碗（泉屋博古館蔵、写真②）は、化政期頃までには同手中随一との定評があった名碗で、廣岡家蔵品入札を経て、一六代住友吉左衛門友成《すみともきちざえもんともなり》が入手した。

写真②　紅葉呉器茶碗

注：朝鮮時代・16世紀　泉屋博古館東京蔵

青井戸《あおいど》茶碗　銘春日野《かすがの》（湯木美術館蔵）は、同手を代表する茶碗で、大正期には銘竹屋《たけや》（個人蔵）、銘瀬尾《せのお》（福岡市美術館蔵）とともに東都青井戸の三名品と称せられた（高橋一九二六）。本品は一八七七年一〇月に京都で行われた同家入札により売却された（「道具番付帳　甲・乙」A六一一〇四）。

　これらの名品を加久が所持・蒐集した理由は、茶会での道具の使用もあろうが、資産形成の一環であった可能性も考えられる。近世後期における加久の道具購入は、一八世紀後半で総件数二二〇件余、総額約銀七三八貫余（約金一万二三〇〇両余）の規模のものが確認できる（倉林二〇二二）。購入対象は茶道具が大半であったが、比較的高単価の刀装具も散見された。換金性に着目したものと推測される。購入先は、大坂・京都の道具商のシェアが金額・数量とも圧倒的であった。また、廣岡家蔵品入札の際に売却された茶道具の一部には、既に近世後期に蒐集されたものが含まれていた。

加久における茶の湯の機能——大名貸経営とのリンク

一八世紀半ば以降、加久の経営の主軸が大名貸に置かれたことは、プロローグ及び第3章に詳しい。取引先として代表的な大名家が萩藩・毛利家であった。一七七〇年（明和七）、加久は萩藩の大坂蔵屋敷留守居格に任ぜられ、資金調達面等で毛利家と加久の関係はこれまで以上に深化した。当時の藩主は七代重就《しげなり（しげたか）》であった。

この時期の千家流の茶の湯では、七事式が流行していた。七事式は、表千家七代如心斎《じょしんさい》宗左を中心に一七四一年（寛保元）頃までに制定された茶の湯の一斉教授の式法である。流行は町人層にとどまらず、殊に如心斎の高弟であった川上不白《かわかみふはく》により大名等の武家層にも広まった。重就は江戸で不白門下に入ったとされている。

こうした中、一七七八年（安永七）九月六日七ツ時前、重就が「御近習衆《ごきんじゅうしゅう》御用人衆《ごようにんしゅう》、御家老《ごかろう》其外御附々《そのほかおつきづき》」を伴って大坂玉水町の五代加久本宅へ来訪した（廣岡家研究会二〇一七に詳述）。その目的は内々に七事式を観覧することで、加久本宅には表千家八代啐啄斎《そったくさい》の高弟で茶匠の二代多田《ただ》宗掬《そうぎく》、裏千家の茶匠の初代狩野宗朴《かのうそうぼく》が呼び寄せられた。両者が七事式に精通し、大坂で活躍していたためであろう。

七事式は玉水町屋敷の「玄関次八畳鋪《げんかんつぎはちじょうじき》」で観覧に供された。まず且坐《さざ》が行われ、寺内昨（詳細不明）、竹中右源治（詳細不明）、竹田休和（萩藩御茶堂職）の三名が客方、宗掬が東、宗朴が半東を務めた。且坐が済むと宗掬・宗朴は重就に御目見《おめみえ》となり、重就は二階で一旦休息した。休息後、八畳敷で花月《かげつ》が行われた。花月は宗朴を主とし、且坐と同じ五名で行われた。花月が済み、重就は夜四ツ時に玉水町屋敷を後にした。三時《とき》に及ぶ滞在であった。

この訪問は、大名が豪商の自邸に出向き、茶匠及び臣下の茶堂職を同席させて七事式を行った珍しい例といえる。近世後期の大名家―上方豪商間において、茶の湯は強い媒介となっており、この中では七事式及び茶匠が一定の機能を果たしていた。加久にとって、大名家や上方豪商との交誼上茶の湯が不可欠であり、茶の湯を実際に行う際に支えとなった茶匠との交誼もまた必要なものであった。

参考文献

大阪美術倶楽部（一九二八）『もくろく（廣岡家蔵品入札）』大阪美術倶楽部。

表千家同門会（一九九〇）「昔の茶懐石――吸江斎の会記から」『同門』平成二年八・九月号、表千家同門会。

倉林重幸（二〇二二）「近世後期大坂豪商・廣岡久右衛門家の茶の湯」『茶の湯文化学』第三八号掲載予定。

清水実（一九九九）「三井家と茶の湯」谷端昭夫編『茶道学体系　第二巻　茶道の歴史』淡交社。

千宗員（二〇一三）『近世前期における茶の湯の研究――表千家を中心として』河原書店。

千宗員（二〇一五）「吸江斎の生涯と茶の湯」不審菴文庫編『吸江』一般財団法人不審菴。

高橋義雄編（一九二六）『大正名器鑑』第七編、大正名器鑑編纂所。

田中豊（一九九九）「平瀬露香と大阪の茶の湯」前掲谷端編『茶道学体系 第二巻』。

田中豊（二〇〇一）「近世後期大坂の町人茶道――岩永文楨を中心に」『奈良県立商科大学研究季報』第一一巻第四号。

谷端昭夫（一九八八）『近世茶道史』淡交社。

谷端昭夫（二〇一五）「江戸後期大坂豪商の茶の湯」不審菴文庫編『茶の湯研究　和比』第九号、一般財団法人不審菴。

中野朋子（二〇〇五）「鴻池合資会社蔵「延寶乙卯三年　諸道具買帳」」不審菴文庫編『茶の湯研究　和比』第二号、財団法人不審菴。

廣岡家研究会（二〇一七）「廣岡家文書と大同生命文書」第七章、『三井文庫論叢』第五一号。

信心と経営――西本願寺の大パトロンとしての廣岡久右衛門

芹口真結子

廣岡久右衛門家は、いわずとしれた近世大坂の両替商であるが、西本願寺派（西本願寺を本山とする教団。以下西派と表記する）の有力門徒でもあった。本コラムでは、久右衛門家の信仰と経営との関係について注目することで、西本願寺のパトロンとしての姿を明らかにする。

遺言書からみる信心

久右衛門家の檀那寺は、大坂市中の梶木町（現・大阪市中央区北浜四丁目・五丁目）にあった尊光寺である。同家は檀那寺だけでなく、津村御坊の運営にも深く関わっていた。『津村別院誌』によれば、初代加久（富政、法名教西）は、一六七二年（寛文一二）時に同御坊の講中惣代を務めている（鷲尾一九二六）。また、一六九二年（元禄五）の御坊再建時に設立された十八役所のひとつである勘定所の筆頭にも名を連ねていた。勘定所とは、御坊の金銭出納に関わる職務を担っていた部署である。天保期になると、御坊から本山への諸願は御坊留守居と「御勘定」（＝勘定所・勘定方か）が評定のうえ伺うことが取り決められていた。久右衛門家は、御坊運営において大きな権限をもっていた部署に参与していたのである。

では、久右衛門家の真宗信仰の内実は、どのようなものであったのだろうか。初代冨政と四代加久（吉信、法名喜西）の遺言書を取り上げて見ていきたい。

初代冨政の遺言書（「書置之事」廣岡一二―一二二）は、一六八〇年（延宝八）八月三日に作成された。冨政は、その遺言書のなかで、自身が死去したあとの財産の取り扱いについて次の指示を出している。特筆すべきは、門主をはじめとする本山の人々や諸寺院に対する寄進である。例えば、遺言書には、死去後四五、六日に上京し、一、二日待ってから門主（一四代寂如）に対して往生の志として金子百両を寄進するよう書き残されている。また、同じく門主に対し、銀二〇貫を寄進するようにも指示している。こちらは本山の大坂での用向きに使用してもらうために上納する銀子のようであるが、本山の指示次第では京都へ持参するようにと述べている。なお、妻子への遺産に関しては、死後「七年過ぎ、納所の義は御本寺様えと存じ候」とあり、自身の没後七年が経過したら本山へ寄進したいとも記載している。

続いて、一七六三年（宝暦一三）二月に作成された四代吉信の遺言書（「書置」廣岡一二―五六―一二―二）を見ていく。四代加久も本山の人々などに寄進する金額を示している。門主（一七代法如）には二百両、新門主（一八代文如）には百両、門主の兄弟（連枝方）には二百両、といった具合である。本山家臣や檀那寺の尊光寺などについては、妻妙栄の指図通りにそれぞれ寄進するように指示が出されている。

この遺言書で注目されるのは、信心と経営を結びつけた以下の記述である。遺言書によれば、吉信は当初久兵衛家を相続していたが、三代正中の病気を機に一七一八年（享保三）に久右衛門家を相続し、正中の娘おかめと夫婦になった。しかし、当時久右衛門家の経営は悪化しており、屋敷の売却費用などを借銀の返済にあてても なお厳しい財政状況にあった。そこで吉信は、質素倹約につとめて家を再興させたいと考え、随分身を引き締めてつとめたという。すると、「元祖教西様より代々御本寺様江段々御馳走これあり候陰徳顕れ候哉、問屋商売追々繁昌にあいなり」、すなわち、元祖冨政から代々本山に尽くしてきた陰徳が顕れたのか、問屋商売がだんだんと好調になっていった。その後も倹約につとめ、華美を好まず、家で酒を好むことは一度もなく、出先で振る舞われることを除いて自分から酒食を好まず、心を固め、若年の頃から遊所へ一切足を踏み入れたことはなかったとも吉信は記している。現代の私たちなら、堅実な経営の結果、経営の立て直しに成功したと考えるが、吉信は、経営の立て直しは先祖代々の本山に対する信仰の深さのおかげであると考えていたことがよくわかる。

西本願寺への寄進

廣岡家文書に伝来する西本願寺関係史料には、久右衛門家に対する御印書（本山からの受領証のこと）や、借用証文が多く存在するほか、西本願寺の教学研究機関である学林（龍谷大学の前身）関係の史料がまとまって残されている。

借用証文のなかで注目されるのは、一八〇六年（文化三）八月に本山家臣が津村御坊勘定衆中・同勘定方衆中に宛てて作成した「規定一札」（廣岡五–一）である。西本願寺では、阿弥陀仏をどう信じることが正しいのかをめぐって大規模な論争が発生しており（「三業惑乱《さんごうわくらん》」という）、一八〇六年（文化三）当時はこの論争がようやく一応の解決をみた時期であった。この時期の本山は、論争によって門徒や末寺が騒動を起こしたことなどの責任を幕府に問われ、閉門処分を受けていた。「規定一札」は、論争の解決に際して多額の費用負担がかかっていた本山が、津村御坊勘定所から借りた二〇〇〇金の返済期日などを取り決めたものである。なお、久右衛門家は、後に述べるように学林と深い関係にあり、この論争の中心的人物であった功存や智洞とも交流していたが、論争関係の史料はこの「規定一札」以外見つけることができていない。「規定一札」が久右衛門家に伝わっているのは、津村御坊勘定所の一員であったためだろう。

次に、学林関係の史料について紹介する。西本願寺の学林は、一六三八年（寛永一五）に京三条銀座の年寄であった野村屋新兵衛宗句が、亡き娘の追福供養の寄附をきっかけに設立された（龍谷大学二〇〇〇）。学林（当時は学寮と称された）の運営費用も宗句が援助したとされる。この学寮は、教団内部のトラブルの影響で、一六五五年（明暦元）に幕命を受けて取り壊されてしまう。その後も仮学寮で講義は続けられていたが、一六九五年（元禄八）に幕府からの許しを得て講堂が再建される。以後、幾度か修理や改築が加えられていき、規模が拡張された。なお、仮学寮は「学林」と称され、以後はこちらの名称が使用されるようになる。

久右衛門家と学林が関係をもったきっかけは、一七五一年（宝暦元）から五二年にかけて実施された講堂修復への支援である（龍谷大学二〇〇〇）。四代吉信は、学林能化の義教に深く帰依していたとされ、義教が能化に就任した一七五六年（宝暦六）より、久右衛門家による学林への寄進が増加したという（龍谷大学二〇〇〇）。以降も久右衛門家当主と学林の学僧との交流は続いており、例えば、六代正誠の代には、一七八四年（天明四）に智洞の働きかけを受け、京都西洞院別邸を学林に寄進し、翌年四月に能化功存が入居している。ほかにも、音物の贈答や学林での仏事執行といった日常的な交流が学林と久右衛門家の間に交わされていた。久右衛門家に対する学林側の扱いは丁重で、例えば一七六〇年（宝暦一〇）には、夏中見舞いとして極上の菓子などを大坂の屋敷まで届けている（龍谷大学一九八七）。

一七八八年（天明八）正月三〇日に発生した京都大火では学林も大きな被害を受けたが、その再建に際し、学林は久右衛門家に協力を仰いでいる。久右衛門家は手代を派遣して学林の焼け跡を見回らせた上で、学林から講堂の略絵図を受け取ったり（龍谷大学一九八七）、越前国から切り出された材木の手配に関するやりとりなどを行ったりしている（廣岡九‐五四‐二、同九‐五四‐九、同九‐五四‐一一〜一三、同九‐五四‐一五）。一七九一年（寛政三）四月一八日付の功存書簡（廣岡五‐三）には、金五〇〇両の寄進に対する礼が述べられているほか、「貴宅元来当学林において大檀越」であるので、今後とも変わらぬ御懇志をお願いしたい、と記載されている。これまで述べてきたことや、功存の書簡の記述からもわかるとおり、久右衛門家は学林や西本願寺にとって、大パトロンであったといえるだろう。

参考文献

上野大輔（二〇一三）「近世後期における真宗信仰と通俗道徳」『史学』八二（一・二）。

上野大輔（二〇一六）「近世仏教教団の領域的編成と対幕藩交渉」『日本史研究』六四二。

小林准士（二〇一〇）「三業惑乱と京都本屋仲間――『興復記』出版の波紋」『書物・出版と社会変容』九。

澤博勝（二〇〇八）「近世後期の民衆と仏教思想」同『近世宗教社会論』吉川弘文館。

澤博勝（二〇〇八）「近世民衆の仏教知と信心」澤博勝・高埜利彦編『近世の宗教と社会 三』吉川弘文館。

引野亨輔（二〇〇七）「異安心事件と近世的宗派意識」同『近世宗教世界における普遍と特殊――真宗信仰を素材として』法藏館。

本願寺史料研究所編（二〇一五）『改訂増補本願寺史』第二巻、本願寺出版社。

安丸良夫（一九七四）『日本の近代化と民衆思想』青木書店。

龍谷大学三百五十年史編集委員会編（二〇〇〇）『龍谷大学三百五十年史』通史編上巻、龍谷大学。

龍谷大学三百五十年史編集委員会編（一九八七）『龍谷大学三百五十年史』史料編第一巻、龍谷大学。

鷲尾教導編（一九二六）『津村別院誌』本願寺津村別院。

第4章

廣岡家の明治維新

――時代の転換と豪商の危機対応

小林延人

明治初期の四つの危機

王政復古のクーデタで明治維新政府が発足すると、すぐに戊辰戦争が始まった。維新政府は、この旧幕府軍との軍事衝突のさなかにおいて、さまざまな改革をおしすすめ、戦争の終結後もそれを続行した。近代的統一貨幣制度、銀行制度、公債の制度など、明治国家のみならず現代金融を基礎づける制度設計がなされたのは、明治初期であった。そうして新しい経済活動の余地が生まれ、銀行や証券市場を通じた金融取引も活発化していく。

同時に、一連の変革は、既存の商家に対して、さまざまなリスクをもたらすものとなった。具体的には、①戊辰戦争時に、官軍が豪商の蔵から金品を徴発する「分捕《ぶんどり》」と呼ばれる略奪行為が見られた。また、都市部に戦火が及ぶ可能性もあり、疎開や休店の措置を講じる商家が確認されている。②維新政府は幣制改革をすすめ、近代的な統一貨幣制度を構築していった。その初発として銀目廃止令が出されると、商家等はこれまで銀建て〈貫―匁―分《ふん》〉で表していた借用証文の額面を、金建て〈両―分《ぶ》―朱〉に変更する必要に迫られた。[1] 幕末維新期の相場（金銀相場）は大きく変動していたため、適用する相場によっては、債権者・債務者それぞれの立場で評価損を被る可能性がある。③一八六九年（明治二）の版籍奉還に続き、一八七一年（明治四）に廃藩置県が断行されると、領内統治を行う機構としての藩は不可逆的に解体された。藩に対して貸付を行っていた商家は、大名貸の業務をもはや継続できないというだけではなく、大名貸債権を回収できなくなるリスクを抱えることになった。④商家における経営悪化は、他人資本の割合を増加させた。このとき、どのような取引相手から資金を導入するかが問題となる。安定的な他人資本を導入できずに経営悪化が解消されない場合、経営の管理体制まで見直しが迫られて、経営陣からの当主の排除も企図されるかもしれない。

こうした危機に晒されながらも、廣岡家（加久）は、加島銀行・大同生命の創業家として近代的な資本家へ転化することに成功した。激動の幕末維新期に没落した商家が存在する一方で、廣岡家は、どのようにして変革に対応したのだろうか。本章では、廣岡家のリスクへの対応を上記の四つの観点から説明してみよう。そうすることで、一経営主体にとどまらない明治初期の豪商を取り巻く金融構造の一端も浮かび上がってくるだろう。

鳥羽・伏見の戦いの勃発と商家への影響

戊辰戦争の発端となった鳥羽・伏見の戦いが一八六八年（明治元年一月三日）に起こると、いくつかの商家は、官軍から戦利品の「分捕」を受けるようになった。たとえば、幕府から多額の資金を預かっていた三井組大坂両替店《りょうがえだな》は、鹿児島藩による調査を受け、一万五〇〇〇両ほど差し出している。このとき三井が証書の発行を請求したものの拒否されたというから、「分捕」は借入ではなく、軍事力を背景とした強引な資金の没収であったといえよう（石井二〇〇七、八四–八五頁）。ほかにも、田安家の掛屋を務めた住友家が、鹿児島藩の「分捕」に遭っている（海原二〇一二、九六頁）。幕府方に与《くみ》した商家が「分捕」の対象になったようで、戊辰戦争のさなかにおいて、戦費を徴発しつつ、敵方の資金源を断とうとする官軍側の意図を読み取ることができる。

こうした暴力的な略奪は、両替商の経営に甚大な影響を与えた。実際に、竹川彦太郎、炭屋安兵衛、加島屋作次郎など、官軍による「分捕」の被害に遭い、閉店・休店する両替商が存在した。竹川は一橋家の掛屋、炭屋安兵衛は会津藩や高松藩の蔵元を務め、加島屋作次郎も幕末の会津藩新領地の蔵元を務めていた商家であった（石井二〇〇七、八四、八六頁）。

さらに、「分捕」を受けていないにもかかわらず、戦火が大阪市中に及ぶのを警戒し、店を一時的に閉めた商家も見られる。大名貸を行うほどの大店の両替商であった逸身家（銭屋佐兵衛家）は、「分捕」の被害に遭うことはなかったが、店を休業している。鳥羽・伏見の戦いが起こった数日後（明治元年一月九日）に、和州楢村《ならむら》（現・奈良県天理市楢町）へ長持や漬物・干物・味噌などの食料品を持ち込み、翌日には主人である佐兵衛ほか親類・手代・人足など一〇名で疎開していた（小林二〇一五、七四–七五頁）。

同家のように、結果的に「分捕」の被害に遭わなかった場合、疎開とこれに伴う閉店は一時的なものとなる。しかしながら、官軍の「分捕」や被災に対する不安は、大阪の商家にとって大きな経営リスクとなった。

維新政府との関係の構築

では廣岡家の場合はどうであろうか。すでに述べられている通り、廣岡家と幕府との関係は深い。このことは端的に、御用金額に表れている（プロローグ参照）。

御用金とは、領主が町人などに賦課するもので、性質としては租税ではなく、領主の借入金である。基本的には、利息も発生し、領主は弁済の義務を負うものとされる。幕府が御用金を課す際には、たとえば大坂町奉行など幕府側役人と豪商らが相対《あいたい》で交渉し、最終的に豪商らが請け負う金額を決める。この請負額と実際に納める金額は必ずしも一致しないが、請負額は商家の経営規模や格式を体現するものと考えられている。同時に、それは豪商と幕府との関係性を示している。

一八一〇年（文化七）、大坂両替商一二軒が代表となって二〇万両の幕府御用金を請け負う中で、廣岡家はそのうちの二万七二〇〇両を分担した。一八四三年（天保一四）の御用金では、四五〇〇貫目を請け負った。いずれも大坂では鴻池屋善右衛門家（鴻善、山中）とともに筆頭である。一八六四年（元治元）の御用金でも、鴻善・加島屋作兵衛家に並んで最高額の一二〇〇貫目を請け負っている（小林二〇二一、六–七頁）。幕末期の幕府財政は、貨幣改鋳益金が頭打ちとなり、歳入不足を御用金で補う構造が定着していた（大口二〇二〇、一九〇頁）。したがって、御用金を拠出する廣岡家ら大坂豪商のプレゼンスも高まっていったと考えられる。廣岡家は、朝敵と認定された姫路藩・備中松山藩などの諸家とも、大名貸を通じて関係を有していた（小林二〇二〇、八八頁）。

しかしながら、このように旧幕府・朝敵藩と関係を持つ廣岡家が、「分捕」の被害に遭った形跡は認められない。これは、官軍側の諸藩に対しても近世来より多額の貸付を行ってきたことが一因であろう。廣岡家は全国で一二〇以上の諸家（将軍家・大名・旗本等の領主）への貸付を行っていたが、その中でも特に山口藩との関係が深かった。一八七三（明治六）年の時点で、廣岡家は計二〇口、一万五七二〇貫三九五匁と米六六六〇石という巨額の貸付残高を有していた（「新古中証文写第四号」大同B八–一三）。

加えて廣岡家は、戊辰戦争を遂行する維新政府にも協力的であった。維新政府が臨時の借入金（会計基立金《かいけいもとだてきん》）を募債した際、廣岡家は一八六八・一八六九両年で約二万両もの出金を行っている（小林二〇二一、一〇–一四頁）。この借入金には、維新政府の債務であることが明確にわかる証書（会計基立金証文）が発行されたから、維新政府が戊辰戦争に敗北して債務不履行となるリスクはあるものの、証書が発行されない「分捕」を受けるよりも、返済が期待できたはずである。

廣岡家は、資金の拠出のみではなく、政府機関ないしそれに準じる部署に対して人員の派出も行った。当主・久右衛門は、三井三郎助・三井次郎右衛門・三井元之助・島田八郎左衛門・小野善助・山中善右衛門・長田作兵衛・殿村平右衛門とともに御東幸《ごとうこう》金穀出納取締役を命じられ(2)、天皇の御東幸に供奉《ぐぶ》して、東海道筋での支払事務を担当した（澤田一九六六、七六、二一七頁）。廣岡家で実際に出立したのは当主ではなく手代の加輪上勢七《かわかみせいしち》である（「御東幸日記」大同B六‐四一）。還幸《かんこう》の際にも供奉御用を務め、会津戦争が収まったのちに帰阪したようである（宮本一九七〇、一〇〇‐一〇一頁）。

このように廣岡家は、近世期における幕府の御用金について、大坂では鴻善と並ぶ最高金額を請け負っていた。すなわち幕府にとって重要な資金源の一つであり、その点では官軍による「分捕」の対象となるリスクは高かったと考えられる。ただし、廣岡家は幕府や譜代大名のみではなく、外様大名とも関係を築くなど、幅広く大名貸を展開することで債務不履行のリスクを分散していた（第3章も参照）。戊辰戦争後は、会計基立金の拠出と人員派出を通じて維新政府とすぐさま関係を取り結んだ。戦争が起こる前に、商家にとって「分捕」はほとんど予測不能であったものの、こうした投資行動が、結果的に「分捕」の回避につながったのではないだろうか。

維新期幣制改革の嚆矢としての銀目廃止

近世期の日本には、多様な貨幣が流通していた（巻末用語集「江戸時代の貨幣制度について」も参照）。発足早々の維新政府は、ひとまず旧幕府時代の貨幣体系をそのまま引き継ぎ、万延二分金などの幕府鋳貨を模造していたが、しばらくして幣制改革に乗り出す。

一八六八年、江戸開城後に出された銀目廃止令（明治元年五月九日、行政官第三八一号布告）は、丁銀・豆板銀など銀建ての鋳貨の使用と、銀建てを用いた貸借を禁止し、取引を行った日の相場に応じて、金建てや銭建てへ換算し直すことをすべての府藩県に命じたものである。幕末期になると、銀建ての鋳貨はほとんど取引の現場に登場しなかったと考えられるので[3]、その使用禁止は貨幣流通の実情に沿ったものであったと評価できる。一方、大坂の両替商が振り出した手形は基本的に銀建てであり（銀目手形）、借用証文の金額も銀建てで表されることが多かったから、この点では影響も大きかった。銀目廃止令が出されると、銀目手形に対する不信が生まれ、手形の振り出し主体である両替店に取り付けが殺到したと言われている（澤田一九六六、一七一頁）。

また、幕末維新期における銀相場下落のあとに、銀目手形・銀目証文を金銭建てに両替すること自体のリスクもあった。銀目廃止令は、取引を行った日の相場に応じて交換することを命じているが、もしその布告が徹底された場合、銀目証文の債務者が相場下落損を被ることになる。そのため、大阪府は銀目廃止令を翻して、当事者同士の相対の相場に基づく両替を令している。銀目証文をめぐる取引関係は多様で、そのすべてを一律に規定することはできなかったため、換算比率については行政も当事者間の示談に任せる形となった（小林二〇一五、七七、八九頁）。

具体的に、先ほども取り上げた逸身家の事例を見てみよう。幕末の一八六七年（慶応三年五月）、逸身家は高知藩に対して銀建てで一八五〇貫目の貸付を行った。このときの銀相場は一両＝一二四匁である。翌年に銀目廃止令が出されたとき、大阪での「仕舞相場」（最後の銀相場という意味）は、一両＝二一九匁六分であった。すなわち、一年で銀相場が二倍近く下落していることになる。一八五〇貫目の銀目証文を金建てに切り替える際、仮に取引日時の相場を適用すれば、一万四九一九両あまりとなるのに対し、仕舞相場を適用すれば、八四二四両あまりとなる。逸身家は高知藩と交渉の上、間をとって一両＝一七二匁の相場を採用することとしている（小林二〇一五、八九‐九一頁）。

取引日時の相場を適用した場合に比べて、逸身家の債権は金建てベースで減少しているものの、それでも交渉がうまく妥結した事例と言えるかもしれない。仕舞相場が適用されたなら、銀相場の下落に伴う損失は、すべて銀目証文の保有者（＝債権者）が負うこととなる。債権者である大名貸商家にとって、債務者である大名家と交渉し、どのような相場を適用して証文を書き換えるか、これは資産の評価額に関わる大きな問題であった。

この銀目廃止を機に、これまでの計算単位は、金建て・銭建てに統合されていく。さらに、その後の新貨条例（一八七一年）によって、円建て〈円―銭―厘〉という新しい計算単位が生まれ、新貨幣・新紙幣が発行された。金建て・銭建てから円建てに切り替わる際には、一両＝一円の形で等価に交換が進んだため、全国的に大きな混乱は見られなかったと言われている。実際に、一八七五年頃には円建てで記帳する経理が都市部のみならず地方にも広がり、近代的な統一貨幣体系が成立した（山本一九九四、二七六頁）。

大名貸債権の書換え

近世期において、証文が銀建てであっても、実際の貸付は丁銀・豆板銀等の秤量貨幣ではなく、金建ての計数貨幣でなされることも多かった。また、証文が金建てであっても、大坂商家の会計は最終的には銀建てで計算されるため、銀建ての換算が証文に併記されることもある。まずは、近世期における証文から、廣岡家の適用相場（銀相場）を見てみたい。

次に掲げたのは、廣岡家に残された高崎藩（譜代）の借用証文の写しである（「新古中証文之写第一号」大同B八―一〇）。

【史料原文】

証文之事

一　金壱万三千両　但、来申年ゟ《より》寅年迄七ケ年賦元利御返済

此銀八百四拾壱貫四百目

内

七千両　当未五月中御調達

六千両　同十二月中御調達

右之通旦那就要用致借用候処実正也、返済之儀者来申年暮ゟ書面之通七ケ年賦、年六朱之利足

相加、年々元利聊無相違返済可申候、尤年賦返済之儀ニ付、年々元入御渡之分者此証文江裏書を以御渡、年期中此証文御用可被成候、為後日仍如件、

文政六癸未年（一八二三）五月　松平右京大夫内／佐藤宇田七右衛門（ほか一一名略）

加島屋久右衛門殿

……（以下、奥書連印略）

（大意）

藩主（「旦那」「松平右京大夫」：松平輝延《てるのぶ》）の要用につき藩の家老らが連名で借用証文を作っている。廣岡家が貸付金を二回に分けて支払うとともに、高崎藩は年六％の利息と合わせて元金を七年で返済することを約束している。

ここでは銀建てが併記されていることに注目したい。一万三〇〇〇両という金建て勘定と、八四一貫四〇〇匁（目）という銀建て勘定が一致することを両者が合意しているのである。適用されている銀相場は一両＝六四匁七分二厘である。

このように、廣岡家が債権として有していた大名貸証文のうち、銀相場が併記してあるものを表4-1に掲げた。一八世紀初頭の大坂には、両替商の仲間が相場の相談・通達を行う常設の会所と、貨幣売買の取引を行う金相庭所（金相場所）が置かれていたが、後者は一七四三年（寛保三）に北浜一丁目に移転し、幕末まで続く北浜相庭会所が成立した（中川二〇〇三、三四、六三頁）。神戸大

表4-1　近世期における廣岡家適用相場の推移（金1両あたりの銀匁）

（単位：匁）

番号	取引年月			廣岡家適用相場		大坂市中相場	
				貸付先		最小値	最大値
1	1743	（寛保3）年	10月	福岡藩	61.98	—	
2	1758	（宝暦8）年	3月	浜松藩（松平家）	61.50	61.15	
3	1767	（明和4）年	8月	永井監物	63.40	63.10	
4	1768	（明和5）年	12月	曲渕甲斐守	64.00	63.80	
5	1769	（明和6）年	8月	曲渕甲斐守	64.00	64.21	
6	1773	（安永2）年	2月	関宿藩（久世家）	68.03	64.33	
7	1790	（寛政2）年	10月	中津藩	55.60	55.95	
8	1793	（寛政5）年	9月	延岡藩	60.00	59.15	60.25
9	1812	（文化9）年	9月	旧幕府	63.00	64.25	64.40
10	1822	（文政5）年	8月	高崎藩	62.70	62.52	62.90
11	1823	（文政6）年	5月	高崎藩	64.72	63.52	64.75
12	1824	（文政7）年	11月	高崎藩	64.05	63.83	64.35
13	1824	（文政7）年	12月	高崎藩	64.66	64.29	65.34
14	1830	（天保1）年	7月	中津藩	64.45	64.22	64.56
15	1832	（天保3）年	11月	中津藩	62.65	62.19	62.56
16	1833	（天保4）年	3月	高崎藩	63.03	63.05	
17	1833	（天保4）年	9月	高崎藩	63.03	63.05	
18	1837	（天保8）年	11月	中津藩	60.34	61.06	63.02
19	1841	（天保12）年	11月	中津藩	61.81	62.08	62.47
20	1853	（嘉永6）年	12月	淀藩	72.00	65.70	70.11
21	1859	（安政6）年	11月	福岡藩	150.00	72.77	75.17
22	1867	（慶應3）年	9月	高崎藩	139.31	126.62	131.27
23	1867	（慶應3）年	11月	福岡藩	190.00	130.43	144.69
24	1868	（明治元）年	閏4月	棚倉藩（阿部家）	192.95	191.85	226.81

注：小数点第3位四捨五入。「近世経済データベース」の大坂市中相場は、三井組大坂両替店の業務日誌である「日記録」に記載のあるもので、十人両替が統括する本両替仲間が北浜の金相庭所で立てた相場の数値である。月は和暦による。

出所：「新古中証文之写第一号」および第二号～第八号、大同B8-9～17、1790年以前と1833年は新保博『近世の物価と経済発展』171-3頁、1793年以降は神戸大学経済経営研究所・三井文庫「近世経済データベース」（2018年3月1日版）

学経済経営研究所・三井文庫「近世経済データベース」は、この北浜相庭会所で日ごと建てられた相場（表中の大坂市中相場）を採録しており、廣岡家が取引に用いた相場とおおよそ一致する。廣岡家は、基本的に大坂市中相場を基準に取引を行っていたことがうかがえる。ただし幕末期になると、市中相場と大きく乖離した取引も見られるようになった（番号21・23）。

次いで、廣岡家の大名貸債権のなかには、銀目廃止時に銀建て証文を金建てに書き換えたものも残されているので、このときの適用相場を見てみよう（表4-2）。一両＝約一六〇匁相場と、一両＝一九〇匁相場の二つの相場を適用しており、銀目廃止時の仕舞相場（一両＝約二二〇匁）を適用しているものはここでは見られない。元の証文の作成年代が不明なものも多いが、判明するものとしては、一八四四（弘化元）年の銀建ての借用証文を一九〇匁相場で金建てに書き換えているものがある（番号：10・12・13・15・16・18-21）。この頃の相場はおおよそ六四匁ほどであったから、金相場の上昇（銀相場の下落）に伴って、債権の評価損を廣岡家が被っていることとなる。どの相場を適用するかは、債務者である大名家との交渉に基づきながら、両者の関係性や返済の確実性などを考量して、利息・返済期限とともに総体として判断・合意されたのだろう。

こうして、廣岡家内では証文の計算単位を金建てに統一する作業を進めていった。銀相場の下落によって資産は目減りしたものの、維新政府が進める計算単位の統一に応じて、商家経営として実勢レートに即した資産の再評価を行ったものと言える。

とはいえ、廣岡家の会計処理は引き続き銀建てで記帳され、新貨条例後も一八七三年度から一八

表4-2 銀目廃止後における旧証文書き換えの廣岡家適用相場

（単位：匁）

番号	取引年月	廣岡家適用相場		元の証文の作成年代
		貸付先		
1	1868 （明治元）年 11月	金沢藩	190.00	不明
2	1868 （明治元）年 11月	金沢藩	190.00	不明
3	1869 （明治2）年 12月	高槻藩	161.00	不明
4	1869 （明治2）年 6月	金沢藩	161.00	不明
5	1870 （明治3）年 12月	岩国藩	160.00	不明
6	1870 （明治3）年 12月	岩国藩	160.00	不明
7	1870 （明治3）年 12月	豊津藩（小倉藩）	160.03	不明
8	1870 （明治3）年 12月	津和野藩	160.00	1844〜1867
9	1870 （明治3）年 12月	津和野藩	160.00	1858
10	1870 （明治3）年 12月	津和野藩	190.00	1844
11	1870 （明治3）年 12月	津和野藩	190.00	1785
12	1870 （明治3）年 12月	津和野藩	190.00	1844
13	1870 （明治3）年 12月	津和野藩	190.00	1844
14	1870 （明治3）年 12月	津和野藩	190.00	〜1866
15	1870 （明治3）年 12月	津和野藩	190.00	※1844
16	1870 （明治3）年 12月	津和野藩	190.00	1844
17	1870 （明治3）年 12月	津和野藩	190.00	〜1867
18	1870 （明治3）年 12月	津和野藩	190.00	1844
19	1870 （明治3）年 12月	津和野藩	190.00	1844
20	1870 （明治3）年 12月	津和野藩	190.00	1844
21	1870 （明治3）年 12月	津和野藩	190.00	1844

注：※作成年代は推定。
出所：「新古中証文之写第一号」および第二号〜第八号、大同B8-9〜17。

七六年度まで円建て・銀建てが併記された（一円＝一六〇匁換算）。最終決算が円建てに切り替わったのは一八七五年度からである（「勘定目録」廣岡二三一一〜二三一七、一二一四八一二、一三一一二六）。銀目廃止で銀建て貨幣を用いた売買や銀建てでの貸借が禁じられても、それ以後九年間にわたって、廣岡家の内部帳簿上は銀建ての表記が残っていた。借用証文は一部が金建て表記に書き換えられたとしても、すべての債務者との間で契約が更新されたわけではない。大阪豪商は銀目廃止後も、古債に相当するような銀建ての債権をかなりの程度有していたこともあり、百年以上続けてきた銀建ての経理を全面的に変更せず、漸進的に維新政府の幣制統一に対応していった。

なお、一連の幣制改革は、両替という業務機会を失わせることになる。近世期の大坂では、金相場・銭相場が立ち、貨幣の両替そのものが有力な商売になり得た。また、幕府の貨幣改鋳の際には、旧貨幣を回収し、新貨幣を交付する実務を両替商が担うことがあった。近世期の廣岡家は、あまり両替業務を行っていなかったが、既存の業務機会を失わせたことは間違いない。新しい経営基盤を求める動きは、公債証書の運用と為替方に結実していく。

廃藩置県から藩債処分へ

一八七一年（明治四年七月一四日）に断行された廃藩置県は、旧大名家に対する債権を保有していた商家に大きな影響を与えた。商家は、大名貸という業態を継続できなくなったばかりか、債務弁済の一時停止を維新政府から命令されたのである。債務者側では、新設された家令・家扶と呼ばれる役職に就いた旧藩士らが、華族となった旧大名家の財産を管理していたものの、彼らは家禄の永続的な支給を楽観視していなかった（内山二〇一五、二二―二四、三二、一四一頁）。両者にとって旧大名家の債務を華族が継承すべきかという問題は死活的であり、維新政府の対応次第では、債権債務関係が消滅することも起こり得る状況であった。では、実際にどういった方針が示されたのだろうか。

一八七三年（明治六）三月二五日、新旧公債証書発行条例（太政官布告第一一五号）が公布された（『法令全書』明治六年、一四六―一五三頁）。条例には、一八四四年（弘化元）から一八六七年（慶応三）までの藩債に対して無利息・五〇年賦の旧公債証書を交付する、一八六八年（明治元）から一八七二年（同五）までの藩債に対して年利四％の新公債証書を交付し、元金は二二年賦、利息は二五年賦で償還する、とある。すなわち、一八四四年より前の債権は「古債」として切り捨てられることになった。また法令上、旧大名家に対する債権を「公債」と称することとなり、この公債を大蔵省が引き受けること（債務引受）、そして藩債の調査と新旧公債証書の頒布に関わる実務は大蔵省と地方庁が担当することが明確に規定された。

ただし、一八四四年以降の大名貸がすべて公債に認定されたということではない。任にあたった大蔵省国債寮は、さまざまな事務上の基準に沿って条例を運用したようである。たとえば、幕府御用金について特に定めはなく、静岡藩（旧将軍家が立藩）の債務と認めることも法文上は可能だが、そうした解釈はとらずに一律で棄捐とした。また借用証文を精査して、貸付の実態があったかどうか疑わしいものについては、公債を交付していない。その結果、公債と認定されたものは、債権者から申請されたもののうち四七％ほどとなった。

この金額を多いと見るか少ないと見るかは判断が分かれるところである。藩債処分が債権者にとって「異例の優遇策」であったと見る研究もある一方で（池田一九六〇、二五五、二六一頁）、「藩債取捨は少なからざる債権者商人を貧民化の途上に向わしめた」と藩債切り捨ての側面を強調する研究もある（千田一九八六、五六–五七、七五頁）。近年では、政府が把握する全国的な統計からではなく、個々の経営に即して藩債処分を考察する研究も見られる（須賀二〇一七、小林二〇二〇、高槻二〇二一）。廣岡家のように近世から近代へと経営を続けた商家については、どのように藩債処分を乗り越えたかが改めて問われなければならないだろう。

いずれにせよ、廃藩置県断行から新旧公債証書発行条例公布までの二年間、大名貸商家は債権を正当に行使できるかどうかという岐路に立っていた。新旧公債証書発行条例によって、ようやく明治政府による債務引受が明言されたとしても、どの程度の藩債を公債に切り換えることができるかは大蔵省の判断次第となる。また、大名貸という業務がもはや成り立たなくなった以上、これに代わる新しい事業を模索する必要があった。これらの点につき、項を改めて廣岡家の事例を見てみよう。

新旧公債証書の取得

近世期における廣岡家の経営は大名貸が家業であった（プロローグ・第3章参照）。このことは、維新期における廣岡家の資産構成に影響を及ぼしている。

一八七二年（明治四年一二月）の資産の内訳を示す店卸勘定（現在の貸借対照表に相当）を表4-3に掲げた。廣岡家の資産総額は、銀建てでおよそ一四万九七〇一貫六〇〇匁、仮に一円＝一六〇匁で換算すると、[4]九三万五六三五円に相当する。資産を現金で保有する割合は著しく低く（二・八四%）、主として債権、すなわち旧大名家などへの貸付（大名貸）や旧幕府を通じた公的融資（公金貸付）に関わる貸付残高がほとんどを占めていたことが確認できる。

では、新旧公債証書発行条例後に、これら廣岡家の資産の過半を占める旧領主家への債権は、どの程度新旧公債に切り替わったのだろうか（以下、小林二〇二〇、八四-九三頁）。

廣岡家が保有債権を整理し、大阪府に提出した書類の控えが残されている（「新古中証文之写第一号」および第二号～第八号、大同B八-九～一七）。ここには、貸付証文計五九一口の書面が写し取られ、貸付の金額・利息・時期・対象・未返済分などが判明する。新旧公債として認められた分には、写真4-1のように「公債御下済」という朱字の貼紙が付されている。残念ながら、簿冊中には貼紙が剥がれているものもあり、完全に捕捉できるわけではないが、それでも新旧公債が下付されたものの下限の数値を算出することはできる。試みにその数値を出してみると、廣岡家の大名貸債権

表4-3　1871年度（明治4年12月）の資産（廣岡家）

費目	金額（匁）
大名貸債権（古用達）	1,564,556.03
大名貸債権（当用達）	117,614,044.05
公金貸付債権（年賦御貸付）	185,681.55
公金貸付債権（融通御貸付）	4,042,525.08
現金	42,474.69
そのほか	26,035,574.93
計	149,701,599.73

注：小数点第3位（毛に相当）四捨五入。
出所：「明治四年辛未十二月晦日勘定目録」（廣岡23-4-2）。

写真4-1　公債が下付された大名貸証文の写し

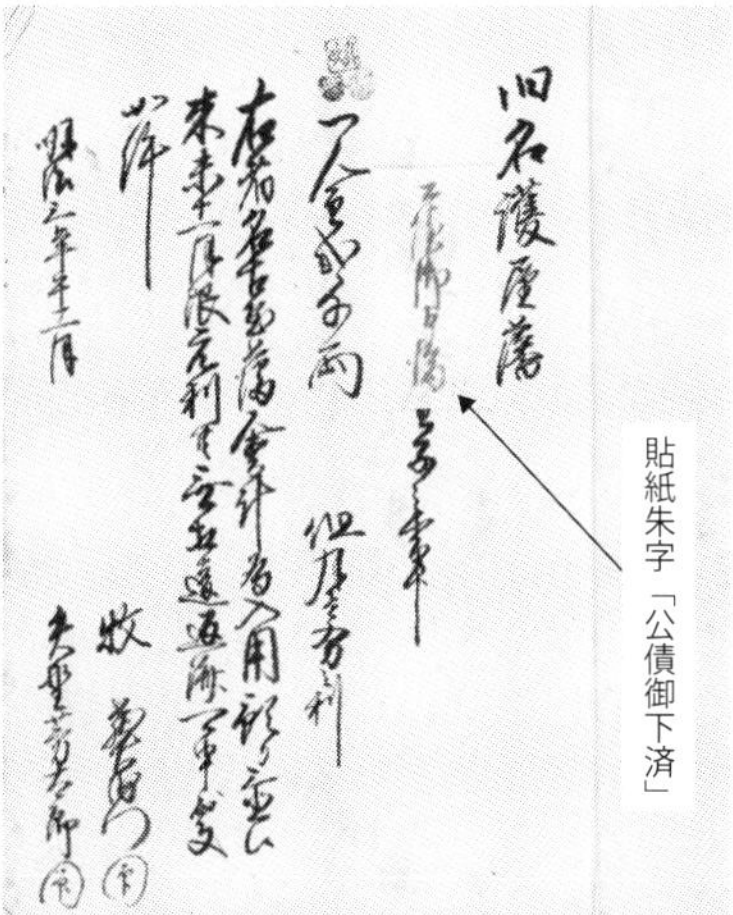

出所：「新古中証文之写 第一号」（大同B8-10）

＝貸付残高は、銀建てで一六万三二〇〇貫五五匁ほどにのぼり、うち新旧公債として認定されたことが明らかなものは七万六一一七貫四三七匁ほどであった。これは申請した債権の四四・一％に相当する。

債権の過半が公債として認められなかったこと自体は、廣岡家にとって資産の減少を意味する。ただし、廣岡家が申請した債権のなかには、最も古いもので一七四三年（寛保三）作成のものもあり、古い債権で返済がもう望めないようなものについては、廣岡家の内部帳簿のなかで貸倒損を計上する経理がなされていた。三〇年以上前（＝一八四四年以前）の契約で、返済されないまま銀目廃止時にも書換えが行われていないような証文が、公債と認定されなかったとしても、経営に与えた影響はそれほど大きくないだろう。

こうして、廣岡家は藩債処分後に大名貸の一部を新旧公債に切り替えることになった。これは、近世期の資本蓄積を部分的に近代に持ち越したものと言えよう。とはいえ、廃藩置県後に大名貸という家業が継続できなくなったことに変わりはない。廣岡家は新たな経営を模索することとなる。

新しい経営の模索

廃藩置県から四年経った一八七五年（明治八）の勘定目録では（「明治八亥十二月三十一日勘定目録」廣岡一二一-四八-一二）、収入科目として「豊岡県為替方」三一九三円が計上されている。これは、当年度収入の六〇・九％にのぼる金額である。大名貸に代わる新たな経営手段の一つとして、為替方への進出が見られたことがうかがえる。新公債などの公債利息は、この時点ではまだ勘定科目に表れていない。

為替方とは、明治初期に省庁や府県の官金を預かり、運用することを特別に許可された者あるいはその地位を指す。低利あるいは無利息で多額の官金を運用することができた為替方は、大きな利潤をあげる余地があった。廣岡家は、豊岡県のほかに岡山県・香川県・北條県の為替方を務めたが、以下では岡山県為替方の事例を紹介したい。

廣岡家は、旧鹿児島藩の館入《たちいり》であったときから高崎五六（鹿児島出身）と親交があり、一八七三年（明治六）九月に第五国立銀行が創設されてからは一層「懇意」となったとされる（「日記」廣岡一二-二三-七）。大阪府西大組第十区立売堀五丁目（現、大阪市西区立売堀）に本店を構えた第五国立銀行は、頭取を鹿児島県士族・重久左平太が務め、島津家らの出資によって設立された鹿児島県士族救恤の側面が強い銀行である。廣岡家は、第五国立銀行株券を担保として重久に三〇九五〇〇円の資金貸付を行っており（「貸附証文写」大同B五-一〇）、館入商人の延長で薩摩系人脈と交流を深めていった。そして、高崎五六が岡山県令に就任すると（一八七五～一八八四年）、一八七六（明治九）年一〇月、正式に岡山県為替方を拝命したのである（小林二〇二一、二三-二四頁）。

廣岡家が岡山県と交わした契約書（「為換方幷地方税　御命令ノ書写請書ノ写」廣岡一二-二三-二）によると、岡山県為替方の役務は主に、①岡山県庁が収納する金銭の勘定を管理し、他所に支払う金銭を取り扱うこと（第一条）、②貨幣の鑑定（第二条）、③両替業務（第八条）、④為替の取り組み（第一七条）、であった。また、岡山県の官金を一時的に預かるに際して、担保（「抵当品」）を拠出することが求められている。担保として指定された財は、金禄公債、秩禄公債、起業公債、新公債、旧公債などの公債証書、および地券であった（第一一条）。官金の預金限度額（「預金極度」）は四万円であり、担保は岡山県庁への提出とされた（第一二条）。

この年末（一八七九年）の収支計算書および貸借対照表を見てみよう（表4-4・表4-5）。収入としては公債利息（特に新公債、五二・九%）、公債償還（旧公債、一六・一%）、府県為替方（岡山県・豊岡県、一二・五%）、が大部分を占めている。支出としては、年賦金（借入に対する元金返済）、利息支払い、が多額にのぼる。岡山県為替方としての用務と関係して、岡山店での経費も登場している。資産としては、新公債・旧公債として保有する割合が高い（それぞれ五八・〇%、三〇・七%）。このほか第一国立銀行・三井銀行への預け入れも見られる[5]。引き続き、資産を現金として保有する割合はわずかであった。

そのほか、公債の売買や商業金融も行っていたようである。さきほどの一八七九年収支計算書では、公債利息・公債償還による収入が顕著であったが、これは廣岡家が自らの大名貸債権を新旧公債に切り換えたもののほかに、公債売買も積極的に行った結果と考えられる。

また、商業金融の実態を示す史料として、主に一八七三年から一八七五年ころにかけて行った貸付の証文控えが残されている（「貸附証文写」大同B五-一〇）。分家の廣岡助五郎は、東京で酒店（「東

表4-4　1879年度収支計算書（廣岡家）

（収入の部）

科目		金額（円）
1.府県為替方		2,020.97
	岡山県	1,560.00
	豊岡県	460.97
2.公債利息		9,223.93
	新公債	8,574.00
	秩禄公債	261.33
	金禄公債	52.5
	起業公債	8
3.公債償還		2,617.24
	旧公債	2,193.74
	旧公債（東京名前分）	423.5
4.不動産経営		761.58
5.道具売却代		409.32
6.元金返済		750
7.そのほか		419.57
当年度収入合計（A）		16,202.41
前年度繰越金（B）		14,567.01
収入合計（C）＝（A）＋（B）		30,769.42

（支出の部）

科目		金額（円）
1.年賦金〔借入金返済〕		2,020.97
2.利息		3,769.73
3.区入費		270.06
4.小払〔雑費〕		1,805.68
	岡山入費	535.88
	東京店入費	91.63
	進物	115.55
	社寺寄進	38.92
	仏事入費	44.71
5.奥向き・俸給		1,348.77
	正秋・夏	250
	正信・浅	387.59
	正修・益	176.89
	勢七給料	265.79
	忠平給料	95.24
	孫兵衛給料	94.99
6.そのほか		2,175.30
当年度支出合計（D）		12,885.68
次年度繰越金（E）		17,883.74
支出合計（F）＝（D）＋（F）		30,769.42

注：小数点第3位＝1銭未満切り捨て。
出所：「明治十二年一月一日ヨリ同十二月三十一日迄勘定目録」（大同B3-41-1）

表4-5　1879年度貸借対照表（廣岡家）

（単位：円）

資産の部		負債の部	
新公債	214,300.00	毛利家〔旧山口藩〕	85,330.00
旧公債	113,400.00	高松家〔旧高松藩〕	102,700.00
秩禄公債	3,350.00	松浦家〔旧平戸藩〕	15,200.00
金禄公債	2,635.00	津山家〔旧津山藩〕	7,500.00
第一銀行〔当座預け入れ〕	260.00	岡山店差引出納向代り入込有之	43,695.96
同店〔定期預け入れ〕	5,000.00	同店別口	30,000.00
三井銀行〔当座預け入れ〕	2,130.00	大阪府	1,248.45
同店〔定期預け入れ〕	4,000.00	灘目取引口々〆高	5,943.33
東京店	7,756.88	小計	291,617.76
差引帳貸〔当座貸越カ〕	1,652.15	純資産	
辰井庄八	225.00		77,561.60
酒礎社	1,005.40		
炭店	421.74		
貸付帳簿〔証書貸付〕	11,892.54		
山本仙助	1,000.00		
中村義行	1,500.00		
岡喜三郎	450.00		
松浦	251.00		
正秋	221.54		
尊光寺	120.00		
覚心平十郎	2,000.00		
辰与平	6,000.00		
若井源左衛門	350.00		
蔵〔現金〕	761.00		
正金帳〔現金〕	270.42		
東京預ケ	669.29		
十二年暮建替帳預ケ高	1,102.06		
計（資産）	369,179.34	計（負債・純資産）	369,179.34

注：1銭未満切り捨て。
出所：「明治十二年一月一日ヨリ同十二月三十一日迄勘定目録」（大同B3-41-1）

京店」）を営んでおり（松村二〇二一、二〇頁）、この東京店と取引関係にある酒造家に対して、大阪の廣岡家が資金を貸し付けていることがうかがえる。たとえば、一八七五年二月に若井源左衛門（今津の酒造家）に七〇〇円の貸付を行い、利息は日歩《にちぶ》で四二銭（日利〇・〇六％）と定め、東京店から酒代の為替手形が到着したことをもって返済と見なした。こうした酒造家に対する貸付は、計六件、三七三二円確認できる（前掲表4-5でも若井への債権が資産に繰り入れられている）。一般的な地所・土蔵・家屋などを抵当とする貸付も行っており、これらが利息収入を形成していた。

以上のように、廃藩置県後の廣岡家は、大名貸が継続できなくなった代わりに、為替方や公債売買・商業金融などに活路を見出そうとしていた。ただし、為替方は結果的に長続きしなかった。これは一つに、政府の方針変更に依る。政府は一八八二年一〇月、中央銀行として日本銀行を設立し、中央官庁および府県の官公預金を日本銀行の管理に任せるようになった。まもなく日本銀行開業に伴い、岡山県為替方が正式に廃止された。日本銀行開業から一八八九年までにかけて、段階的に官公預金の事務は日本銀行に集中していき、府県為替方という職務がなくなると同時に、商家の屋号による官公預金取扱業務は消滅したのである。また、次項で述べるように一八七五年から一八七七年には、廣岡家の資産が減少している。公債売買や商業金融は、遊休資産・人的資源の活用という点で意味をもったが、事業実績は芳しくなく、大名貸に代わる廣岡家の家業にはならなかった。このとき、経営の立て直しが廣岡家内で問題となる。

経営不振と他人資本

近世期の大名貸商家には、他人資本をほとんど導入せず自己資本で経営するタイプと、他人資本を導入するタイプの二種類があった。後者の例として、鴻池屋栄三郎家があげられる。同家は、近世初期に酒造業で蓄積した資本を、町人貸・大名貸に投下し、順調に資産を拡大させていった。ところが、享保期（一七一六〜一七三六年）の米価下落や一七六一（宝暦一一）年の幕府御用金賦課に直面すると、経営を縮小させつつもすでに多額の債権を有する諸家とは関係を絶てず、天王寺屋五兵衛・池田長右衛門らから大口の借入を行って大名貸を継続したという（中川二〇〇三、二二七、二三〇、二三二頁）。

このように他人資本を運転資金とする大名貸経営は、領主家（貸付先）から得る利息と他町人（借入元）に支払う利息との差額を得ることになる。両替商間の金融が発達して資金融通が滞りなく行われる間は、自己資本が少なくとも他人資本を導入することで経営の維持・拡大を果たすことが可能となるだろう。一方で、調達コストがかかるほか、資金融通が困難になると経営を継続できなくなるリスクを抱える。

廣岡家の場合、近世期には負債が少なく（廣岡家研究会二〇一七、三二六頁）、概ね自己資本で経営するタイプだったと考えられる。ところが、明治期に入ると他人資本に依存せざるを得ない状況が現れる。

実際に廣岡家の収入・支出・資産の推移を見てみよう（表4-6）。収入と支出の差引は、純資産の増減を表す。一八七二年には、大名貸の元利返済が政府によって停止されたため、利息収入（「歩銀」）が急激に減少し、差引もマイナスに移行している。その後も、利息収入が大きく回復することはなく、一八七七年からは勘定目録の科目として現れなくなった。一八七六年以前において、厳密に資産の内訳（純資産・負債）を明らかにすることはかなわないが、おそらく、一八七二年以降の純資産は減少しているものと思われる。ただし、資産総額に比するとその減少幅は大きくない。(6)

その後、為替方や商業金融がうまくいかなくなると、一八七五年から一八七七年にかけて資産は著しく減少する。藩債処分の過程で公債に認定されず、旧大名家からも弁済されなかった債権を、資産から除却した分もあったはずである。そして、この資産の減少は、負債の増加と相関がある。一定の留保が必要であるが、一八七五年までの勘定目録には他家からの負債が明記されておらず、(7)経理上重要な科目ではなかった。ところが、翌年から負債は増加し、一八七七年時点で、自己資本比率（純資産／資産）は一六・一％にまで低下した。明治初期の廣岡家は、急速に他人資本（負債）に依存するようになっていた。これは経営悪化を意味するものと考えてよいだろう。

さらに、一八七九（明治一二）年度の貸借対照表を見てみよう（前掲表4-5）。負債としては、大名華族である毛利家（旧山口藩）、高松松平家（旧高松藩）、松浦家（旧平戸藩）、津山松平家（旧津山藩）からの借入が多い（負債のうち五七・一％）。岡山店からの繰り込み（＝為替方を務めた岡山県からの預金）も一定割合（二〇・〇％）見られたが、大名華族からの借入が負債の過半を占めていた。

表4-6-1　廣岡家の勘定目録各費目の推移（1868-1874）

（単位：匁）

和暦	西暦	当年度収入（A）		当年度支出（B）	差引（C）＝（A）－（B）	資産（D）	備考
			うち歩銀				
明治　元	1868	1,568,655	1,568,655	2,334,998	1,509,136	97,491,103	
2	1869	4,098,482	4,098,482	3,558,583	3,170,164	113,812,718	
3	1870	2,718,586	2,718,586	3,184,743	2,872,259	141,332,072	
4	1871	3,897,278	3,897,278	3,657,437	1,901,779	149,701,600	
5	1872	406,060	406,060	4,036,247	△3,369,979	146,409,374	
6	1873	1,076,642	1,076,642	5,058,664	△3,807,723	142,224,058	
7	1874	2,110,940	2,110,940	6,898,202	△2,263,181	145,806,958	※1

表4-6-2　廣岡家の勘定目録各費目の推移（1875-1881）

（単位：円）

和暦	西暦	当年度収入（A）		当年度支出（B）	差引（C）＝（A）－（B）	資産（D）＝（E）＋（F）			備考
			うち歩銀				純資産（E）	負債（F）	
明治　8	1875	25,178.74	19,939.30	30,585.62	△5,406.88	842,398.19			※2
9	1876	△9,073.56	△20,687.75	5,798.51	△14,872.07	546,805.39			※3
10	1877	19,808.37	—	11,548.52	8,259.84	366,458.52	59,105.42	307,353.10	
11	1878	49,423.45	—	34,856.43	14,567.01	425,290.27	72,253.46	353,036.81	
12	1879	16,202.41	—	12,885.68	3,316.73	369,179.34	77,561.60	291,617.76	
13	1880	—	—	—	—	—	—	—	
14	1881	160,421.46	—	157,764.69	2,656.77	84,194.06	25,729.71	58,464.35	

注：小数点第1位四捨五入。同じ史料から作表した小林（2021）20-21頁には史料の解釈および転記した数値の誤りがあり、改訂した。

※1　当期の差引（純利益）はマイナスであるが、「過上銀之辻」があったとして資産は増加している。これは銀建てから円建てに切り替える際の評価額に相違があったためと考えられる。

※2　同様に「不足銀之辻」。1円＝160匁換算。

※3　この年は、差引を金建てと銀建ての2種計上しているが、1円＝160匁換算で円建てに統合した。

出所：「勘定目録」は、明治元～7年（廣岡23-1～23-7）、明治8年（廣岡12-48-2）、明治9年（廣岡13-126）、明治10～11年（廣岡13-109-26～27）、明治12年（大同B3-41-1）、明治14年（廣岡13-3-2）、明治13年および明治15～19年欠カ。

旧大名家からの借入

一八六九年の版籍奉還後、大名家は家禄・賞典禄を政府から支給され、公家とともに華族と呼ばれるようになった。彼ら大名華族は、廃藩置県後に東京へ移住し、領内の統治や家臣団の維持を行わなくなってからも、引き続き家禄・賞典禄を政府から受給した。一八七六年の秩禄処分後は、こうした経常的な収入を得られなくなるが、代わりに一時金として金禄公債証書を受領することとなる。

たとえば尾張徳川家（旧名古屋藩、石高約六二万石）の場合、家禄として年間二万六九〇七石を受領していた。はじめは現米と貨幣（石代）の二種類で、地租改正法公布後の一八七五年分（一八七六年収入）になると、すべて貨幣（金禄）で一四万四八五円あまりが支給されるようになった。このほか、賞典禄（永世禄）として一八六九（明治二）年に一万五〇〇〇石を支給されている。尾張徳川家はこの賞典禄を功績のあった旧藩士に分与しているため、残った現米・貨幣は、年間五〇〇〇石程であった。秩禄処分後には、家禄と賞典禄を合計した金禄の五倍に相当する七三万八三二六円の金禄公債証書が交付された。そのため、版籍奉還時から一八七七年までに、資産は約六・五倍に増えたと言われている（松平一九七六、二〇一–二六、三六–三七頁）。

大名華族はこれらの資産を用いて、士族授産や利殖目的の投資を行った。産業への投資を華族全体の責務とする考え方も生まれつつあり（寺尾二〇一五、三九頁）、結果として、明治初期には多くの新規事業が華族（旧大名家・旧公家）の投資によって成立した（千田一九八六、六、一〇–一一頁）。廣岡家が大名華族から借入を行ったのも、彼らが家禄支給ないし金禄公債交付などの形で巨額の遊休資産を有していたからである。ただし、廣岡家と各家との関係には、それぞれ固有の事情が存する。

借入金が最も多かったと考えられるのが、一八七九年の時点で借入残高が一〇万二七〇〇円にのぼった高松松平家である（前掲表4–5）。廣岡家は一八七三年八月から、高松松平家と合同で大阪堂島浜において、商品を質取する事業を展開していたようである。この事業が一八七六年一一月に廃止されると（「金借用証」廣岡一三–一四–一六）、一八七七年一月から廣岡家は新公債証書を担保に設定して高松松平家から借入を行った（「新公債証券書入金子借用証」廣岡一三–一四–一四）。また廣岡家は香川県為替方も務めた。

高松松平家に次いで、六万五三三〇円と借入残高が多かったのが毛利家である。既に述べたように、同家に対しては近世来より維新期にかけて多額の大名貸を行ってきたが、同家からは預金も受け入れていた。金額としては多くないものの、一八二七（文政一〇）年から預金が始まり、一八七一年時点で一二四二両ほどの預金残高があった（「旧山口藩預金願」大同B八–一二九）。経営悪化の中で、毛利家に頼ったのであろう。廃藩置県前とは逆転して、今度は廣岡家が多額の資金援助を受けている。

松浦家は、のちに小藩出身の華族としては第一の資産家に成長する家で、資産運用に積極的であった[8]。一八八五（明治一八）年、当主・松浦詮《あきら》の第二女・逸子《としこ》が旧高松藩主・松平頼聰《よりとし》の子・頼温《よりあつ》に嫁いでおり（松平伯爵家編修所 一九二七、二〇三頁）、高松松平家―松浦家―廣岡家の三角関係も認められる。津山松平家とは、岡山県為替方を務める関係で結びつきができたものと推察される。

こうして廣岡家は、新公債証書を担保にするなどして、秩禄処分で資産を増加させた大名華族から巨額の資金を借り入れ、藩債処分後の経営危機をひとまず凌いだのである。

債務整理と三井銀行からの借入

一八七七年、数人を除くほぼ全ての華族の合意のもと、金禄公債を資本金として第十五国立銀行が設立された。第十五国立銀行の設立は、金禄公債交付に伴う華族の収入減を、公債利息と銀行株配当によって一定程度緩和する効果をもったと評価されている（千田一九八六、九頁）。同時に、金禄公債はあくまで一時的な支給であったから、大名華族が資産運用を行い経常的な収益を上げるためには、貸付先の精査と不良債権の整理が必要であった。

債務者である廣岡家としても、いまだ大名貸に代わる新しい家業が見つからないなかで、支払い利息の圧縮は経営の立て直しにとって急務であった。また廣岡家内では経営悪化を当主の責任に帰そうとする分家のクーデタが起こり、当主筋としても経営権の奪還を行うための改革を希求することとなった（小林二〇二二）。

そうして、一八八一（明治一四）年に廣岡家当主筋は家政改革を行い、主要な借入元である大名華族四家からの借財の整理に着手している。大名華族との交渉内容は以下の通りである（「御礼并願書」大同A四-一一）。

・高松松平家：借入金一〇万二七〇〇円（＋利息一万九九〇〇円）は四割即上納、六割用捨
・毛利家：借入金六万五三三〇円に対して同額の新公債で清算
・松浦家：借入金一万一九〇〇円に対して、新公債額面九〇〇〇円・旧公債一〇〇〇円で清算
・津山松平家：借入金七〇〇〇円に対して公債証書一万円上納

これらの交渉は妥結し、主に大名華族側の譲歩により、廣岡家は元利含めて二〇万六八三〇円にものぼる多額の借入金を整理することに成功した[9]。その結果、自己資本比率は、三一・〇％（一八八一年）から四五・三％（一八八七年）へと大幅に改善している。

同時に一連の改革によって、廣岡家の経営は、本家当主・久右衛門、その妻・夏、分家（五兵衛家）当主・信五郎、その妻・浅（浅子）、手代・加輪上勢七、の五名による合議によって決定される体制が築かれた（小林二〇二二）。

一八八一（明治一四）年度の勘定目録（廣岡一三-三-二）によれば、この年廣岡家は一挙に一五万二六四円あまりの元金返済を行い、反対に、「諸公債売買座」という名目で一〇万二一三〇円あまりの収入を得たことになっている。すなわち、債務を相殺する形で大名華族に新旧公債を渡したこ

とを、公債の売却と見なして帳簿に記載しているのである。先述の交渉内容に従えば、大名華族四家に渡した公債は八万五三三〇円であったから、残額一万六八〇〇円は他の公債売買によって得た収益ということになる。

また、この年度の勘定目録には記載がないものの、一八七七〜一八八一年に廣岡家は美術品を売却して債務整理の一助にしている。廣岡家が手にした売却益は一万円以上にのぼった(10)。

こうした債務整理に伴い、廣岡家の借入先は大名華族から金融業者・資本家へと変化した。特に三井銀行からは、一八八三年に新公債証書(額面二万二〇〇〇円)・日本銀行株券(額面五万円、二五〇株)を担保として二万円を借り入れている(11)。その結果、一八八七(明治二〇)年時点で、廣岡家の負債の四八・七%が三井銀行からの借入金となった(「明治弐拾年度棚卸」大同B三‐四二)。浅(小石川三井家・高益《たかます》の四女)の義兄・高喜《たかよし》(小石川三井家七代、三郎助)は、三井銀行創立時(一八七六年)に重役、のち総長(一八八五〜一八九一年)を務める人物で、三井銀行からの借入は、経営陣に組み込まれた浅が親しい同族から協力を引き出したものと推量できる。

以上のような債務整理と有価証券を担保とした三井銀行からの借入によって、以後の安定的な経営につながる基礎が出来上がったといえよう。

廣岡家の危機対応とその後

変革は、既存の業務を縮小・消失させる一方で、別の需要に即した新しい業態を創出する。明治初期の大阪商家は、戊辰戦争に伴う「分捕」、幣制統合に伴う手形・証文の書換え、廃藩置県に伴う大名貸債権の棄捐、など多くのリスクを抱えていた。他方で、政府による新旧公債の大量交付は、萌芽的な公債市場を育み、新たな経済活動の余地を生んだ。

廣岡家の場合、大名貸債権の一部を引き継いだ多額の新旧公債を用いて、①公債の売買、②公債担保金融を積極的に行った。府県為替方は、日本銀行開業を前に打ち切られてしまったものの、廃藩置県後の十数年は、大名貸に代わる新しい家業を模索した時期であった。

この間、商業金融がうまくいかず、経営危機に瀕した際には、高松松平家・毛利家をはじめとする大名華族から多額の資金借入を行った。そして、彼らが第十五国立銀行を設立し、資金を引き上げると、これを機に廣岡家は債務を整理し、新旧公債で債務の一部を相殺した。その後は、廣岡信五郎に嫁いだ浅の生家である三井家から資金援助を引き出すことに成功する。安定的な他人資本の導入により経営危機を乗り越えた廣岡家が加島銀行を創業するのは、一八八八（明治二一）年のことであった。

注

（1）銀建てと銭建ては、それぞれ銀貨と金貨の計算単位である。金目・銀目とも。巻末用語集も参照のこと。

（2）一八六八年（明治元）九月二〇日に天皇が京都を進発して、一〇月一三日に江戸城に入城した（御東幸）。天皇が京都に戻る還幸は、同年一二月八日東京城発、一二月二二日京都着である。

（3）一八五八（安政五）年時点で、銀建て鋳貨（秤量銀貨）の流通量は金銀貨全体の七％ほどしかなかったと推計されている（岩橋二〇二一、八八頁）。

（4）廣岡家は一八七三（明治六）年以降の勘定目録において、一円＝一六〇匁で銀建ての資産を円建てに評価し直している。なお、一両＝二二〇匁（＝一円）の仕舞相場で換算すると、六八万四六一両三分あまりとなる。

（5）廣岡久右衛門は、第一銀行の株主に名前は見えないが、当座預金は確認できる（一八七七年六月二六日大阪支店入金）。『銀行全書』附録二五八–六二頁、一六三頁。

（6）廣岡家の勘定目録の読み方については、廣岡家研究会（二〇一七）三二一–三二五頁、参照。

（7）廣岡家研究会（二〇一七）によれば、一八七五年の勘定目録では、いわゆる負債勘定が計上されているものの、それらは「金貨差引帳」「萬留帳」「差引帳」など別帳簿からの転記であり、実際にどの程度借入を行っていたのかは判然としない。

（8）有価証券投資と土地購入とで一八九九（明治三二）年には既に一〇〇万円以上の資産家となり、同年にその中から約八〇万円を基本財産に設定して、経済的基礎を確立したとされる（千田一九八六、一六、一九頁）。

（9）なぜ大名華族が譲歩したか、とくに高松松平家が多額の債権放棄（債務免除）をしたか、という点については、廣岡家の家政改革の全体とかかわりがある。一八八一年に定めた「盟約証」（廣岡七–二–三–二七–三）において、「第一条　家産公債証書高松家江相預ケ申候事」と定めており、廣岡家の資産管理を高松松平家に委任したことと関係していると思われる。

（10）ただし、①近代日本における美術品流出の「第一の波」のなかで、廣岡家以外からも多数流出したこと、②廣岡家では抹茶道具が美術品の中核を占めていたが、旧支配身分から支持されていた抹茶道は明治期以降に衰退したこと、などの理由により、本来の美術品の価値に比べると廉価に売却したようである（鈴木二〇二一、五七、七二頁）。

（11）「借用金証書」（廣岡一三―一四―二）。新公債は三年据え置き、一八七五年から二二年間償還（新旧公債証書発行条例、第二條第二節）であるから、仮に償還が順調だった場合、取引のあった一八八三年一〇月時点で八〇〇〇円が償還済で、差引一万四〇〇〇円が未償還分である。日本銀行の株券は分割払込で、一株（二〇〇円）に対する払込は、第一回払込（一八八二年九月一五日～三〇日）で四〇円、第二回払込（一八八三年五月一五日～三一日）で二〇円となっている（『日本銀行百年史』二二〇頁）。廣岡は第二回まで払い込んでいるので、二五〇株に対する払込額は一万五〇〇〇円となる。合わせて二万九〇〇〇円が担保の評価額である。

参考文献

石井寛治（二〇〇七）『経済発展と両替商金融』有斐閣。

池田浩太郎（一九六〇）「旧藩債処分と新・旧公債の交付――明治初期公債政策の一節」井藤半彌博士退官記念事業会記念論文集編集委員会編『財政学の基本問題』千倉書房。

岩橋勝（二〇二一）「近世貨幣の多様性と統合化」同編『貨幣の統合と多様性のダイナミズム』晃洋書房。

内山一幸（二〇一五）『明治期の旧藩主家と社会――華士族と地方の近代化』吉川弘文館。

海原亮（二〇一二）「銭佐両替店と住友中橋店の取引関係史料」『住友史料館報』第四三号。

大口勇次郎（二〇二〇）『徳川幕府財政史の研究』研文出版。

小林延人（二〇一五）『明治維新期の貨幣経済』東京大学出版会。

――（二〇二〇）「国家による債権の認定――藩債処分と大坂両替商・加島屋久右衛門家」同編『財産権の経済史』東京大学出版会。

――（二〇二一）「明治前期における広岡家の経営改革と広岡浅子」吉良芳恵編『成瀬仁蔵と日本女子大学校の時代』日本経済評論社。

澤田章（一九六六）『明治財政の基礎的研究』柏書房、初版は寶文館より一九三四年。

須賀博樹（二〇一七）「両替商と藩債処分――森本家近江屋猶之助の場合」『大阪商業大学商業史博物館紀要』第一八号。

鈴木邦夫（二〇二一）「広岡家美術品コレクションの崩壊と事業活動」吉良芳恵編『成瀬仁蔵と日本女子大学校の時代』日本経済評論社。

千田稔（一九八〇）「藩債処分と商人・農民・旧領主――藩債取捨政策に限定して」『社会経済史学』第四五巻第六号。

――（一九八六）「華族資本の成立・展開――一般的考察」『社会経済史学』第五二巻第一号。

高槻泰郎（二〇二一）「小西新右衛門の大名貸と藩債処分」飯塚一幸編『近代以行期の酒造業と地域社会――伊丹の酒造家小西家』吉川弘文館。

寺尾美保（二〇一五）「大名華族資本の誕生――明治前・中期の島津家の株式投資を通じて」『史学雑誌』第一二四編第一二号。

中川すがね（二〇〇三）『大坂両替商の金融と社会』清文堂出版。

廣岡家研究会（二〇一七）「廣岡家文書と大同生命文書――大坂豪商・加島屋（廣岡家）の概容」『三井文庫論叢』第五一号。

松浦伯爵家編修所編（一九二七）『松浦詮伯伝』松浦伯爵家編修所。

松平秀治（一九七六）「明治初期尾張徳川家の経済構造」『社会経済史学』第四一巻第五号。

松村敏（二〇二一）「明治期における旧長州藩主毛利家資産の由来と性格――加賀前田家との比較で」『商経論叢』第五七巻第一・二合併号。

宮本又次（一九七〇）『小野組の研究 第二巻』大原新生社。

山本有造（一九九四）『両から円へ――幕末・明治前期貨幣問題研究』ミネルヴァ書房。

史料

日本銀行百年史編纂委員会編（一九八二）『日本銀行百年史 第一巻』日本銀行。
日本銀行調査局編（一九五七）『銀行全書』同編『日本金融史資料 明治大正編 第三巻』大蔵省印刷局。
内閣官報局（一八八九）『法令全書』明治六年、博聞社。

廣岡浅と三井家——豪商たちの闇閥

村　和明

ドラマ「あさが来た」と史実との距離

二〇一五年、NHKで連続テレビ小説「あさが来た」が放送され、たいへんな話題作となった。公式には歴史上のモデルは存在しないことになっているが、実質的には廣岡浅（浅子）という実在の人物をもとに創作されたことは、広く知られているであろう。本書の主役である加島屋廣岡家は、江戸時代の日本で有数の資産規模を誇る大商人だったが、おそらく読者の皆さんで、本書を手にとる前から廣岡家について多少なりとも知っていたという方には、このドラマなどが入口になっている場合が多いのではないだろうか。

さて、このドラマで描かれた主人公の実家や嫁ぎ先のさまは、史料から判明する三井家や廣岡家の実像とは、多くの点で異なっている。フィクションが史実と異なるのは当然のことで、両者を混同さえしなければ、いちいち違いをあげつらうのは筋違いであり、野暮でもあろう（例えば、嫁いだころの浅は自分のことを「わし」と言ったことが史料からわかるのだが、若いヒロインがそう喋るドラマは現実になかなか難しいだろう）。しかしこのコラムにとって、このドラマの史実に対する改変の加え方は、興味深い入り口を与えてくれる。なぜなら、ホームドラマらしく筋を整えるにあたって、現代人に理解しづらいところ、複雑すぎるところをバッサリと整理しているために、逆

写真①　廣岡浅の肖像写真

出所：五兵衛G36-2-3。

にそこから、江戸時代の巨大商家のあり方の現在からみた特徴、現代と異なっていて面白い点が、浮き彫りになってくるからである。

以下では、浅の生まれ育ちと縁組の実像、とくにドラマで捨象された部分を入り口として、江戸時代の大商人たちの閨閥や、巨大なイエの複雑怪奇な世界に、少しわけ入ってみることにしたい。ドラマでの描き方にはいちいち触れないが、ドラマをご記憶の読者は、そこで描かれたシンプルな、近現代ふうの家族・家族経営像との違いをぜひ感じ取っていただきたい。

三井家へ、ついで廣岡家へ

浅《あさ》というのは、廣岡家に嫁いだ後、一八六七年（慶応三）から用いた名で、それまでは照《てる》といった。現代人にはなじみづらいが、このように立場の変化などに応じて名前が変わることは、近世ではそう珍しくなかった。照（浅）は、三井高益《たかます》という人物の四女として生まれたが、実母などの詳細は不明である。現在の三井グループにつながる三井家は、当時廣岡家に匹敵する日本屈指の巨大商人で、四都市・十数店舗にまたがる事業組織を運営していた。呉服商と両替商を兼ねたが、前者は人手のいる事業で、直接雇用する人員だけで千人を超えた（現代の感覚ではそう多くないが、電車も電話もない、建物は木造二階建ての時代のことである）。一族の体制は、これまた現代人には分かりづらいのだが、一一の家で全ての資産と事業を共有していた。照（浅）の父高益は、このうち序列六位の小石川三井家（近世は出水三井家といった）の隠居であった。

彼女が史料にはっきり出てくるのは、一八五一年（嘉永四）、晴れて一族と認められ「三井照」となったときである。数え三歳の彼女が迎えられたのは、小石川三井家の広大な本邸（京都油小路出水上ル大黒屋町西側）で、事業上の店舗とは完全に分離された、いわゆる〝お屋敷〟であり、当主高喜《たかよし》と妻利和《りわ》がいた。二人ともこの家の生まれではなく、高喜は南三井家に生まれ北三井家の養子となってから、妻利和は鳥居坂三井家に生まれ南三井家の養女となってから、それぞれ小石川三井家にやってきた。照（浅）は、公式には高喜の妹扱いだったようだが、年下になる高喜の息子三人に、同じく高益の庶子で高喜の養女となった実姉・春らと、事実上兄弟姉妹のように育ったらしい。照（浅）が一五歳のときの名簿では、三井一族は五四人おり、嫁入り前の娘の八人目に彼女の名がある。

一八六五年（慶応元）、縁談がまとまり、照（浅）は本書の主役である廣岡久右衛門家の分家・五兵衛家に嫁ぐことになった。結婚相手の信五郎は廣岡の本家の出だったから、照（浅）には、何らかのかたちで父母と呼びうる存在が、（面識のない物故者も含め）四組もいたことになる。

写真②　明治初期の三井のリーダーたち

注：前列左から三井高喜、高福、三野村利左衛門、
後列左から斎藤専蔵（純造）、三井高朗。
出所：公益財団法人三井文庫所蔵。

複雑に重なる閨閥

さて、小石川三井家から廣岡五兵衛家への輿入れは、一七九九年（寛政一一）を初例として、照（浅）で四人目であった（略系図参照）。両家は付き合いの長い、非常につながりの濃い親戚だったのである。一つ前の一八四一年（天保一二）の輿入れの場合、南三井家に生まれた全《たく》が、わざわざ照（浅）の実父・高益の養女となって、小石川三井家から嫁いでいる。こうして同じ家同士で縁組を重ねることは、当時の地位・財産のある家ではよくみられた。付き合いに手間と金のかかる親戚の範囲を広げず、相続等による財産の流出も抑止できたためらしい。

現代の読者は、シンプルな家族構成、親族関係に慣れ親しんでいるだろうから、以上だけでも十分ややこしく感じられるであろうが、まだ重要な関係者がいる。廣岡家に匹敵する大坂の巨大両替商・長田《おさだ》作兵衛である（屋号は廣岡家と同じ加島屋）。この作兵衛が、照（浅）の縁談を小石川三井家に持ち込んだのだが、この作兵衛家の娘なつは、廣岡の本家・久右衛門家を継いだ正秋（浅の夫信五郎の実弟）に嫁いでいる。

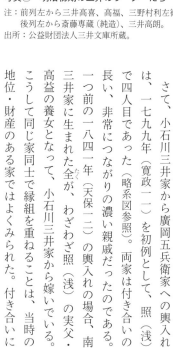

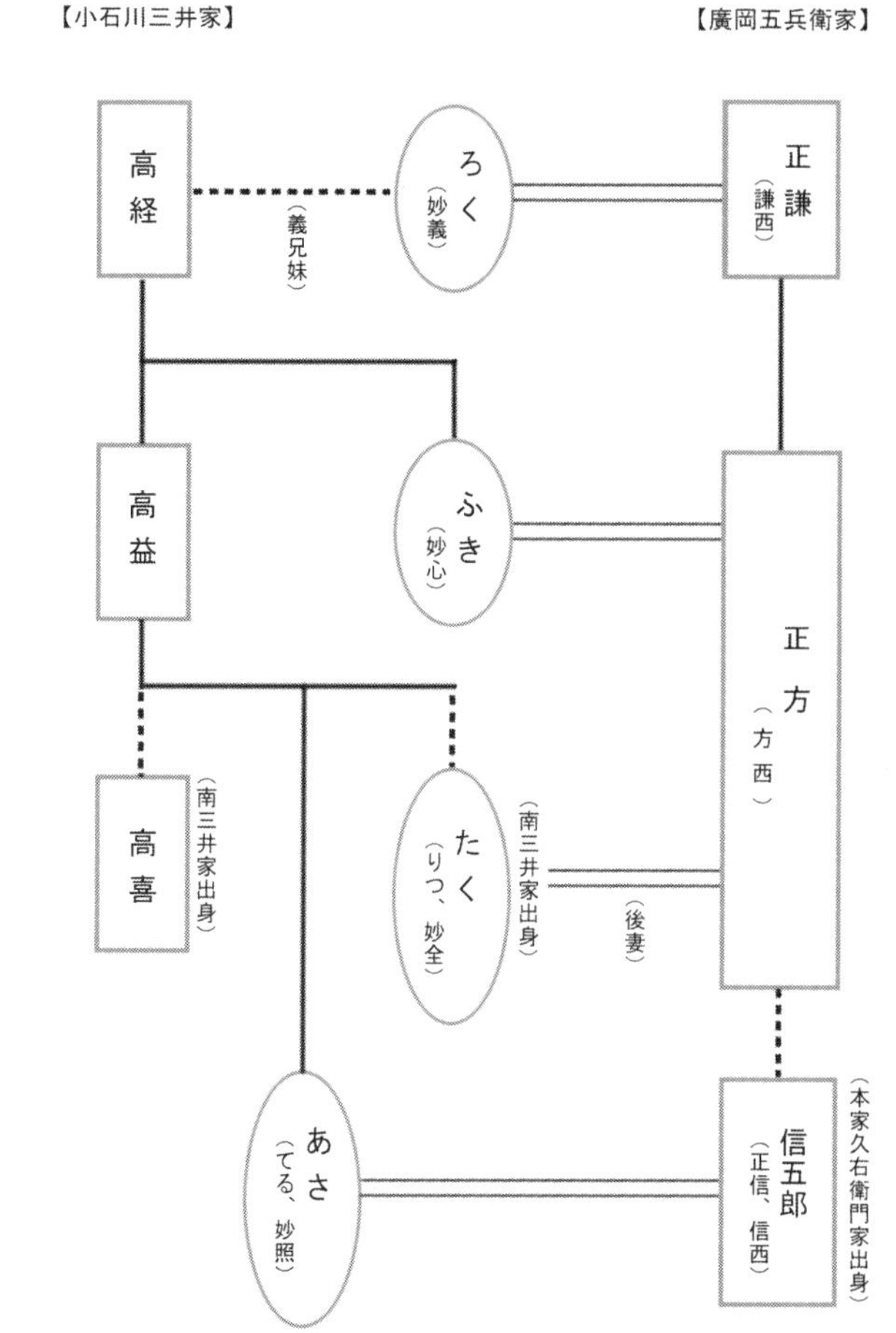

略系図

注：廣岡五兵衛家と小石川三井家の婚姻に絞って示した。
　　女性の名前は異なる漢字表記も用いたので、かなで示した。

さらに、小石川三井家で照（浅）と一緒に育った姉の春も、同時期に嫁いでいるが、嫁ぎ先はやはり大坂の老舗両替商である天王寺屋五兵衛家だった。三井もまた両替商として、元禄の昔から一七〇年以上、大坂を事業上の重要な拠点としていた。小石川三井家の高喜は、輿入れする照（浅）と春に大坂まで同行すると、過書町にあった三井家の別邸に腰をおちつけ、高麗橋にあった三井の大坂両替店での経営会議に顔を出している。

こうした閨閥について、南三井家の高英《たかひで》という子だくさんの人物を中心にみてみると、照（浅）を育てた小石川三井家の高喜は彼の実子であり、娘の全《たく》が廣岡五兵衛家に嫁ぎ、また息子ふたりは長田作兵衛家にあいついで養子に入っている。さらに娘たちは、有力な大坂の両替商である近江屋休兵衛・米屋平太郎、巨大呉服商である白木屋彦太郎に嫁いでいる。

このように上方の大商人、とくに巨大両替商たちは、何重にも重なり合った縁戚関係を作りあげ、維持していた。浅の縁組は、こうした世界の一部だったのである。

イエと経営組織

こうした閨閥が、廣岡家の事業にとって一定の助けになっていたことは、容易に想像されるであろう。浅の場合、おそらく父のような存在だった三井高喜は、維新期には三井の組織全体でも二、三番目の地位にある重鎮で、三井の金融部門を代表する立場にあり、戊辰戦争では官軍の戦費調達に奔走するなど新政府に大きく貢献し、後に三井銀行総長となって、三井が江戸幕府にかわり新政府と緊密な関係を結び、財閥へと躍進する足掛かりを作った人物であった。その息子たちをみると（浅は弟とみなしていたようである）、長男高景《たかかげ》は三井鉱山合資会社初代社長、三男高明《たかあきら》は三井物産初代社主となっている（次男高悠《たかはる》は米国留学中に没した）。

こうした関係は、たとえば廣岡家の鉱山業の展開上役立ったことは明らかであろうが、いつ、どこまで、どのように助けになったかは、その全貌は明確にしがたいところがある（この話題をコラムであつかう理由である）。情報のやりとりや事業上の相談・協力、有利な条件での契約締結、あるいは取引先や政府からの扱いなど、総合的・多面的に機能したであろう。社交上必要なマナーや共有されるべき常識も、こうした関係性のなかで維持されたに違いない。

さて、右にかかわって、現代人がやや想像しづらい、江戸時代ならではの重要な点にふれたい。三井家や廣岡家のような集団は、血縁でつながるイエという性格と、現代の企業のような事業組織としての、二つの性格を兼ね備えていた。現代でもオーナー一族の支配が浸透している企業はあるが、近世ではそもそも両者は一体であった。具体的には、三井のばあい組織の最上位にあるのは、一族と重役の代表からなる大元方という合議体で、ここが最高意思決定をになった。高益の隠し子（史料では「密子」）であった浅を一族に迎え入れることは、この大元方に高益が願書を出し、大元方の月例の会合で認められているのである（出席者一一名のなかに高益の名もあるが、どんな顔をして座っていたのだろうか）。また、縁談の細部を詰めるに当たっては、事業組織上の重役や、それを歴代輩出する奉公人中の名家（「別家」といった）の当主が折衝にあたるのが通例であった。事業を進める従業員は、公的にはあくまでも「三井家の奉公人」で、主家の冠婚葬祭などにも加わり、実務を担った。したがって、重層する閨閥はまた、事業組織上の重役間で緊密な連携がとられたことも意味するのである。こうした関係もまた、事業上大きな意味をもったであろう。

なお、こうした巨大な商家の組織は、事業にかかわる部分についてはすべて男性によって構成されているのがふつうである。女性たちは、育児や日常生活、文化的な活動や交際にはかかわるが、公的に事業の前面に出てくることはほぼない。ただし、両替商のばあいは、対外的なイエ・組織の代表者の名義として女性の名前を使っていることがしばしばあって、近世の商家ではやや特殊な業界であったらしい（あるいは従業員が非常に少なくてすむ業種である分、組織化が進まず、有能な一族であれば女性でも口を出せたのであろうか）。浅は明治維新以降、廣岡家の事業でもかなり発言権を示しているが、当人の資質や三井家というバックボーンとともに、こうした両替商の特性も多少あったのかもしれない。

参考文献

廣岡家研究会（二〇一七）「廣岡家文書と大同生命文書――大坂豪商・加島屋（廣岡家）の概要」『三井文庫論叢』五一号。
三井文庫編集（二〇〇二）『三井家文化人名録』三井文庫。
村和明（二〇一八）「戊辰戦争の戦費と三井」奈倉哲三・保谷徹・箱石大編『戊辰戦争の新視点 下』吉川弘文館。

第5章

昭和金融恐慌の打撃

――加島銀行の終焉

結城武延

昭和金融恐慌の発生

一九二七年三月から五月にかけて、明治期以降の中でも日本経済に甚大な被害を与えた恐慌が起こった。昭和金融恐慌である。詳細は後述するが、この恐慌こそが、廣岡家が主軸とした金融業の屋台骨である銀行業に終止符を打った。本章は、廣岡家の事業を大きく変容させた、その昭和金融恐慌が加島銀行にいかなる影響を与えたのかに焦点を合わせて、その変容過程を論述しよう。

事の発端は一九二三年九月一日に発生した関東大震災にまでさかのぼる。首都圏を直撃した大震災は日本経済にも大きな損害を与えた。所有する工場や営業所あるいは取引相手のそれらが破壊されて決済が困難になった企業の救済のため、政府は同年九月二七日に震災手形割引損失補償令を制定した。この法令に基づき、震災の被害を受けた企業が振り出した手形を日本銀行（以下、日銀と略す）が再割引し、それによって日銀が損失を受けた場合には政府がこれを補償するという救済措置をとった。この再割引された手形は「震災手形」とよばれ、それ自体は直接回収不能な不良債権であった（日本銀行一九八三）。

一九二七年一月二六日、この震災手形の処理に関する二法案が政府により提出されたが、野党からは日銀による救済融資が恣意的であるという批判も出た。そうしたなか、三月一四日の衆議院予算委員会において、片岡直温大蔵大臣が、震災手形の処理を円滑に行わなければ銀行倒産のリスクが高まることを強調して、経営状態が悪く問題があるもまだ破綻していなかった東京渡辺銀行が「到頭《とうとう》破綻を致しました」という、事実とは異なる答弁を行ったのである。翌一五日にこの答弁が新聞で報じられ、銀行休業をおそれた預金者が銀行に殺到して預金取付けが連鎖的に発生したが、二三日に震災手形関係法案が貴族院で可決、成立したことでひとまず鎮静化した（武田二〇一九）。これが恐慌の第一波である。

三月末になると、巨大な特殊銀行の台湾銀行が、第一次世界大戦中に急成長したのち反動恐慌で経営が大きく悪化したといわれた鈴木商店への新規貸出停止を決定した。それが四月初旬に新聞で報道されると、鈴木商店と関係が深いとみられる銀行に対する預金取付けが急拡大し、四月八日に神戸の第六五銀行が支払停止となり、同月一八日に台湾銀行と関西の有力銀行の一つであった近江銀行が休業し、さらに二一日には「華族銀行」ともよばれた十五銀行も休業した。これにより人々の不安は頂点に達して、関西を中心に全国的に預金取付け騒ぎが起こった。これが恐慌の第二波である。この事態を重く受け止めた政府は、緊急勅令によるモラトリアム（支払停止令）を全国に実施した。それは賃金支払いや少額払い戻しを例外として五月一二日まで続けられ、金融恐慌はようやく鎮静化した。

（単位：千円）

5月28日	6月25日	7月30日	8月27日	9月10日	9月10日（残高）	残高比（%）
3,435	10,502	▲ 26	▲ 1,141	▲ 2,481	242,063	99.0
60,936	65,989	51,058	49,666	60,499	277,314	127.9
91,462	83,925	75,460	76,809	85,104	289,206	141.7
31,656	37,304	36,404	27,859	35,720	206,756	145.0
▲ 18,195	▲ 14,965	▲ 24,341	▲ 27,174	▲ 24,507	99,557	80.2
19,304	18,840	16,159	19,050	18,751	128,788	117.0
▲ 24,303	▲ 22,792	▲ 26,758	▲ 29,973	▲ 28,954	68,869	70.4
4,497	6,763	▲ 1,517	▲ 3,256	▲ 1,615	85,521	98.1
14,446	18,505	18,058	15,448	18,964	101,910	122.9
▲ 13,671	▲ 9,800	▲ 7,648	▲ 9,074	▲ 7,538	44,733	85.6
▲ 15,886	▲ 15,130	▲ 14,444	▲ 15,010	▲ 14,092	36,072	71.9
▲ 9,248	▲ 9,736	▲ 8,651	▲ 10,072	▲ 9,230	23,128	71.5
▲ 230	▲ 590	▲ 366	▲ 2,048	▲ 1,188	24,565	95.4
▲ 3,084	▲ 2,112	▲ 4,230	▲ 4,447	▲ 3,318	20,428	86.0
▲ 692	▲ 734	▲ 1,136	▲ 2,414	▲ 2,163	18,309	89.4
▲ 4,305	▲ 3,991	▲ 3,123	▲ 3,265	▲ 3,141	14,726	82.4
▲ 3,860	▲ 4,110	▲ 3,983	▲ 3,917	▲ 3,367	13,988	80.6
▲ 281	362	3,387	3,803	3,472	20,222	120.7
▲ 1,759	▲ 2,148	▲ 2,974	▲ 4,026	▲ 4,205	10,476	71.4
▲ 1,230	2,743	▲ 850	▲ 428	▲ 409	13,818	97.1
▲ 784	▲ 459	▲ 324	▲ 445	▲ 949	11,552	92.4
4,645	1,670	▲ 1,364	▲ 2,461	▲ 2,389	8,488	78.0
▲ 4,585	▲ 4,232	▲ 4,200	▲ 4,434	▲ 4,329	5,207	54.6
▲ 2,921	▲ 2,145	▲ 2,579	▲ 3,081	▲ 2,845	6,252	68.7
▲ 519	883	▲ 986	▲ 1,826	▲ 2,024	5,340	72.5
▲ 738	▲ 1,010	▲ 899	▲ 1,175	▲ 764	5,077	86.9
172	▲ 33	▲ 506	▲ 400	▲ 244	5,311	95.6
▲ 1,492	▲ 1,357	▲ 1,660	▲ 1,568	▲ 1,608	3,642	69.4
931	1,148	4,233	▲ 1,447	▲ 1,254	2,872	69.6
▲ 877	▲ 862	▲ 1,010	▲ 1,069	▲ 1,022	2,832	73.5
▲ 205	▲ 252	▲ 274	▲ 476	▲ 345	2,230	86.6
▲ 612	▲ 583	▲ 546	▲ 491	▲ 554	1,918	77.6
▲ 540	83	▲ 73	▲ 682	▲ 1,090	1,003	47.9
▲ 94	▲ 121	▲ 138	▲ 257	▲ 410	1,364	76.9
▲ 638	▲ 554	▲ 779	▲ 712	▲ 706	851	54.7
▲ 701	▲ 730	▲ 854	▲ 881	▲ 881	149	14.5
▲ 12	21	▲ 315	14	136	1,122	113.8
136	263	182	269	285	992	140.3
▲ 90	▲ 89	▲ 132	▲ 109	▲ 128	336	72.4
▲ 97	19	▲ 181	▲ 104	▲ 157	187	54.4

表5-1-1　東京手形交換所における加盟銀行の預金増減表（1927年）

銀行名	3月12日（残高）	3月26日	4月21日	4月30日	5月14日
安田	244,544	13,963	▲ 18,815	2,308	15,050
三井	216,815	9,799	34,898	40,085	60,502
三菱	204,102	24,760	68,849	77,164	100,367
第一	142,623	7,885	16,192	23,441	39,987
川崎	124,064	▲ 4,439	▲ 24,442	▲ 22,854	▲ 18,678
横浜正金	110,037	3,996	11,127	22,031	22,412
第百	97,823	459	▲ 32,658	▲ 28,412	▲ 23,775
日本興業	87,136	▲ 7,252	▲ 7,088	41,343	25,671
住友	82,946	2,709	959	5,289	14,105
日本昼夜	52,271	▲ 1,918	▲ 23,931	▲ 21,179	▲ 16,318
古河	50,164	▲ 13,381	▲ 16,474	▲ 16,271	▲ 14,421
豊国	32,358	▲ 9,599	▲ 13,776	▲ 12,556	▲ 10,497
山口	25,753	1,472	▲ 2,124	▲ 2,874	▲ 70
三十四	23,746	865	▲ 6,985	▲ 5,598	▲ 4,766
森村	20,472	▲ 735	▲ 1,277	▲ 1,168	▲ 332
麹町	17,867	▲ 936	▲ 5,905	▲ 5,339	▲ 4,548
加島	17,355	441	▲ 2,777	▲ 4,080	▲ 3,879
愛知	16,750	1,648	▲ 2,271	▲ 1,913	▲ 982
若尾	14,681	▲ 379	▲ 1,278	▲ 1,377	▲ 931
第三	14,227	566	873	▲ 554	1,810
尾張屋	12,501	▲ 1,100	▲ 1,198	▲ 1,163	▲ 971
神田	10,877	▲ 1,643	603	1,860	6,322
北海道拓殖	9,536	▲ 4,853	▲ 4,851	▲ 4,765	▲ 4,572
鴻池	9,097	162	▲ 3,036	▲ 2,971	▲ 2,326
七十七	7,364	56	1,009	5,846	930
名古屋	5,841	▲ 86	▲ 1,340	▲ 1,253	▲ 908
日比谷	5,555	79	284	337	133
藤田	5,250	▲ 381	▲ 1,400	▲ 1,538	▲ 1,523
朝鮮	4,126	▲ 799	1,280	▲ 1,213	▲ 107
明治	3,854	▲ 61	▲ 1,093	▲ 986	▲ 836
六十九	2,575	16	▲ 173	▲ 160	▲ 94
長岡	2,472	▲ 397	▲ 694	▲ 903	▲ 575
第十	2,093	195	▲ 126	▲ 158	▲ 113
十二	1,774	77	▲ 392	▲ 465	▲ 297
百十三	1,557	▲ 212	▲ 426	▲ 435	▲ 606
藤本B・B	1,030	▲ 144	▲ 857	▲ 853	▲ 815
第十九	986	100	35	▲ 400	▲ 5
第四	707	55	130	▲ 1	97
第二	464	▲ 161	▲ 132	▲ 70	▲ 113
六十三	344	▲ 111	▲ 206	▲ 87	▲ 124

注1：休業銀行を含まない。
注2：残高比＝預金残高（9月10日）/預金残高（3月12日）
出所：『日本金融史資料 昭和編第二十五巻』125-127頁。

（単位：千円）

6月4日	6月25日	7月30日	8月27日	9月10日	9月10日（残高）	残高比（%）
▲ 695	▲ 914	2,336	▲ 5,018	▲ 1,955	159,511	98.8
22,532	18,608	18,454	21,677	15,327	175,509	109.6
37,037	37,904	36,040	36,460	39,329	191,993	125.8
▲ 20,468	▲ 22,783	▲ 24,843	▲ 27,637	▲ 27,682	58,893	68
▲ 17,353	▲ 17,550	▲ 18,748	▲ 19,745	▲ 20,847	58,201	73.6
15,116	13,187	14,098	13,308	9,776	85,396	112.9
877	1,737	1,599	2,804	4,569	75,840	106.4
19,860	15,958	16,202	17,699	20,076	87,028	130
22,167	16,199	15,651	19,255	22,090	83,963	135.7
▲ 7,297	▲ 2,224	▲ 3,246	▲ 2,091	▲ 1,176	54,346	97.9
10,249	6,748	4,302	2,777	5,078	51,774	110.9
▲ 4,886	▲ 4,870	▲ 4,876	▲ 4,800	▲ 5,072	14,973	74.7
▲ 3,560	▲ 3,554	▲ 3,263	▲ 3,512	▲ 3,252	14,841	82
▲ 6,154	▲ 7,177	▲ 8,088	▲ 8,392	▲ 7,940	6,726	45.9
2,445	2,269	▲ 390	1,617	1,300	13,479	110.7
4,297	5,785	358	149	181	11,907	101.5
▲ 1,982	▲ 1,970	▲ 2,124	▲ 2,207	▲ 1,901	5,629	74.8
▲ 1,841	▲ 2,038	▲ 2,110	▲ 2,373	▲ 2,255	4,130	64.7
1,783	2,259	2,823	2,298	1,997	8,128	132.6
▲ 1,228	▲ 2,520	▲ 2,799	▲ 3,140	▲ 3,118	2,512	44.6
▲ 1,536	▲ 1,394	▲ 1,215	▲ 1,183	▲ 1,073	4,510	80.8
▲ 888	▲ 801	▲ 617	▲ 597	▲ 266	3,864	93.6
2,423	2,582	2,672	2,549	3,231	6,961	186.6
▲ 528	▲ 657	▲ 652	▲ 773	▲ 688	2,086	75.2
800	▲ 164	▲ 439	▲ 484	▲ 484	1,136	70.1
190	225	333	446	3,044	4,478	312.3
▲ 330	▲ 502	▲ 408	▲ 527	▲ 526	714	57.6
321	255	466	126	104	1,283	108.8
▲ 225	▲ 202	▲ 84	▲ 179	▲ 246	491	66.6
▲ 95	▲ 106	▲ 64	▲ 54	▲ 65	595	90.2
▲ 3	▲ 42	40	253	194	712	137.5
▲ 16	▲ 21	▲ 112	▲ 132	▲ 131	226	63.3

表5-1-2　大阪手形交換所における加盟銀行の預金増減表（1927年）

銀行名	3月12日（残高）	3月26日	4月21日	4月30日	5月28日
山口	161,466	▲ 1,260	▲ 9,857	▲ 15,861	▲ 6,212
三十四	160,182	3,112	3,199	4,665	19,708
住友	152,664	3,433	13,819	24,731	35,382
藤田	86,575	▲ 1,904	▲ 16,277	▲ 18,850	▲ 18,815
加島	79,048	▲ 1,076	▲ 24,251	▲ 19,980	▲ 18,551
安田	75,620	610	3,388	4,608	16,426
鴻池	71,271	▲ 309	▲ 11,161	▲ 4,613	1,027
三井	66,952	2,754	15,637	20,349	21,011
三菱	61,873	702	20,069	27,822	24,700
野村	55,522	▲ 1,614	▲ 14,888	▲ 14,289	▲ 7,880
第一	46,696	1,108	3,219	5,465	7,862
尾州	20,045	▲ 755	▲ 2,492	▲ 4,363	▲ 4,680
川崎	18,093	▲ 1,082	▲ 4,326	▲ 2,067	▲ 3,498
第百	14,666	▲ 2,258	▲ 7,487	▲ 6,683	▲ 6,136
横浜正金	12,179	645	2,893	3,485	3,306
日本信託	11,726	▲ 191	1,384	1,161	2,401
名古屋	7,530	▲ 2,179	▲ 62	▲ 1,946	▲ 2,103
古河	6,385	▲ 877	▲ 2,225	▲ 2,146	▲ 1,949
愛知	6,131	464	2,393	1,869	1,730
第六十五	5,630	▲ 842	▲ 1,228	▲ 1,228	▲ 1,228
大和田	5,583	▲ 170	▲ 1,962	▲ 1,968	▲ 1,614
神戸岡崎	4,130	105	298	▲ 234	▲ 247
日本興業	3,730	▲ 5	1,865	1,370	2,219
明治	2,774	35	▲ 1,014	▲ 950	▲ 494
藤本B・B	1,620	50	▲ 155	▲ 130	226
第三	1,434	▲ 49		21	162
第百四十七	1,240	▲ 15	▲ 385	▲ 360	▲ 275
朝鮮	1,179	134	▲ 142	749	474
二十三	737	▲ 49	▲ 189	▲ 191	▲ 201
十八	660	34	▲ 96	▲ 109	▲ 49
十二	518	10	▲ 14	▲ 8	30
阿波商業	357	▲ 10	▲ 20	▲ 28	▲ 23

注1：休業銀行を含まない。
注2：残高比＝預金残高（9月10日）/預金残高（3月12日）
出所：『日本金融史資料 昭和編第二十五巻』127-128頁。

恐慌による預金流出を具体的にみてみよう。表5－1－1は東京の手形交換所（銀行間で手形を決済交換する場）加盟銀行について、昭和金融恐慌発生時における預金の増減を示している。表5－1－2は大阪についてである。表によれば、第一波の三月時点では預金取付けが部分的なものであり、全体でみれば、東京はむしろ一九六五万円の増加を示し、大阪は一四四万円と若干の減少であった。他方、第二波の四月時点における預金取付けは甚大で、東京で三九四八万円、大阪で三〇〇六万円の預金が流出した。

銀行別にみれば、都市部大手銀行の三井、三菱、住友は預金残高が増加している一方で、都市部の中位銀行であった加島や藤田、また地方銀行の多くは預金が大量に流出しており、三月一二日時点の残高と比べて九月一〇日の残高が約五〇～八〇%に減じていることがわかる。つまり、引き出された預金の多くは都市部大手銀行へと流れていったのである（それにくわえて、地方では郵便貯金にも預金が流出した（杉浦二〇〇一）。また興味深い点として、同時点において預金が東京では増加している一方で、大阪では減少している銀行もあった（例：三月二六日時点の加島や鴻池など）。これは、預金取付けの原因に、立地が大きく影響している可能性を示している。後述するように、休業銀行付近に立地していた支店では預金が大量に流出していたのである。

政府と日本銀行の対応

日本銀行は、昭和金融恐慌の状況に鑑みて、以下のような対応策を講じた。まず、第一波の三月の金融恐慌においては、自立の見込みがある銀行へ特別融通を実施した。さらに、第二波の四月の金融恐慌においては、台湾銀行に対する特別融通に際して生じる日本銀行の損失を、政府が二億円を限度に補償する特別融通が提案された。しかし、枢密院の反対もあり、台湾銀行救済緊急勅令案は否決され、若槻礼次郎内閣は総辞職し、台湾銀行は、台湾島内の本支店を除く内地及び海外の全支店を休業させた。台湾銀行の休業した同日に近江銀行も休業し、これを契機として預金取り付けが激しくなった結果、関西・中国地方では休業銀行が続出することとなった。さらに、十五銀行が休業すると、取り付け騒ぎは全国的に拡大した。こうした事態を受け、金融界動揺の波及阻止を目的として、日本銀行は流動性の危機にあった銀行に対する特別融通を実施した。

一九二七年五月八日、日本銀行特別融通及損失補償法が衆議院本会議で可決成立し、翌九日に公布、施行された。本法は（一）手形割引の方法で日本銀行が銀行に対して融資を行う、（二）融通の期限は一年とする、（三）手形の償還期限は二五年を上限とする、（四）特別融通で受けた日本銀行の損失は最大五億円まで政府が補償する、（六）日本銀行が受けた損失とその額は財務大臣が決定する、というものであった。補償法特別融通が適用された融通額の総額は七億六一九二万円に達した（永廣二〇〇〇）。

流動性の危機に陥った銀行は、日銀の特別融通によって資金援助を受けることになったが、そのさなかで、休業あるいは破綻となった銀行の多くでは預金の切り捨てが行われた。また、政府と日本銀行は、単独整理も有力銀行との合併整理も不可能であった休業銀行を合併吸収させて債権債務を整理する目的で、一九二七年一〇月に、シンジケート銀行（興銀、第一、三井、三菱、安田、川崎第百、豊国、三十四、住友、鴻池、山口、加島、野村、藤田、名古屋、愛知、明治）等の共同出資によって、新銀行の昭和銀行を設立させた。休業銀行に対する融資の条件として、政府及び日銀は積立金の取り崩し、減資減配、重役の私財提供、未払込株金の徴収、預金の一部切り捨て等による欠損補填を行うなど、徹底した整理の断行を休業銀行に要求した。多くの休業銀行において、債権である預金が切り捨てられ、株主も減資減配といった形で損失を負った。他方、重役は欠損に対して私財提供をもって補填する場合もあった。この結果、休業あるいは破綻を余儀なくされた銀行は、一九二九年時点で、単独整理したものが一三行、他行または昭和銀行へ吸収合併されたものが九行、解散または破産宣告となったものが四行、休業中が五行であった（山崎二〇〇〇）。

加島銀行——預金取り付けと救済融資が最も大きかった銀行のひとつ

廣岡家は、明治前期において新旧公債証書を中心とする有価証券の売買と為替方業務を営んでいたが、その後は一八八八年創立の銀行業と一九〇二年創立の生命保険業を主要事業とした。一九〇四年に浅の夫・信五郎が、一九〇九年に九代目久右衛門（正秋）が死去すると、家業の経営は、浅の娘・亀と結婚し、廣岡家の婿養子となった廣岡恵三（一八七六〜一九五三）が担うこととなったのである。恵三は一九〇五年に大同生命の取締役となり、一九〇九年には加島銀行頭取、大同生命社長に就任した（小林二〇二二）。

合資会社加島銀行は両替商加島屋を母体とし一八八八年に設立され、一九一七年には株式会社に改組された。一九二一年には加島貯蓄銀行（一八九五年設立）を合併し、一九二四年には岡山県の星島銀行を買収するなど、中規模の都市銀行として発展していった。

写真5-1　廣岡恵三

出所：「大同生命の誕生とその後の浅子」大同生命保険株式会社HPより。

預金規模は、六七万円（一八九五年）、二七八万円（一八九九年）、五五五万円（一九〇四年）、一三四六万円（一九一〇年）、三四五九万円以上（一九一五年）、一億二五五〇万円（一九一九年）、一億七六九四万円（一九二五年）と拡大し、関西の有力都市銀行のひとつとして位置づけられるようになった（石井一九九九）。また店舗も、三支店（一八九五年）、六支店（一九一〇年）、一〇支店（一九一九年）、二〇支店（一九二五年）と拡大し、本店の大阪を中心として、京都、兵庫、岡山、広島そして東

表5-2　阪神地方における預金引き出し状況（1927年4月21日時点）

銀行名	金額（円）	備考
加島	56,000,000	岡山、神戸方面同業者全部引き出し、その他
藤田	50,000,000	主として本店の同業者預金引き出し
山口	40,000,000	半分は同業者その他の定期預金引き出し、小口預金引き出し
十五大阪支店	35,450,000	大阪市内支店合計
野村	25,000,000	取引所関係者預金引き出し
鴻池	25,000,000	同業者の他、場末支店の預金
三十四	20,000,000	主として本店における同業者の預金、その他定期預金
大阪貯蓄	18,750,000	本支店全般にわたる小口引き出し
近江	16,840,000	本支店合計
住友	10,000,000	神戸湊川支店約200万円の他、各支店
安田大阪支店	10,000,000	難波を主として200万～300万円、その各支店
四十三	8,000,000	
第百大阪支店	7,000,000	大阪支店500万円、新町、神戸各支店100万円
三十八	7,000,000	本店200万円は同業者預金
産業（奈良）	6,000,000	県下高田町、郡山町支店の引き出し多し
第六十五	5,310,000	本支店合計
六十八	2,000,000	
川崎大阪支店	1,500,000	主として貯蓄預金
合計	343,850,000	休業：第六十五（4月8日）、近江（4月18日）、十五（4月21日）

出所：『日本金融史資料 昭和編第二十五巻』58頁。

京など、全国に展開するようになった。順調ともいえる加島銀行の経営状態を大きく悪化させ、最終的に破綻に至らしめたのが昭和金融恐慌であった。

まずは昭和金融恐慌が加島銀行の経営をどれだけ悪化させたのかを確認しておこう。表5–2は恐慌第二波の四月二一日時点における阪神地方の預金引き出し状況を、引き出し額の多い銀行から掲載している。加島銀行が五六〇〇万円と最も引き出し額が多く、同地域における全銀行の引き出し額の約一六％を占めていた。預金引き出しの内訳は、同業者預金（当座預金）の引き出しが特徴的で、岡山と神戸支店は全額が引き出された。このように第二波における加島銀行の預金流出が激しかったことから、四月一八日時点で有価証券を担保に五〇〇万円、綿花会社の手形を担保に一六〇〇万円の日銀の特別融通が承認され、その後も日銀特融は継続し、承認額は七月二五日時点で八四五六万円にまで及んだ（『特別融通書類（加島銀行）』）。さらに、補償法特別融通では、融通期限の一九二八年五月八日時点で、融通額は十五銀行（一億七七〇〇万円）、昭和銀行（一億一九三万円）に次いで多く、九七三二万円にのぼった（永廣二〇〇〇）。

この預金流出は加島銀行に極めて大きな打撃を与えた。昭和金融恐慌前後（一九二六年下期と一九二七年下期、一九二八年上期）の考課状（営業報告書）を比較すれば、総資産は二億三六七六万円から二億五〇三万円そして一億七一九九万円へ、預金は一億八二三四万円から一億四〇一九万円そして七八九四万円へと大幅減少し、他方で借用金等の負債は〇円から八〇八万円そして六四一四万円へと大幅増加し、バランスシートは劇的に悪化した。また、当期利益は一九二六年下期の一六八万円から一九二七年下期の二一八万円へと増加を見せたが、これは所有していた有価証券を売却して得られた一時的な利益が大半であり、一九二八年上期には一七一五万円もの欠損金を出している。この間、債権債務関係を整理するために一九二八年には川崎第百銀行と第一合同銀行へ店舗の一部を譲渡し、翌二九年には鴻池銀行、野村銀行、山口銀行に分割買収されて銀行業務を終えた。その後一九三七年の債権債務の残務を抱えたまま、加島銀行はついに廃業したのである。

休業・破綻した銀行はどのような特徴をもっていたのか

金融恐慌が生じた際、取り付け騒ぎの対象となった銀行はどのような銀行だろうか。昭和金融恐慌前の戦間期における銀行業界は都市に位置しているか否か、また規模の大きさといった相違から、重層的階層構造を有しており、その中でも都市中位銀行が一九二〇年代の恐慌で大打撃を受けていたことが明らかにされている（伊牟田二〇〇二）。都市中位銀行は、預貸率（貸付金／預金）と預借率（借入金／預金）が高く、しかも取引相手が固定化されていること、また、預証率（有価証券投資／預金）が低く収益性が良くないこと、さらに機関銀行（特定の企業と重役または大株主が共通しているため、その企業に優先的に資金供給をする銀行）であるといった特徴があり、それらが取り付け対象となった大きな要因であったとされている。

また、休業銀行と普通銀行のバランスシートを比較し、休業確率と自己資本、預金比率そして収益率は負の相関関係にあったことが明らかにされている。すなわち、バランスシートの状態が悪く（自己資本比率や預金比率が低く）、収益率が低いほど休業確率が高くなっていた。昭和金融恐慌は、非効率な経営を行っていた銀行が淘汰されることによって金融システムが効率化されたともいえるのである（Yabushita and Inoue 1993, Okazaki, Sawada and Yokoyama 2005）。

他方、第二波について預金の変化率と預貸率・準備率が正の相関関係にあったという結果も出されている。これは、預貸率や準備率といった手元流動性の指標が小さい銀行でより預金流出が発生したことを示している。バランスシートの状態の悪さや収益率の低さといった問題のある銀行のみが取り付けの対象になったわけではない。預金取り付けが「仮に起こってしまったら」、流動性が低い銀行であれば預金引出しに耐えきれずに潰されてしまうかもしれないという預金者の不安が惹起されて、パニックがパニックをよぶ預金取付けが昭和金融恐慌で生じた可能性も示唆されている（是永・長瀬・寺西二〇〇一）。くわえて、淘汰された機関銀行は主に都市部に限定されていたという指摘もある（横山二〇〇五）。これは、先に述べたパニックがパニックをよぶ預金取り付け騒ぎが都市部大規模銀行においても生じていた可能性を示している。

また、先行研究事例分析において明らかにされてきた昭和金融恐慌時の銀行破綻の要因は、（一）杜撰、放漫な貸出・経営状態、（二）経営陣による銀行の私物化、（三）機関銀行による貸付の固定化、（四）大口貸出の割合が高い、（五）リスクの高い有価証券への投資、（六）不動産への過剰投資、（七）地方中小銀行の急拡張と競争激化に集約できる（石井・杉山編二〇〇一）。

表5‒3　昭和金融恐慌前後における加島銀行の経営指標

（単位：％）

項目	1919年下期	1922年下期	1925年下期	1928年下期
預貸率	48.31	64.44	62.15	97.16
預証率	25.62	23.07	23.83	64.58
自己資本比率	9.94	10.67	15.55	9.32
ROA	1.08	1.08	0.77	0.10
ROE	10.88	10.17	4.94	1.06

注1：預貸率＝貸付金／預金、預証率＝有価証券／預金、自己資本比率＝（資本金＋準備金・積立金）／総資本、ROA＝当期利益金／総資本、ROE＝当期利益金／自己資本
出所：各期考課状。

それでは、加島銀行の経営はどうだったのか。表5‒3は昭和金融恐慌前後の加島銀行の経営状況の推移を示している。

表によれば、恐慌前の加島銀行のROEやROAは一％前後と一〇％前後、自己資本比率は一〇～一五％、預貸率（貸付金÷預金）は六〇％前後、預証率（有価証券投資額÷預金）は二五％前後と、各経営指標は破綻・休業した他の銀行の値それよりも、大手都市銀行の値に近いものであった。また、貸付方法（証書貸付・手形貸付・当座預金貸越・コールローン）の割合も大手都市銀行と違いはそれほどなかった（山崎二〇〇〇）。有価証券投資の内訳は大手都市銀行に比べて諸公債証書の割合が高く、株式と社債の割合が低く、値幅の変動が小さい低リスクの資産形成を行っていた（結城二〇一八）。当時の銀行外部の者が入手できる資料から判断すれば、加島銀行の経営は大手都市銀行と比べてもそれほど悪くないというものであった。それにもかかわらず、他の銀行と比べて多額の預金流出が加島銀行で生じ

たのはなぜか。

目に見える成績は悪くないが、拭いがたい不安要素

それを解明する鍵のひとつが、一九二七年五月二七日に日本銀行大阪支店が調査した内容が記載された史料「阪神地方金融界動揺顚末」に掲載された「今回ノ動揺ヨリ得タル当地金融業者ノ経験」（『日本金融史資料　昭和編第二五巻』六二～六三頁）に記されている。同史料は恐慌が発生した地域の金融業者から当時の様子を取材したもので、その中に、「（イ）取付られ易き預金　先つ（一）同業者預金の逃け足最も早きは当然の事にして、従来預金維持の体面上主として同業者預金の吸収に努力したる銀行は今回の動揺に因りて甚た窮境に陥りたり」とある。取り付けられやすい預金の中でも最も早く取り付けられるのは金融関係の同業者が預けた預金であり、預金維持のためにこの同業者預金をとくに集めていた銀行が窮地に陥ったことが記されている。金融恐慌に敏感に反応した同業者による預金の流出が最も迅速であった。しかし、この記載だけでは、「なぜ加島銀行の同業者預金が特段流出することになったのか」を説明できない。銀行の経営状況や資産状態に関する情報の非対称性は大きいので、恐慌のような信用不安が甚大な状況下においては、過去の経営にどれだけ不安要素があるのかが、預金引き上げの判断材料のひとつになるだろう。先述のように一九一〇年代から二〇年代前半にかけて、加島銀行は、他銀行を買収し預金と支店を拡大させるといった

拡張戦略を採用していた。次にみられるように、その間に加島銀行の経営体質と健全性が疑問視される出来事が複数あった。

第一に、日本積善銀行事件が挙げられる（小川二〇一〇）。これは、一九二二年に京都の日本積善銀行が、頭取・高倉為三による資産の私的流用や放漫経営によって破綻した事件である。破綻過程で、加島銀行が、高倉個人への融資の際に持ち込んだ物件が積善銀行の金庫内にあったものであることを知りながらこれを受け入れていたことが明らかとなった。これが日本積善銀行の破綻後の処理を極めて困難にし、預金者に打撃を与えた。当時の新聞でも、高倉為三から失脚前の金策の相談を受けた加島銀行が、他の預金者や債権者が破綻状況を知る前に、高倉家所有の山林の名義を加島銀行に書き換えたことが報道され、「加島銀行の火事泥的不徳義糺弾の声が高まりつつある」と評されていた（「積善銀行事件積銀整理不足金額　問題となった和歌山の山林」『大阪朝日新聞』一九二二年一二月一〇日）。

第二に、大分銀行への経営介入が挙げられる（大分銀行編二〇一四）。一九二〇年の反動恐慌で経営が悪化し、一九二二年一二月に休業に至った大分銀行は、再建にあたって加島銀行に協力を仰ぎ、第5代頭取に加島銀行頭取・大同生命保険社長の廣岡恵三を迎えて、新経営陣を加島銀行系の人事で固めた。その後、一九二七年一〇月、大分銀行が同県の二十三銀行を合併し、商号を変更する形で大分合同銀行が発足したが、合併旧行いずれもオーバーローン状態で多額の不良債権を抱えており、再び再建問題に直面していた。恐慌後も、加島銀行は多額の大分銀行株（時価総額一六〇万円）

と支払手形（評価額九六万五〇〇〇円）を保有していたのである（『特別融通書類（加島銀行）』）。

第三に、収益が悪化した日英醸造への融資である（「日英醸造改造経過」『時事新報』一九二三年六月一三日）。一九一九年に横浜市の鶴見に設立されたビール会社の日英醸造は、一九二〇年代前半に収益が悪化して重役が総入れ替えになった。その後、加島銀行が工場を担保として百万円を融資し、同社製品販売特約店の廣岡家一門の酒問屋（代表者廣岡助五郎）も買掛金や運転資金を数十万円貸出ししていた。このような加島の介入に対して、一部の株主と東京洋酒組合酒類組合からは「同社の支配権が加嶋《ママ》屋一味の手に移ることは反《かえ》って同社の前途を誤るものなり」という主張もあった。結局、一九二八年に日英醸造は経営困難で競売処分となり、加島銀行には約八〇万円の債権が残り、寿屋（現サントリー）によって買収されることになった（「日英醸造会社競売処分」『国民新聞』一九二八年一一月九日）。

こうした複数の不始末に加えて、加島銀行を取引先銀行とした商工業者の中に不渡りを出してしまった者も過去にいた。廣岡家の事業に有形無形の圧力と緊張を与えていた浅が一九一九年に死去してしまったこともまた、名家が経営しているという加島銀行評判に対して同業者は一抹の不安を抱いてしまったかもしれない（石井二〇一〇）。

このような廣岡家の所業によって生じた不安要素以外にも預金流出の要因はあった。それは立地の問題である。先の史料「今回ノ動揺ヨリ得タル当地金融業者ノ経験」には、預金取り付けが生じやすい店舗についても言及しており、そこには「（ロ）取付を受け易き店舗　最も早く取付けられ

表5-4　加島銀行の本支店の推移

1919年下期	1922年下期	1925年下期	1928年下期
本店（大阪市）	本店（大阪市）	本店（大阪市）	本店（大阪市）
南（大阪市）	南（大阪市）	南（大阪市）	南（大阪市）
福島（大阪市）	福島（大阪市）	福島（大阪市）	福島（大阪市）
道頓堀（大阪市）	道頓堀（大阪市）	道頓堀（大阪市）	道頓堀（大阪市）
松屋町（大阪市）	松屋町（大阪市）	松屋町（大阪市）	松屋町（大阪市）
川口（大阪市）	川口（大阪市）	川口（大阪市）	川口（大阪市）
大正橋（大阪市）	大正橋（大阪市）	大正橋（大阪市）	大正橋（大阪市）
船場（大阪市）	船場（大阪市）	船場（大阪市）	船場（大阪市）
東京（東京市）	天満橋（大阪市）	天満橋（大阪市）	天満橋（大阪市）
四谷（東京市）	北（大阪市）	北（大阪市）	北（大阪市）
京都（京都市）	上本町（大阪市）	上本町（大阪市）	上本町（大阪市）
神戸（神戸市）	阿波座（大阪市）	阿波座（大阪市）	阿波座（大阪市）
岡山（岡山市）	東京（東京市）	堀江（大阪市）	堀江（大阪市）
西大寺（岡山市）	四谷（東京市）	大国（大阪市）	大国（大阪市）
福山（福山市）	三輪（東京市）	梅田（大阪市）	梅田（大阪市）
広島（広島市）	京都（京都市）	築港（大阪市）	築港（大阪市）
徳山（山口県）	神戸（神戸市）	東京（東京市）	中本町（大阪市）
枚方（大阪府）	兵庫（神戸市）	四谷（東京市）	東京（東京市）
池田（大阪府）	葺合（神戸市）	三輪（東京市）	京都（京都市）
茨木（大阪府）	岡山（岡山市）	青山（東京市）	下京（京都市）
高槻（大阪府）	西大寺（岡山市）	京都（京都市）	神戸（神戸市）
尼崎（尼崎市）	福山（福山市）	下京（京都市）	兵庫（神戸市）
計22店舗	広島（広島市）	神戸（神戸市）	葺合（神戸市）
	徳山（山口県）	兵庫（神戸市）	枚方（大阪府）
	枚方（大阪府）	葺合（神戸市）	池田（大阪府）
	池田（大阪府）	岡山（岡山市）	茨木（大阪府）
	茨木（大阪府）	西大寺（岡山市）	高槻（大阪府）
	高槻（大阪府）	岡山西（岡山市）	住道（大阪府）
	尼崎（尼崎市）	藤戸（岡山県）	尼崎（尼崎市）
	堺（堺市）	下村（岡山県）	堺（堺市）
	計30店舗	田ノ口（岡山県）	計30店舗
		玉島（岡山県）	
		福山（福山市）	
		広島（広島市）	
		徳山（山口県）	
		枚方（大阪府）	
		池田（大阪府）	
		茨木（大阪府）	
		高槻（大阪府）	
		住道（大阪府）	
		尼崎（尼崎市）	
		堺（堺市）	
		計42店舗	

注：網掛け部分は新規店舗。
出所：各期考課状。

たるは（一）休業銀行店舗に近く設けられたる店舗」とある。

表5-4は昭和金融恐慌前後における加島銀行の本支店の推移を示している。加島銀行は、昭和金融恐慌の第二波の震源地であった関西に本支店が偏在していた。次いで支店の多かった岡山県では、休業した玉島商業銀行や近江銀行の重役であった大原孫三郎が経営していた第一合同銀行で大規模な取付けがあった。岡山県下にあった加島銀行の支店で多額の預金が流出したのは、その余波を受けたものと考えられる。それは、日銀の支店が所在地域の状況を報告した「岡山県支店金融報告（昭和2・2〜同2・5）」（『日本金融史資料 昭和編第二五巻』二五〇〜二五一頁）の次の記述からも示唆される。「十九日（四月）午後当地財界ノ巨頭大原孫三郎ヲ背景トセル第一合同銀行、岡山合同貯蓄銀行ニ取付起リ又一面郡部ニ於テハ織物ノ産地ナル児島郡地方ニ大阪方面ヨリ種々ノ噂伝ヘラレタリトカニテ加島銀行同地支店ハ相当ニ取付ラレ」、「大原氏カ近江銀行ノ重役ナリト云フノミナルヲ以テ大原氏ノ声望実力ヲ以テ多分大シタル事トハナラス喰ヒ止メ得ル事トセラレシ」とある。休業した近江銀行の重役であった大原孫三郎が経営に関与していた銀行に取付けが起こり、さらに、関西地方で預金取り付けが起こっていた加島銀行について噂が噂を呼んで、加島銀行の岡山各支店でも預金の取付けが起こった様が描かれている。

他の利害関係者への対応

多額の預金が流出し、バランスシート及び経営の状態が著しく悪くなった昭和金融恐慌後の加島銀行は、どのような対応をしていたのだろうか。この時期については、加島銀行の従業員であった寺田英一郎（当時神戸支店長）が日記を記しており、当時の様子を伝えている。なお、寺田英一郎（一八九四～一九七四）は大阪市立大阪高等商業学校（現大阪市立大学）卒業後、加島銀行に入行し、船場支店長など支店長を歴任したのち一九二九年一〇月に大同生命保険へ入社し（財務部課長待遇）、一九四九年一一月に同社を停年退職した（財務部長）。『寺田英一郎日記』には一九二八年四月から一九三八年一二月までの記録が残っており、息子の寺田信氏により発刊、大同生命へ寄託されている。

日記には廃業決定時（一九二九年）の株主総会の様子が描かれている。総会において、頭取の廣岡恵三は、加島銀行の整理過程で、まず預金の切り捨ては行わないことを強調し、さらに、日銀特融に対しては「自己の全部を捧げてゐること、株主に対してなすべきことをなす前に日銀に対してなすべきことがある」と述べ、債権者である預金者と日銀を重視していることを強調した。こうした廣岡の見解に対して、株主の中には「不良貸の責任は広岡にあり、加島屋の暖簾を信じて株を持ったものに対し」て払い戻しを要求する者もあった（『寺田英一郎日記』一九二九年四月二七日（土））。

日銀への返済を重視した対応は、近世以来、廣岡家が購入していた美術品を売却していたことからもうかがえる。たとえば一九二八年六月一八日の時点で、廣岡家が代々保有していた書画骨董の多くも売却されている。具体的には、廣岡家が所有する書画骨董品道具二三五点、軸物三一点、合計二六六点が売却され、手数料などが差し引きされた八〇万三四九一円が日本銀行へと支払われたのである（「売却品明細覚」大同A六−一一九。供出された美術品の詳細は鈴木二〇二一を参照）。また、日銀特融の担保については、廣岡合名会社所有の有価証券だけではなく、廣岡恵三や廣岡久右衛門、祇園清次郎など廣岡家の関係者が個人的に所有している有価証券も提供しており、株式数にして三〇万二六七株、金額（簿価）にして六三一万五九二八円にまで及んだ（「加島銀行整理関係書類」大同D三−一）。さらに預金についても、日銀総裁の井上準之助が加島銀行の預金が保証される旨を新聞の談話にて述べるなど（一九二八年三月「加島銀行・大同生命の経営を保証する声明」大同C1−6）、預金者と日本銀行の債権は必ず保証することを強調しており、実際、加島銀行は預金切り捨てを一切行わなかったのである（結城二〇二〇）。

しかしながら、もう一方の利害関係者である株主に対しても、廣岡家は慎重な対応を行った。先述のように、恐慌直後の一九二八年上期には一七一五万円以上もの欠損を加島銀行は出してしまった。一九二二〜二六年の利益金が合計約一四五五万円だったことから、五年間の利益金がすべて帳消しになってしまうほどの損害であった。加島銀行は、経営立て直しのために減資を行うことを決定し、資本金を三〇二〇万円から一五一〇万円へと圧縮した。この減資分は、本来であれば株主全員の株式の減損となるが、廣岡家は一族の持株会社・廣岡合名会社が所有する加島銀行の株式を処分し、一般株主が被る損失を補填した。廣岡家が一族の財産の管理と資産運用のために設立した廣岡合名会社の社員会議決議録にこのことが記されている（「広岡合名会社社員会議決議録」（大同D2―2））。一九二八年三月二四日の本決議において、加島銀行の減資への対応が議題に上り、次のような決議となった。加島銀行の減資に際し、減資後発行する廣岡一家所有の株式を一般株主に無償譲渡して補填する。なぜなら、「加島銀行ノ経営萬端ヲ吾々一家ニ一任セラルル所以ハ、主トシテ吾々一家カ組織セル當社カ、同行ノ大株主ナルカタメ」、すなわち廣岡家が加島銀行を任されているのは大株主だからである。加島銀行の経営悪化により一般株主に損失が及ぶことは法律上も道義的にも問題がある訳ではないが、株主総会が紛糾することは、「預金者ニ不安ヲ輿《あた》ヘ、財界ニ動揺ヲ惹起スル」ことになってしまうため、廣岡家はそれに対しては責任を取らなければならないとしている。こうした責任を考慮すれば、「當社ハ進ンデ其損失ヲ負儋《ふたん》スルコトトシ、當社所有ノ加島銀行株式ヲ無償ニテ提供スベキ責務アリト認メ」なければならない。このような判断に基づいて廣岡家は私財を提供し、できる限り一般株主や債権者が損害を被らないように努めたのである。

加島銀行の整理過程において残された懸念は、廣岡家が運営している他の事業に、加島銀行の影響があるか否かである。加島銀行と大同生命保険双方から、この懸念に対する表明が新聞の談話にて行われた。大同生命保険の常務取締役・平沢眞は、大同生命と加島銀行の経営について「平素より劃然たる區別をなし不鮮明なる情實關係を厳重に排し」ており、資産運用上も関係がないと述べた（「大同生命保険 常務取締役平沢真談」［「加島銀行・大同生命の経営を保証する声明 一九二八年三月二六日」大同C一―六］）。また、加島銀行常務・松井万緑は、加島銀行が廃業しても、廣岡家の他事業の加島信託や大同生命の営業には影響がないと述べ、さらに、以後の廣岡家の方針として、「大同生命に全力を注いで同系の財界に於ける地位挽回に努力」するとした（「預金者を考慮して営業譲渡を決意した大同生命に主力を集中する　加島銀行常務　松井万緑氏談」『大阪時事新報』一九二九年四月三日）。

廣岡家が展開する一連の金融業について、互いに特別の関係にないことは行内の訓示においても強調されている。一九二八年に店舗の一部が川崎第百銀行と第一合同銀行に譲渡されるに際して、頭取の廣岡恵三が本社の幹部社員に対して述べた訓示の抜粋では、加島銀行と大同生命の関係については「大同生命の資産運用上加島銀行に些《いささか》の関係なきことを茲《ここ》に明言して置きます」とされ、さらに加島銀行と加島信託の関係についても「同社は、加島銀行の株は一株も持つて居らず其他は大同生命と同様であ」り、したがって、幹部社員においては「此点に付ては特に記憶せられて万一疑惑に接した場合には十分の弁明をして貰ひたい」と強調されている（「加島銀行整理関係書類」大同D三-一）。廣岡家が経営する各金融機関は互いに特別な関係はなく、加島銀行の処理を行うことで、他の事業に影響を与えることはないことが組織の内外で再三再四述べられているのである。

そして大同生命だけが残った

昭和金融恐慌で休業・破綻した銀行の多くは、整理の過程で預金の切り捨てを行い、預金者は債

写真5-2　株主たちに加島銀行株の売却を呼びかける
（1936年10月）

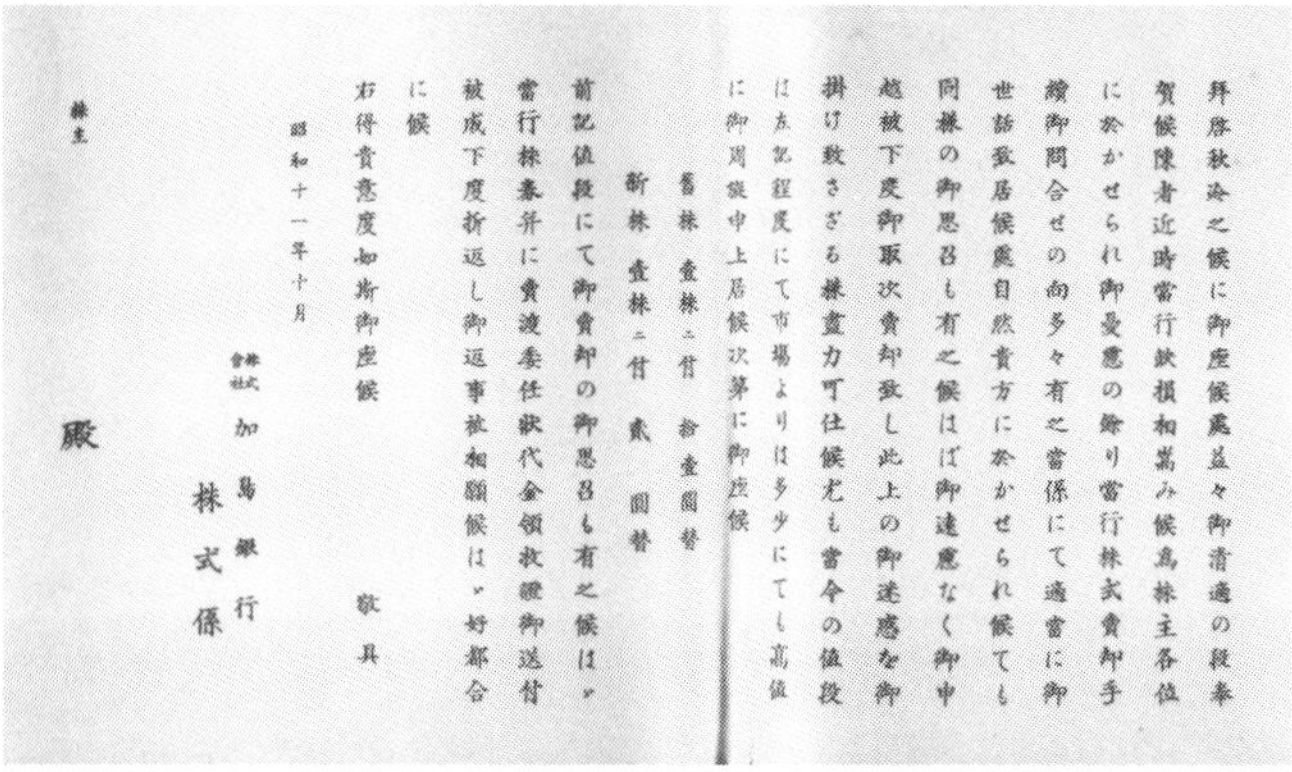
拝啓秋冷之候に御座候處益々御清適の段奉
賀候陳者近時當行欵損相嵩み候爲株主各位
に於かせられ御憂慮の餘り當行株式賣却手
續御問合せの向多々有之當係にて適當に御
世話致居候處自然貴方に於かせられ候ても
同樣の御思召も有之候はゞ御遠慮なく御申
越被下度御取次賣却致し此上の御迷惑を御
掛け致さざる様盡力可仕候尤も當今の値段
は左記程度にて市場よりは多少にても高値
に御周旋申上居候次第に御座候

舊株　壹株ニ付　拾壹圓替
新株　壹株ニ付　貳　圓替

前記値段にて御賣却の御思召も有之候はゞ
當行株券并に賣渡委任狀代金領收證御送付
被成下度折返し御返事被相願候はゞ好都合
に候
右得貴意度如斯御座候　敬具

昭和十一年十月

株式會社　加島銀行　株式係

株主　殿

出所：「〔書状〕（加島銀行株式売却につき）」大同C8-6。

権を一部放棄させられた。また、多くの銀行が欠損補填のために減資を行った結果、株主の資産も大きく損なわれた。

他方、加島銀行は準備金と日銀特融によって預金を一切切り捨てずに整理を行った。もう一方の債権者である日銀に対しても特融を受けた当初から廣岡家の私財をも積極的に提供することで、債務を返済する強い意志を示した。

減資の際には、廣岡家は持株会社が所有する株式を無償提供して一般株主が損害を被らないようにした。また、営業譲渡や廃業の決定は、支配株主である廣岡家が株主総会において多数決で決定すればよかったのだが、少数株主である一般株主の自宅に直接訪問し、意見を聴取して委任状収集あるいは株式買い取りを行うといった対応もみせた（結城二〇二〇）。他にも、銀行の事業活動を停止していた一九三六年一〇月時点（廃業は一九三七年五月末日）で、市場よりも高値で加島銀行の株式を買い取ることを株主たちに呼びかけた書状が残っていることからも、株主に対して慎重な対応をしていることがうかがえる（写真5-2、「〔書状〕（加島銀行株式売却につき）」大同C八-六）。昭和金融恐慌で破綻・整理した他の銀行にくらべて、加島銀行がこのような過剰にもみえる他の利害関係者への対応・配慮を行ったのはなぜか。

加島銀行の対応を説明する際に、廣岡家は、「財界に於ける地位挽回」や「財界ニ動揺ヲ惹起スルコトトナランカ當家ノ吾國財界ニ對スル責任軽シトセス」といった表現を用いた。また、廃業を決定した株主総会時に、株主の中には「加島屋の暖簾を信じて」株を持つ者がいるという理由で廣岡家の責任を問う声もあった。こうした言説は、財界における廣岡家の評判が、同家の展開する金融事業の信用において極めて重要な意味を持っていたことを示唆している。

一九二〇年代、廣岡家の家業は金融業一本で展開していたことから、加島銀行の破綻・清算の処理如何で、廣岡家が手掛ける他の金融事業の信用にも悪影響がでるおそれがあった。この懸念が廣岡家にとって看過できなかったことは、加島銀行と大同生命の両役員が新聞談話において、そして廣岡恵三が行内訓示において、廣岡家の事業が互いに独立していて、加島銀行の破綻が他の事業に影響を及ぼさない旨を再三再四強調していることからも読み取れる。

このように、近世以来、代々続いた金融業の老舗の加島屋を生き残らせるためには、円滑かつ迅速に加島銀行を破綻処理して廣岡家の金融業者としての信用を回復することが肝要だったのである。

図5-1　大同生命における保険契約の推移（各年末現在）

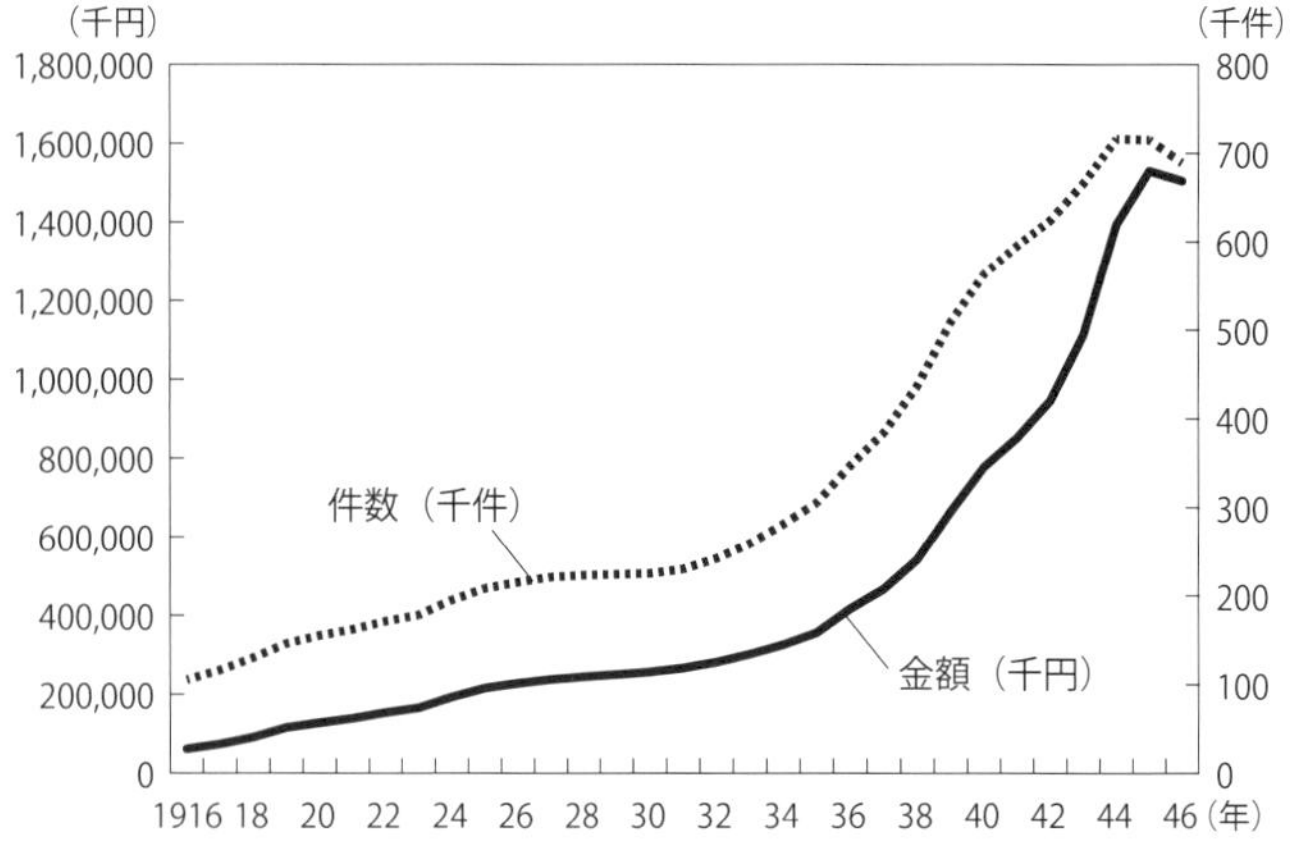

出所：「第3章 諸統計 1.保険契約増減表（1）株式会社」、『大同生命七十年史』、464-465頁。

近世の大名貸から連綿と続く廣岡家の金融業をどうすれば残すことができるのか。廣岡家は本丸の銀行業を恐慌発生の翌年に身売りしてでも信頼回復に努めて、恐慌の影響をそれほど受けていなかった大同生命を生き残らせようと苦心した。これこそが、廣岡家の家名を存続させるための唯一取り得る選択肢だったといえよう。

　こうした迅速な「損切り」は金融事業を営む経営者の判断としては適切であっただろう。他方で、この損切りによって加島銀行の行員の多くの人生が変わってしまったこともまた事実であった。加島銀行廃業後、寺田英一郎は、財務手腕を買われて大同生命の財務課長のポストを与えられることになったが、他方で同僚たちが転職ないし失職していく様を目の当たりにし、以下のことを記している。

「下村、松井両重役に今回の処置〔鴻池銀行、野村銀行、山口銀行への分割買収及び廃業決定―引用者注釈〕は広岡さんがお家大事の一念から極めて利己的にやられたことでそのために行員が犠牲になった」（『寺田英一郎日記』一九二九年四月二一日（日））。加島銀行の整理過程における廣岡家の一連の行動が、少なくとも従業員の一部からは、あくまで廣岡家のために行った戦略にすぎないと認識されていたのである。

こうした廣岡家による生き残り戦略は、図5-1の大同生命の保険契約の順調な推移をみればわかるように、功を奏したといえる。

他方、加島銀行の破綻の余波を受けて、廣岡家が一九二六年に設立した信託会社の加島信託も経営悪化し、一九三六年、大阪信託株式会社に買収された（麻島二〇〇一）。こうして、廣岡家が近世から継続していた金融事業は、残すところ大同生命株式会社だけになったのである。なお、加島銀行の残務整理は、一九四〇年に設立した清算会社の三光株式会社（社長・廣岡恵三）に引き継がれるが、補償法特別融通満了日時点で（一九五二年五月八日）、二三四三万円（回収不能額五二八三万円のうち四六％）を残していた。

参考文献

麻島昭一（二〇〇一）『本邦信託会社の史的研究――大都市における信託会社の事例分析』日本経済評論社。

石井寛治（一九九九）『近代日本金融史序説』東京大学出版会。

石井寛治・杉山和雄編（二〇〇一）『金融危機と地方銀行――戦間期の分析』東京大学出版会。

石井寛治（二〇一〇）「両替商系銀行における破綻モデル」粕谷誠・伊藤正直・齋藤憲編『金融ビジネスモデルの変遷――明治から高度成長期まで』日本経済評論社、一七五-二〇三頁。

伊牟田敏充（二〇〇二）『昭和金融恐慌の構造』経済産業調査会。

永廣顕（二〇〇〇）「金融危機と公的資金導入――一九二〇年代の金融危機への対応」伊藤正直・浅井良夫・靎見誠良編『金融危機と革新――歴史から現代へ』日本経済評論社、一〇九-一三八頁。

大分銀行百二十年編集委員会編（二〇一四）『大分銀行一二〇年史』大分銀行。

小川功（二〇一〇）「「ハイリスク選好型」銀行ビジネスモデルの掉尾」粕谷誠・伊藤正直・齋藤憲編『金融ビジネスモデルの変遷――明治から高度成長期まで』日本経済評論社、一四一-一七三頁。

『大阪朝日新聞』（一九二二）

小林延人（二〇二一）「明治前期における広岡家の経営改革と広岡浅子」吉良芳恵編『成瀬仁蔵と日本女子大学校の時代』日本経済評論社、一一-五一頁。

是永隆文・長瀬毅・寺西重郎（二〇〇一）「一九二七年金融恐慌下の預金取付け・銀行休業に関する数量分析――確率的預金引き出し仮説 対 非対称情報仮説」『経済研究』五二巻四号、三一五-三三二頁。

『時事新報』（一九二二）

杉浦勢之（二〇〇一）「第五章　金融危機下の郵便貯金」石井寛治・杉山和雄編『金融危機と地方銀行――戦間期の分析』東京大学出版会、一〇三-一三〇頁。

鈴木邦夫（二〇二一）「広岡家美術品コレクションの崩壊と事業活動」吉良芳恵編『成瀬仁蔵と日本女子大学校の時代』日本経済評論社、五三-九四頁。

高橋亀吉・森垣淑（一九六八）『昭和金融恐慌史』、財団法人清明会出版部（一九九三年、講談社学術文庫）。

武田晴人（二〇一九）『日本経済史』有斐閣。

日本銀行編（一九八三）『日本銀行百年史 第三巻』日本銀行。

廣岡家研究会（二〇一七）「廣岡家文書と大同生命文書――大坂豪商・加島屋（廣岡家）の概容」『三井文庫論叢』、三〇三–三九四頁。

山崎廣明（二〇〇〇）『昭和金融恐慌』東洋経済新報社。

結城武延（二〇一八）「昭和金融恐慌と銀行破綻：加島銀行の事例」『研究年報 経済学』（猿渡啓子教授退職記念号）七六（一）、二五九–二七〇頁。

結城武延（二〇二〇）「銀行破綻と社員権・債権の整理――昭和金融恐慌における加島銀行の事例」小林延人編『財産権の経済史』東京大学出版会、一一一–一四一頁。

横山和輝（二〇〇五）「一九二七年昭和金融恐慌下の銀行休業要因」『日本経済研究』五一、九六–一一六頁。

Okazaki, Tetsujii, Sawada, Michiru and Yokoyama, Kazuki (2005) "Measuring the Extent and Implications of Director Interlocking in the Prewar Japanese Banking Industry," *The Journal of Economic History*, Vol. 65 Issue 4, pp.1082–1115.

Yabushita, Shiro and Inoue, Atsushi (1993) "The Stability of the Japanese Banking System: A Historical Perspective," *Journal of the Japanese and International Economies*, 7 (4), pp.387–407.

史料

『大同生命文書』大阪大学経済学部歴史資料室所蔵。

『寺田英一郎日記』大同生命保険株式会社所蔵。

『特別融通書類（加島銀行）』日本銀行金融研究所所蔵。

『日本金融史資料 昭和編 第二十五巻』日本銀行調査局編。

日本女子大学校と三人の輪――成瀬仁蔵と土倉庄三郎と廣岡浅

吉良芳恵

二〇世紀が始まった一九〇一（明治三四）年四月二〇日、成瀬仁蔵は賛同者の協力を得て、女子の高等教育機関である日本女子大学校（現日本女子大学）を、三井家から提供された東京目白の地（旧小石川区高田豊川町・現文京区目白台）に創設、以後校長として女子教育に邁進した。日清戦後恐慌を経ての開校であった。

創設者成瀬仁蔵は、一八五八（安政五）年、周防国吉敷村（現山口市）に、吉敷毛利家に仕える士族の子として生まれた。山口県教員養成所を卒業した後、沢山保羅と出会い、七七（明治一〇）年に大阪浪花教会で洗礼を受けている。翌七八年には梅花女学校（アメリカン・ボード系）の開校と同時に同校教師となり、八二年からキリスト教の伝道に専念、八八年には新潟女学校を開校（校長）した。以後信仰と教育に邁進するが、北越学館事件を契機に、九一年からアメリカのアンドーバー神学校及びクラーク大学に留学する。九四年一月に帰国した成瀬は、三月から梅花女学校長に就任、九六年には麻生正蔵の協力を得て『女子教育』を出版した。その後梅花女学校長を辞任し、女子大学校の設立に邁進する。

当初成瀬は、大学校を大阪に設立する計画で、五〇〇〇坪に及ぶ土地を確保したが（現天王寺区の府立清水谷高等学校所在地）、渋沢栄一等（と推察される）から東京への設置を提案され、一九〇〇年五月の発起人会で東京設置が最終的に決定された。この間成瀬は、開校地の変更や東京女学館との合併問題（成瀬の反対で合併は実現しなかった）で、東京と関西との間を奔走したが、廣岡浅の東京設置案への賛成も与って、大阪の支援者等から東京設置案への賛成を得た。

こうして一九〇〇年一一月、日本女子大学校の「設立認可願」が文部大臣と東京府知事に提出され、一二月二四日に認可された。「設立者」として名を連ねたのは（地域別・五十音順）、

（東京）伊藤徳三、岩崎弥之助、内海忠勝、大隈重信、嘉納治五郎、久保田譲、児島惟謙、近衛篤麿、西園寺公望、渋沢栄一、辻新次、成瀬仁蔵、土方久元、三井三郎助、三井高保、（滋賀）藪田勘兵衛、（京都）高崎親章、田中源太郎、浜田光哲、（大阪）菊池侃二、住友吉左衛門、田中市兵衛、田村太兵衛、平賀義美、広岡信五郎、前川槇造、村山竜平、（奈良）北畠治房、土倉庄三郎、（岡山）野崎武吉郎

で、大隈重信がその総代である。

成瀬の教育理念と構想に、最も早い段階から賛同し、設立運動を支援したのが土倉庄三郎と廣岡浅である。土倉は、自由民権運動を支援したことでも知られる奈良県川上村の林業家である。近代林業のパイオニアとして、全国各地で森林経営の方法を伝え、一八九八年には『吉野林業全書』を刊行、また吉野の桜の保存にも尽力したという（田中二〇一六、写真①）。

田中淳夫氏の調査によると、「土倉家の家憲」には、「子弟の教育を重んじ智を研き徳を修めしめよ」という項目があり、また「土倉庄三郎様直話」（竜門村〔現吉野町〕の上田愛之助が書き留め

写真①　土倉庄三郎の銅像

出所：奈良県吉野郡川上村にて筆者撮影。

た記録）にも、「三分の一を国家のために使い、次の三分の一を教育と人のために使い、残りの三分の一で一家の経営をしたい」と語ったことが記されているという。土倉家では、この主義に基づいて六男五女の教育がなされ、息子達のほとんどが同志社で学んだ。次男龍次郎は学業終了後、台湾で水力発電事業や林業（樟脳製造等）を展開、帰国後はカーネーション栽培に従事し、一九三二年には大日本カーネーション協会を設立している。四男四郎は第一高等学校を経て、東京帝国大学に進み、英法科を卒業、後に横浜正金銀行シアトル支店長をつとめた。

一方娘達も大阪の梅花女学校に通ったあと、同志社女学校で学んだ。長女富子はその後原六郎（横浜正金銀行頭取）と結婚し、次女政子はアメリカ・ブリンマー大学に留学（同時期、津田梅子も同大学に留学）、帰国後は内田康哉（外交官、後に外務大臣）と結婚している。成瀬が麻生正蔵にあてた一八九八年二月一五日の書簡には、帰国した政子の縁談の仲立ちを成瀬が頼まれ、当惑する姿が記されている。ちなみに土倉は上京の際、原邸に滞在したことが『日本女子大学校創立事務所日誌』から判明する。

土倉は一九一七年七月一九日に死去したが、東京帝国大学教授本多静六の計画により、一九二一年三月、川上村大滝の鎧掛岩に「土倉翁造林頌徳記念」と刻まれた岸壁碑（二三・六メートル）が作られた（現存）。

一方、土倉とともに成瀬の日本女子大学校を支援し続けた廣岡浅（京都出水三井家の出身）は、大阪の廣岡家（分家・五兵衛家）に一七歳で嫁ぎ、その後家業の立て直しに邁進した人として知られる（写真②）。

開校前の一八九八（明治三一）年八月には、本家の廣岡久右衛門と夫・信五郎が成瀬に同家の「顧問」を委嘱する書簡を送っており、廣岡家が一体となって成瀬を支援し続けたことが想像される。

写真②　廣岡浅肖像

出所：「廣岡和治氏旧蔵文書」G36−10−4。

ちなみに浅自身は、開校後評議員となったが、近代教育を受けられなかった無念さを払拭するかのように大学校の授業を聴講したという。実践倫理や教育学に興味をもったようで、さらに「商売」の経験も与って心理学が面白く、経済学・社会学等も将来の生活に生かすことができると書き残している（廣岡一九〇九）。また貝原益軒の女大学を男子の「利己我儘の議論」「男尊女卑の東洋思想」であると批判する視点をもち（廣岡一九一一B）。

（廣岡一九一一A）、女性が経済力をもつことの重要性を説き続けた（廣岡一九一一B）。

しかし一九〇三年に入学した平塚らいてうは、浅について、「不愉快なことで印象に残っている人」として、次のような厳しい見方を書き残している。大学校の「創立委員」であった浅は、「熱心のあまり…ガミガミ学生を叱りつけるばかりか、校長にまでピシピシ文句をつけ」たようで、さらに家政科の上級生に対しても、「実際生活に直接役に立たない…空理空論は三文の値打ちもない…もっと実際的であれ」と、「自分の手腕に自信満々」の態度で「押しつけがましく」せっかちそうにしゃべったというのである。そのため「いっそういやな人だと思うようになり」、女子教育の恩人として尊敬、感謝する気になれなかった、と記した（平塚一九八二）。

一方浅も「新しき婦人」「覚めたる婦人」に対して、「賛成は出来ません。かゝる危険なる思想を持て居られては家庭を平和に維持する事は出来ますまい」と述べており（廣岡一九一三）、廣岡家を背負って政治経済の大きな変動を乗り越えてきた浅と、若くて感性豊かならいてうとの間には理解しがたい深い溝があった。

その後成瀬が浅と女子教育について「論議」した際、「此のお婆さんはどうも仕方がない、君教育してくれんか」と宮川経輝牧師に依頼したことがあったようで（廣岡一九一九A）、それが縁となって、浅は宮川からキリスト教の教えを受け、一九一一年に受洗、伝道にも従事するようになる（廣岡一九一九B）。彼女のこうした変化については、浅の書簡や言説を編集した日本女子大学成瀬記念館編『広岡浅子関連資料目録』や、大同生命保険株式会社寄附授業の成果として作成された『廣岡浅子関係記事一覧』（改訂版）が参考になる。

参考文献

田中淳夫（二〇一六）『樹喜王 土倉庄三郎』特定非営利活動法人芳水塾。

日本女子大学成瀬記念館編（二〇二〇）『日本女子大学成瀬記念館所蔵 広岡浅子関連資料目録』第二版、日本女子大学成瀬記念館。

日本女子大学文学部史学科編（二〇二〇）『大同生命保険株式会社寄附授業―演習（史料演習）―廣岡浅子関係記事一覧』改訂版。

平塚らいてう『元始、女性は太陽であった――平塚らいてう自伝（上巻）』大月書店、一九八二年。

廣岡浅子（一九〇九）「余は女子大学講義を如何にして学びつゝあるか」『家庭』第一巻第四号、七月一日。

廣岡浅子（一九一一A）「公娼は野蛮思想の代表なり（上）・（下）」『婦女新聞』七月二八日・八月四日。

廣岡浅子（一九一一B）「二十世紀に於ける日本婦人（下）」『婦女新聞』一〇月一三日。

廣岡浅子（一九一三）「婦人と信仰」『婦人新報』九月二五日。

廣岡浅子（一九一九A）「私の求道の動機」『婦女新聞』一月一〇日。

廣岡浅子（一九一九B）「奮闘的女傑廣岡女史」『婦女新聞』一月二四日。

第6章

新しい金融事業への参入

——大同生命保険会社の設立

結城武延

一八九九年に廣岡家九代目・廣岡久右衛門正秋《まさあき》が朝日生命保険株式会社の社長に、そして朝日生命を前身会社の一社とした大同生命保険株式会社が一九〇二年七月に創立され、その初代社長に久右衛門正秋が就任した。その後、二代目社長・廣岡恵三、三代目社長・一〇代目廣岡久右衛門正直《まなさお》、四代目社長・廣岡松三郎と、戦前から戦後（一九五三年）まで、廣岡家の事業の中核には生命保険業がおかれた。本章は、廣岡家が深く関与した大同生命保険株式会社の成り立ちから発展過程について、昭和金融恐慌の影響を考慮し、とくに所有構造と意思決定の変化に着目して論述する。

大同生命の成立

大同生命は朝日生命、護国生命、北海生命の三社が合併して創立した生命保険会社である（本節の記述は主に大同生命保険相互会社一九七三に基づく）。

朝日生命株式会社の旧社名は真宗生命保険株式会社であり、主に真宗寺院の信徒が対象の生命保険会社として本社を名古屋において一八九五年に開業した。創立当初は好成績を上げるものの、その後は、収支や資産状況を顧みない新規契約の獲得競争を行い、さらに経営陣の内紛や更迭も頻繁に起こり、一八九八年頃には連続して赤字決算となった。こうした現状を打破するために、磯野源治郎、大戸復三郎、岩田幸七をはじめとする株主有志たちが、大阪財界の有力者であり、本願寺の門徒総代格でもあった廣岡家九代目当主・加島銀行頭取の廣岡久右衛門に同社の再建と救済を打診した。久右衛門は廣岡家総本部の最高顧問格であった中川小十郎（西園寺公望の元秘書官）に買収交渉を進めさせ、同社の株四〇〇〇株のうち二四〇〇株を獲得して、その経営権を受け継いだ。

この際、九代目当主・廣岡久右衛門正秋の義姉・廣岡浅が懇意にしていた成瀬仁蔵（一八五八〜一九一九。浅の支援もあり、一九〇一年に日本女子大学校を設立した。成瀬の事績や浅との関係は吉良編二〇二一を参照）へ宛てた浅の手紙には、「中川（小十郎）は今尚名古屋に滞在」、「名古屋にて一事業を計画中なり、日々報告を以て夫々打合電信にて夫々命令致候」（「成瀬仁蔵宛広岡浅子書簡」一八九九年四月一二日）と書かれていた。このことから、少なくともこの時期においては、浅が企業経営にも深く関与したことが推察される。

一八九九年四月の臨時総会で社長に就任した久右衛門は、翌五月、本社を京都に移し、社名も真宗の名が必要以上に宗門会社であることを懸念して朝日生命株式保険式会社と改めた。さらに、保険規則や組織編成などの経営改革を断行し、経営成績は改善に向かった。朝日生命は一九〇一年の金融恐慌によって打撃を受けたが、保険学の専門家の玉木為三郎を取締役に迎えるなどし、さらなる経営刷新を図った。

護国生命保険株式会社は、一八九五年一二月、関東の財界有力者や華族によって創立された。社長には易断家で著名な高島嘉右衛門を迎え、専務には広田千秋が就任して、一八九六年三月に営業を開始した。開業後三年間は順調な経営であったものの、一九〇一年に農商務省が検査を実施し、資産内容の欠陥を指摘すると、信用を失って経営不振となった。同年六月には社長の高島が引責辞任し、代わって板倉勝己が社長に就任するが、経営不振は続いた。経営陣はもはや護国生命単独では社運の挽回は困難であると判断し、専務の広田千秋が朝日生命を合併相手として選び、朝日生命にその意向を打診したのである。

北海生命保険株式会社は、一八九八年四月、北海道の資産家たちが発起人となって開業された。創立当初は社長を置かず、専務に高野源之助が就任した。一九〇〇年二月には高野専務が推されて社長に就任した。創業当初の二年間は漁業従業者を対象とする保険なども販売して順調な経営を行った。しかし、北海道という限定された地域を対象としたことで営業の行き詰まりをみせて、資産勘定では創業以来赤字が累積した。その後、経営陣を刷新するなど経営改革を行ったが赤字は一向に解消されず、一九〇一年には破綻寸前まで追い込まれた。こうした事情に加えて農商務省から資産内容の欠陥も指摘され、高野社長は、一九〇二年三月に朝日生命と護国生命との合併に踏み切り、同社は解散した。

一八八一年に福沢諭吉の門下生らによって開業した有限明治生命保険会社（現、明治安田生命保険相互会社）が開業して以来、生命保険会社が乱立し、一九世紀末までに生命保険会社は二〇社以

写真6-1　合併契約書

護國生命保險株式會社朝日生命保險株式會社
及ヒ北海生命保險株式會社合併契約書

護國生命保險株式會社朝日生命保險株式會社及ヒ北海生命保險株式會社ハ内外ノ状勢ニ鑑ミ分立競争ノ弊ヲ避ケ經費ヲ省キ基礎ヲ鞏固ニシ以テ被保險者并ニ會社ノ利益ヲ保護増進セシカ為メニ爰ニ三會社合併ノ件ヲ協定シタリ其條項左ノ如シ

第一　三會社ヲ合併シ東洋生命保險株式會社ヲ設立スルモノトス

第二　三會社ノ保險契約其他ノ權利義務一切ヲ東洋生命保險株式會社ニ承継スヘキモノトス

第三　東洋生命保險株式會社ノ資本金ヲ参拾萬圓トシ之ヲ六千株ニ分チ壹株ノ金額ヲ五拾圓ト為ス

第四　東洋生命保險株式會社ノ拂込資本ハ壹株ニ付キ金貳拾貳圓五拾錢トシ総拂込額拾参萬五千圓トス

第五　東洋生命保險株式會社ハ本店ヲ大阪市ニ支店ヲ東京市及京都市ニ出張所ヲ小樽ニ置クモノトス

右ノ通リ協定致候就テハ各會社株主総會ニ於テ承認ヲ経タルトキハ此契約書ハ有效ナル會社合併契約書ト為ルヘキモノトス

明治三十五年三月十五日

護國生命保險株式會社
社長　板倉勝已

朝日生命保險株式會社
副社長　中川小十郎

北海生命保險株式會社
社長

出所：大同生命社史担当課より提供。

上、類似保険会社は一〇〇社近くが新設された（伊藤・齋藤編二〇一九）。そうした厳しい企業間競争のさなか、「内外ノ状勢ニ鑑《かんが》ミ分立競争ノ弊ヲ避ケ経費ヲ省キ基礎ヲ鞏固《きょうこ》ニシ被保険契約者并ニ会社ノ利益ヲ保護増進」するために合併を行うという契約書が一九〇二年三月一五日に朝日生命、護国生命、北海生命の三社間で交わされた。新会社の名前については「日国生命」などの候補もあり、写真六―一にあるように「東洋生命保険株式会社」という名称が合併契約書に用いられることもあったが、最終的には、『漢書』や『荘子』に散見される「大同」を由来として、大同生命と決まった（『大同生命保険株式会社新館落成』一九二五年。なお、『大同生命七十年史』には「小異を捨てて大同につく」の故事からの採用との記述がある）。

こうして一九〇二年七月一五日に創立総会が開催された。初代社長には朝日生命の社長であった九代目廣岡久右衛門正秋が就任した（在任期間：一九〇二〜〇九年）。その他の経営陣は、取締役九名、監査役四名で、護国から七名、朝日から五名、北海から一名という構成であった。この構成は各社の資産規模や解散時の決算状況に対応しており、規模が二社の半分程度で、欠損金を四万五〇〇〇円ほど出していた北海生命から送り込むことのできた役員は一名のみだった（朝日の欠損金は八〇〇〇円程度、護国は皆無）。注目すべきは、合併は順調に進行したわけではなく、合併相手の模索や、合併条件に関する交渉や事務員からの反対などもあって、成立に至るまで難航していた点である（「〔書状〕（大日本生命に合併意思なき件）」大同K－七、「〔社況悪化に対する〕提議案　諸規則案八日下起草中」大同K－一一八、「〔書状〕（護国事務員合併反対の件）」大同K－一二三「〔書状〕（交渉を一向に進捗致し居らざるにつき）」大同K－132）。こうした合併の経緯が、後述のように、廣岡家が増資を行わない背景にあったとも推察される。

合併後の数年間、大同生命は組織の整理統合に追われ、営業拡大や新商品の開発を行うことができなかったが、日露戦争後（一九〇五年）に経営基盤は安定した。しかし、久右衛門正秋の体調不良もあり、一九〇八年には廣岡恵三が社長代理に就任し、実質的な経営者となった。

二代目社長・廣岡恵三（在任期間：一九〇九〜四二年）は一八七六年二月生まれで、学習院から東京帝国大学法科に進学した。在学中の一九〇一年六月に廣岡家新宅の養嗣子となった。大学卒業後の一九〇三年六月に三井銀行に入行する。翌〇四年六月に廣岡家諸家業の経営に参画し、一九〇五年八月に大同生命取締役、一九〇八年一〇月に社長代理、一九〇九年六月に社長に就任した。

大同生命の経営動向

まず、大同生命の経営動向を概観しよう（表6-1）。収益面をみると、創業以来赤字はなく、総資本収益率（ROA）も安定していた。創業当初は配当を出せなかったものの、その後配当率は八%前後の安定配当を行い続けた。収入面をみれば、一九〇〇年代は保険料収入が九〇%近くを占めていたが、その後は有価証券や不動産、貸し付けによって得られる資産運用益の割合が増え、一九一〇年代後半には一〇%を超え、一九二〇年代以降は三〇%前後にまで増加した。他方、昭和金融恐慌（一九二七年）や昭和恐慌（一九三〇〜三一年）の時期には多額の資産運用損も出した。資産運用の詳細については後述する。

次いで、資産構成をみると、一九一〇年代に貸付金の割合が増え、一九二〇年代には五〇%近くを占めるようになった（表6-2）。また、一九〇〇年代後半から一九一〇年代のはじめまで有価証券の割合が五〇%を超えていた。その後有価証券の割合は増減し、一九四一年には七〇%を超えるようになった。なお、資本構成でみれば、株式による新たな資金調達（増資）が全く行われなかったため、資本の増大に伴ってその割合は急速に低下をみせた。代わって、保険契約者による資金提

表6-1　大同生命の経営動向

年度	ROA	総資本（千円）	当期利益（千円）	収入合計（千円）	内訳（%）		費用合計（千円）	内訳（%）					次期繰越準備金（千円）
					保険料	資産運用益		保険金	返戻金	事業費	資産運用損	その他	
1902	0.5	794	4	390	93.6	6.4	348	28.2	6.9	43.4	0.3	21.3	485
1906	1.8	1,407	26	903	91.6	8.4	603	30.7	4.6	61.7	0.2	2.8	1,065
1911	2.6	4,642	120	2,137	88.4	11.6	1,130	46.8	5.2	45.0	0.2	2.8	4,181
1916	13.6	11,698	1,596	3,716	69.3	30.7	1,605	46.2	8.7	41.4	0.7	3.0	9,649
1921	6.6	26,479	1,745	7,662	74.1	25.9	3,806	46.5	3.9	41.8	3.4	4.4	23,948
1926	6.9	48,607	3,354	12,543	70.2	29.8	6,826	45.9	6.7	34.5	8.4	4.5	44,376
1931	2.7	66,679	1,789	14,005	68.9	31.1	10,998	39.0	16.6	21.3	17.9	5.1	63,858
1936	2.7	95,276	2,600	22,021	75.1	24.9	13,656	49.9	5.4	31.3	2.0	11.4	85,795
1941	1.9	162,384	3,150	44,786	78.2	21.8	23,371	51.0	1.6	28.2	4.0	15.2	155,071

注1：ROA＝（当期利益／総資本）×100
注2：資産運用益：財産売却益＋利息及び配当収入＋財産評価益＋有価証券償還益
注3：資産運用損：財産売却損＋財産評価損＋財産減価償却及び補填損
注4：費用合計：保険金＋返戻金＋事業費＋資産運用損＋その他
注5：収入合計：保険料＋資産運用益
出所：「資料編」『大同生命七十年史』

表6-2　大同生命の資産構成

年	総資産（千円）	現金・預金（%）	有価証券（%）	貸付金（%）	不動産・動産（%）	未収保険料（%）	代理店貸（%）
1902	794	25.4	19.4	8.6	8.4	6.0	3.5
1906	1,407	7.8	52.8	5.4	7.1	8.3	2.6
1911	4,642	15.0	50.7	13.2	10.8	4.0	0.7
1916	11,698	19.2	47.0	22.7	6.6	1.8	0.6
1921	26,479	14.9	36.3	42.8	2.7	2.1	0.6
1926	48,607	12.0	41.0	27.2	14.4	2.1	0.9
1931	66,679	4.0	50.5	32.1	11.8	0.9	0.6
1936	95,276	3.9	60.7	25.1	9.5	0.0	0.8
1941	162,384	5.3	71.9	16.6	5.3	0.0	0.8

注1：主要項目のみ掲載のため構成比は100%と一致しない。
注2：現金・預金、有価証券、貸付金、不動産・動産、未収保険料、代理店貸はそれぞれ（各項目／総資産）×100
出所：「資料編」『大同生命七十年史』

供である準備金が一九〇〇年代は八〇％程度、一九一〇年代には約九〇％近くを占めるようになった。

それを裏付けるのが保険契約の動向である。保険の新契約は創立当初から増え続けており、二四九万円（一九〇二年）、一二三九万円（一九一二年）、二九二二万円（一九二二年）、四五七五万円（一九三二年）と、三〇年間で一八倍以上の成長をみせた。それに伴い、保険契約の年末残高も一〇〇〇万円（一九〇二年）から二億八一四五万円（一九三二年）へと、二八倍以上に拡大した（大同生命保険相互会社一九七三）。このように、大同生命は収入面、資金調達面いずれも保険契約が主軸にある。大同生命は株式会社ではあったが、主たる資金提供者は株主ではなく保険契約者であり続けた。

三社共同運営から廣岡家のオーナー運営へ

所有構造の傾向をみるために、大同生命の十大株主の変遷を検討しよう（表6-3）。創立当初は加島銀行・朝日生命系の株主が四人、護国生命が五人、北海生命が一人であった。株式所有比率でみれば、十大株主の所有比率の合計は八二％で、その内約七七％が加島銀行・朝日生命系であり、創立当初から所有はかなり集中していた。その後、十大株主の所有比率は九〇・三％（一九一二年）、九八・三％（一九二一年）、九八・二％（一九三〇年）と大株主へ集中していった。他方、株主数は一五四名（一九〇二年）から五四名（一九一二年）、三四名（一九二一年）、二三名（一九三〇年）へと

表6-3　大同生命の所有構造

1902年

株主	属性	株数	所有比率
廣岡 久右衛門	加島貯蓄銀行頭取	2,833	47.2%
廣岡 信五郎	加島貯蓄銀行取締役	1,114	18.6%
廣岡 久右衛門	旧朝日生命社長・◎	575	9.6%
板倉 勝己	旧護国生命社長・○	100	1.7%
高野 源之助	旧北海生命社長・○	72	1.2%
宮古 啓三郎	旧護国生命株主・△	60	1.0%
進藤 隆之助	旧護国生命医務課長	60	1.0%
渡辺 玄包	旧護国生命発起人・○	55	0.9%
池上 仲三郎	旧護国生命株主・○	50	0.8%
磯野 源次郎	旧朝日生命株主・△	50	0.8%
総数　154名	総株数　6,000	上位株主合計 82.8%	

1912年

株主	属性	株数	所有比率
廣岡 恵三	加島貯蓄銀行頭取	3,677	61.3%
廣岡 イク		645	10.8%
廣岡 恵三	◎個人所有	328	5.5%
広田 千秋	旧護国生命発起人・○	155	2.6%
西田 由	旧朝日生命専務・○	150	2.5%
星野 行則	加島銀行本店専務理事・△	130	2.2%
祇園 清次郎	広岡合名会社常務理事	130	2.2%
加輪上 勢七	加島銀行副支配人	85	1.4%
進藤 隆之助	旧護国生命医務課長	60	1.0%
中村 孝太郎		60	1.0%
総数　54名	総株数　6,000	上位株主合計 90.3%	

1921年

株主	属性	株数	所有比率
廣岡 恵三	広岡合名会社代表社員	5,414	90.2%
廣岡 恵三	加島銀行頭取・◎	100	1.7%
廣岡 久右衛門	加島貯蓄銀行取締役	100	1.7%
松井 萬緑	加島銀行東京本店支配人・●	50	0.8%
廣岡 松三郎	加島銀行	50	0.8%
星野 行則	加島銀行本店専務理事・○	50	0.8%
祇園 清次郎	広岡合名会社常務理事・○	50	0.8%
平沢 真	旧護国生命秘書役・●	50	0.8%
岩田 幸七	旧朝日生命株主・△	30	0.5%
中村 孝太郎		5	0.1%
総数　34名	総株数　6,000	上位株主合計 98.3%	

1930年

株主	属性	株数	所有比率
廣岡 恵三	広岡合名会社代表社員	5,434	90.6%
廣岡 恵三	大同生命社長・◎	55	0.9%
廣岡 久右衛門	大同生命副社長・●	50	0.8%
廣岡 松三郎	大同生命取締役・○	50	0.8%
松井 萬緑	大同生命取締役・○	50	0.8%
星野 行則	大同生命監査役・△	50	0.8%
祇園 清次郎	広岡合名会社常務理事・○	50	0.8%
平沢 真	旧護国生命秘書役・●	50	0.8%
岸本伝吉	大同生命取締役・○	50	0.8%
江見浜五郎	大同生命取締役・○	50	0.8%
総数　23名	総株数　6,000	上位株主合計 98.2%	

注：◎取締役会長（社長）、●副社長・常務・専務、○取締役、△監査役
出所：「資料編　2　上位株主の変遷」『大同生命七十年史』

減少していった。さらに、大株主の構成員は徐々に廣岡家関係者に限定されていった。すなわち、大同生命の株式は廣岡家に集中する形で収斂していったのである。

このように所有が集中した理由は、株式の公開を求める代理店主に対する、社長・廣岡恵三による創業一五周年記念の挨拶で端的に述べられている。

【史料一】（「一五周年記念におけるあいさつ」『大同生命七十年史』四五頁）

株が広岡に集まっておればこそ今日かく株主に薄くして、理念の途に進み得るのであります。株主が多数になり意見が出てくるときは理念は実現できぬのであります。〔中略〕他の株式会社の実際をご覧になれば、私がここに多くをいう必要はない。今日大同が、なぜ他の株式会社のなし得ざることをなしつつあるのかというに、株がただ広岡という一家にまとまっているからである。すなわち、株をお分けするということは、本社の精神を永久に持続して行くということの道ではないと信ずるのであります。

先に述べたように、大同生命は、合併時において合併条件などを巡り、各会社の株主や従業員がそれぞれの利害を主張して、合意に至るまで難航した。こうした経験もふまえて、恵三は「株主が多数になり意見が出てくるときは理念は実現できぬ」と述べたのであろう。

また、生命保険会社の経営において最も重要な業務は保険契約の「販売」と「資産運用」である。

すなわち、保険契約者によって提供された資金を用いて資産運用をして収益を拡大することが生命保険会社の経営戦略となる。しかし、生命保険「株式」会社には、株主という重要な資金提供者もいる。所有と経営が分離した生命保険株式会社において、株主と保険契約者間の利害対立が生じうる。具体的には、資産運用のあり方と、保険契約者に対する将来の保険金や給付金を支払うために積み立てておく「責任準備金」の金額についてなどである。有限責任制の下、株主は所有する保険会社が行う資産運用について、相対的にハイリスク・ハイリターンの投資を選好する。投資が失敗した場合の損害の多くは債権者（保険契約者を含む）が被るのに対して、投資が成功して得られた利益は配当や株価値上がり益となり株主がより多くの恩恵を受けるからである。また、責任準備金の原資を配当に回せば、保険契約者は損失を被り、株主の利益に資することになる（結城二〇一五）。

こうした状況が想定されれば、経営戦略の中で「販売」を重視する生命保険会社は、株主総会における支配権を獲得することによってそうした株主の意向を押さえ込もうとするだろう。事実、当時の生命保険業界最大手であった日本生命においては、資産運用のあり方や責任準備金を巡って、頻繁に株主総会が紛糾した（宮本二〇一〇）。日本生命はそうした問題を解決するために安定株主化工作を図った。廣岡恵三が「今日大同が、なぜ他の株式会社のなし得ざることをなしつつあるのかというに、株がただ広岡という一家にまとまっている」と述べたように、大同生命は一切増資をせずに徐々に株式所有を廣岡家に集中させることによって、その問題の解決を試みたのである。

こうした保険加入者優先の姿勢は、一九一三年一月一〇日に催された創業一〇周年及び保険契約高五〇〇〇万円到達記念会において、廣岡恵三が述べた次の言葉に集約されている。

【史料二】（「五〇〇〇万円到達記念会」『大同生命七十年史』三四頁）

〔前略〕この大同生命保険株式会社は、国利民福の増進をもって主要の目的とし、まず被保人の利益を図り、つぎに社会公共に貢献するにあり、然る後、株主の利益に及ぼすという主義方針の下に経営しているのであって、この主義方針は、終始一貫変わることがない

次に、役員構成の変遷をみてみよう（表6-4）。役員構成の変化も所有構造と同様の動きを示している。すなわち、創立当初の一九〇二年は取締役が九名（社長一名）、監査役が四名で、その内朝日生命系が五名、護国生命系が七名、北海生命系が一名という体制であった。それが一九一二年には、取締役三名（社長一名）、監査役二名で、朝日生命系一名、護国生命系二名、加島銀行二名となった。一九二二年には、取締役五名（社長一名と常務二名）、監査役三名で、朝日生命系一名、護国生命系二名、加島銀行五名と、過半数を加島銀行出身の役員が占めるようになったばかりでなく、廣岡家に縁のある松井萬緑、平沢真、星野行則などの内部昇進組が役員で重要な位置を占めるようにもなったのである。さらに、一九三二年になると大学等を卒業した後に大同生命に入社した従業員が役員に選ばれるようになった（岸本伝吉、増山富次、入部泰蔵、江見浜五郎）。後述するように、彼らが社長の手となり足となって、取締役会で起案された計画を実行するようになる。

表6-4　大同生命の役員構成

役職	1902年	1907年	1912年
社長	廣岡 久右衛門（9代）［朝日］	廣岡 久右衛門（9代）［朝日］	廣岡 恵三［加島］
専務		広田 千秋［護国］	
常務		西田 由［朝日］	
取締役	中川 小十郎［朝日］ 広田 千秋［護国］ 西田 由［朝日］ 板倉 勝己［護国］ 池上 仲三郎［護国］ 高野 源之助［北海］ 渡辺 玄包［護国］ 菊池 熊太郎［護国］	菊池 熊太郎［護国］ 廣岡 恵三［加島］	広田 千秋［護国］ 西田 由［朝日］
監査役	磯野 源次郎［朝日］ 宮古 啓三郎［護国］ 今泉 定介［護国］ 祇園 清次郎［加島］	岩田 幸七［朝日］ 星野 行則［加島］	岩田 幸七［朝日］ 星野 行則［加島］

役職	1917年	1922年	1932年
社長	廣岡 恵三［加島］	廣岡 恵三［加島］	廣岡 恵三［加島］
副社長			
常務	祇園 清次郎［加島］	松井 萬緑［加島］ 平沢 眞［護国］	平沢 眞［護国］
取締役	広田 千秋［護国］ 西田 由［朝日］	星野 行則［加島］ 祇園 清次郎［加島］	松井 萬緑［加島］ 加輪上 勢七［加島］ 岸本 伝吉［大同］ 増山 富次［大同］ 入部 泰蔵［大同］
監査役	岩田 幸七［朝日］ 星野 行則［加島］	岩田 幸七［朝日］ 廣岡 久右衛門（10代）［加島］ 進藤 隆之助［護国］	祇園 清次郎［加島］ 進藤 隆之助［護国］ 廣岡 松三郎［加島］ 江見 浜五郎［大同］

注：［　］は合併前（就任前）の所属。
出所：「資料編」『大同生命七十年史』「株主総会議事録」

このように、大同生命において株式所有と役員の構成員が廣岡家に集中することで、株主間の、そして保険加入者と株主間の対立を解消させて、廣岡家の方針通りの経営を実施することに成功したのである。他方、複数の事業を手掛ける廣岡家が支配株主になることによって生じ得る問題、すなわち廣岡家が他の事業のために大同生命の経営資源を流用する問題が残っていた。こうした問題が生じる懸念を払拭する場として、廣岡家は株主総会を活用したのである。

経営の特徴——株主総会

それでは、大同生命における経営を特徴づける、会社の意思決定機関である株主総会をみてみよう（本項は主に結城二〇一五に基づく）。大同生命の「定時」株主総会は毎年一回、基本的には八月第四週に開催された。主たる議題内容は事業報告、財産目録、貸借対照表、損益計算書、利益処分の報告と承認である。進行手順については、最初に出席株主数と出席株主の権利株式数、委任出席者・株数が読み上げられて、当該株主総会が法的に問題ないことが確認される。その後で、議題内容が朗読され、株主の質疑応答を経た後で採決がとられる。「臨時」株主総会は毎年二〜三回程度開催される。議題内容は主に定款改正と役員選挙で、進行手順は通常株主総会と同様である（「株主総会議事録」大同L一〇-〇〇一-一二六）。

大同生命の株主総会において株主が発言することはほとんどなく、基本的には朝一〇時から定時株主総会がはじまり、定款の変更や重役選挙がある場合はそのまま臨時株主総会に突入する。会議時間をみれば、創立総会を除いて、一九一一年まで定時株主総会は六〇分前後、臨時株主総会は三〇分前後であった。それが一九一二年になると定時株主総会は八〇分前後、臨時株主総会は六〇分前後へと時間が延びた。会議時間が変化する時期は、株式所有と役員の構成員とが加島銀行と旧朝日に集中する時期と一致する。なぜ時期が一致したのか。それは次の史料から明らかとなる。

【史料三】（「[神戸市内ニ於ケル大阪支店]銀行の営業振（八）加島銀行支店」『大阪新報』一九一二年八月二六日）

〔中略〕中で最も皮肉の説は大同生命保険会社の機関銀行となり保険会社が全国から集めて来る金を利用する事が出来るからだと云うのであるが、斯う云われて見ると成るほどと肯かるる節がないでもない、と云うのは広岡恵三氏の実権に帰せる大同生命保険は近来非常なる発展で而も其の発展が同銀行の発展に深い因縁を有するやの観があるからである〔後略〕（強調引用者）

これは、『大阪新報』が関西圏の銀行を紹介した記事の中で、加島銀行について書かれた箇所である。当時のめざましい加島銀行の発展を説明する「最も皮肉の説」は、大同生命と加島銀行の資本関係が密であることによって、大同生命が集めてきた資金を加島銀行が利用できるから、というものだとしている。そうした説は、廣岡恵三が大同生命の社長でもあり、加島銀行頭取でもあることをふまえれば、あながち間違いとはいえないと結論付けている。

この記事が掲載された一九一二年八月二六日以降、定時株主総会の議論時間も臨時株主総会のそれも約三〇分という大幅な伸びをみせた。収入と資金の大半が保険契約者からの資金によって成り立っている大同生命にとって、同社の資金が加島銀行へ流用されて保険契約者の利益が毀損されるおそれがあるとも読み取れるこの記事の影響は大きかったと考えられる。廣岡恵三はこうした疑念を払拭するために、大同生命の資金や利益はあくまで大同生命自身及び資金提供者に資する形で利用されているという説明をする必要に迫られたのである。

事実、次の史料に示されるように、株主総会の時間が長くなったのは、総会において経営陣がより詳細な情報開示を行うようになったからなのである。

【史料四】第五回定時株主総会（一九〇七年八月二九日）

書記　別紙議案第一事業報告を朗読す

一同　異議なし

会長曰く　唯今御一同異議なきに依り原案の通り可決致します

【史料五】第一三回定時株主総会（一九一五年八月二一日）

議長曰く　本社の所持する有価証券はご承知の通り前年度末に於て、思切り多額の評価損を計上して居りました為め、之を其際より幾分時価の騰貴を来して居りまする本決算当時の有価証券市価に較へまするると、不尠《すくなからず》評価上の差益を計上せねばならぬこととなつて居りまするが、ご覧の通り本年度は此差益は一厘も収支の上に算入せぬことと致しました。然るに之と反対に本期よりは新に不動産の減価償却を開始することと致しました。之は申す迠《まで》もなく会社の資産状態を堅実ならしむる上に於て最も必要なることでありまして、各位の御異議なき所と存じます。尚又、本期決算に於ては本社か多年幾多の困難なる問題に逢着して事業を経営し来れる間に、漸次滞貨の姿となつて居りまする旧代理店其他に対する回収困難の債権を整理しまして之を欠損と致しました。勿論之等は向後とも出来得る丈其回収に努むる積りでありまするが、此点は譯《わけ》て御承認を得たいと思ひます

一同　異議なし

議長曰く　唯今御一同異議なきに依り原案の通り可決致します

史料四と五はそれぞれ一九〇〇年代と一九一二年以降の定時株主総会における事業報告や利益処分の典型的な記述の例である。

一九〇〇年代の株主総会（史料四）では書記が事前に配付した事業報告を淡々と読み上げ、それに対して、株主の異議がなければ議事は進行していく。他方、一九一二年以降の株主総会では議長が事業報告を読み上げたうえで、株主の疑問が出そうな箇所についてより詳細な説明を予め行うと

いう議事進行に変化しているのである。第一三回定時株主総会（史料五）では、有価証券の差益の算入、不動産の減価償却、回収困難な債権の整理といった会社の利益に密接に関わる事業報告について理由も添えて詳しく説明している。

さらに、利益処分の報告においては、加島銀行が「大同生命の機関銀行」のような存在ではなく、大同生命はあくまで主要資金提供者である保険契約者を重視した経営をしているということを説明しなければならなかった。そうした様子が次の史料からうかがえる。

【史料六】 第一四回定時株主総会（一九一六年八月一五日）

議長曰く　本年度は従来に比して大に良好の成績を得ました訳て、それは有価証券市場の好況に依つて其機会を利用して一部を売却し得たるものも多額てありますか、普通営業上の利益も前年度に比し格別遜色あるものではありません。従つて本期は例により別段積立金に於て、昨年度より拾貳萬円を増したる参拾六萬円と云ふ多額を積立て、重役賞与金に於ては五千円を増し壹萬円を計上し、而して株主に対しては依然年八朱の割合により壹萬八百円を配当したいと思ひます。此の處分《しょぶん》を致しますれは、本社の別段積立金は総計七拾四萬八千餘《よ》円となり法定並に責任準備金等を合し、諸積立金実に九百貳拾貳萬余円を算することと相成る次第であります。従つて次年度も亦《また》前例に準し、別段積立金中より保険契約に対し利益配当を致したいと思ひますから、併せて御承認を願ひます。

表6-5　大同生命の利益処分

年	当期利益（千円）	利益配当準備金（%）	株主配当金（%）	役員賞与金（%）	職員養老積立金（%）	別段積立金	法定準備金	次年度繰越金
1902	4	0.0	0.0	0.0	0.0	0.0	0.0	100.0
1906	26	0.0	38.5	7.7	0.0	0.0	7.7	38.5
1911	120	0.0	8.3	1.7	0.0	83.3	4.2	1.7
1916	1,596	75.7	5.3	1.3	0.6	13.8	1.5	1.7
1921	1,745	27.1	0.9	3.4	2.3	57.3	1.7	7.1
1926	3,354	51.5	1.3	4.2	1.5	32.8	0.0	3.3
1931	1,789	14.3	1.3	3.4	3.4	67.1	0.0	10.6
1936	2,600	62.7	0.9	3.8	5.8	19.2	0.0	7.5
1941	3,150	66.9	1.7	4.3	4.8	19.0	0.0	3.3

注1：比率：各項目／当期利益
注2：主要項目の構成比だけ記載したため、構成比の合計は100%にならない。
資料：「資料編」『大同生命七十年史』

一同　原案に賛成の旨を述ふ

資産運用によって得られた利益の増分は別段積立金を増額することによって、次年度以降に保険契約者に対する利益配当に充てたいと経営者は述べ、それに対して、株主も原案に賛成する意思を表示したのである。

こうした加入者重視の経営への変化は利益処分の分配からも明らかである（表6-5）。利益が安定的となった第一次大戦前後からは、株主への配当は低位で安定させたうえで、残りの当期利益のほとんどを利益配当準備金として加入者に分配し、なおかつ、使用人・従業員に対しても分配（職員養老積立金）するようになったことがわかる。さらに、一九一〇年代以降、継続的に「別段積立金」がかなりの割合を占めており、それは創業記念年に各利害関係者に利益を分配するための資金となる。具体的には、創業十五周年（一九一七年）には、株主（七万五千円）、従業員（一五万円）、代理店（七万円）にそれぞれ特別配当がなされた。創業二〇周年（一九二二年）には、加入者（五〇万円）、株主（一五万円）、役員（五万円）、従業員（一五万円）、代理店（一五万円）にそれぞれ特別配当がなされた。このように、残余利益を主要資金提供者である加入者だけではなく、株主をはじめとする他の利害関係者にも分配することによって利害調整を行っていたのである（結城二〇一五）。

経営の特徴──取締役会

次に、会社機関として経営の起案や実行を行う取締役会についてみてみよう。会議は三～四ヵ月に一回開催されている。主たる議題内容は事業報告、財産目録、貸借対照表、損益計算書、利益処分の承認、定款の改正、役員選任、支店・出張所の変更と土地や家屋の購入、役員報酬の決定である（「取締役会決議録重役協議書」L五-二）。合併直後の三社混成の役員構成であった一九〇〇年代は、それぞれの本社所在地に常務を配置して、業務の役割分担をさせた（本社常務：西田由［朝日生命］、東京支店長：菊池熊太郎［護国生命］）。

所有構造と役員構成の変化によって、取締役会で議論される内容が変化する傾向は特にみられない。しかし、議題提出のされ方が変化する。それは、株式所有と役員の構成員が加島銀行と廣岡家

写真6-2　取締役廻議書
（1911年9月）

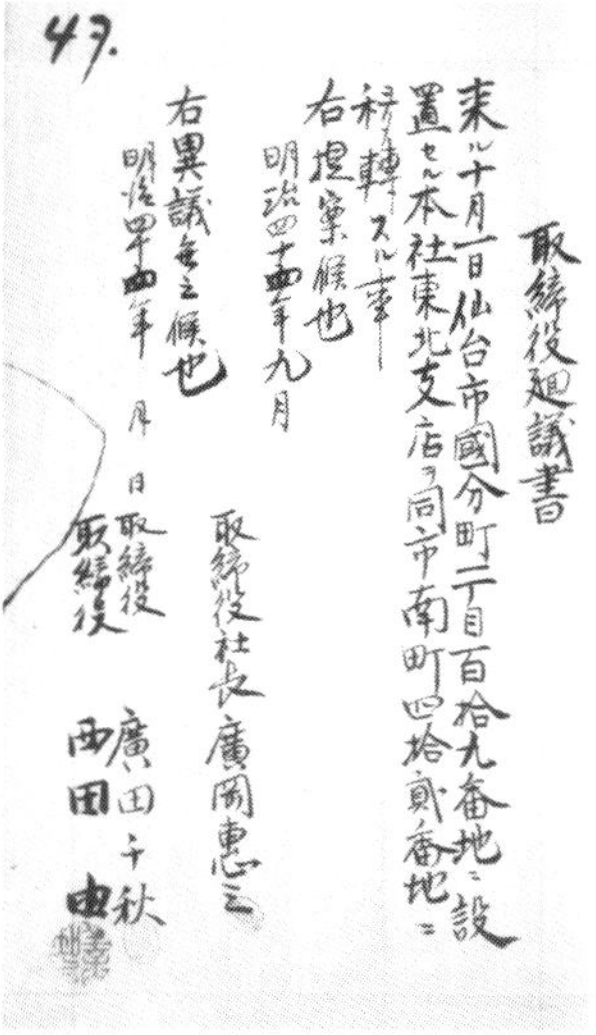
47.
取締役廻議書
来ル十月一日仙台市國分町一丁目百拾九番地ニ設置セル本社東北支店ヲ同市南町四拾貳番地ニ移轉スル事
右提案候也
明治四十四年九月　取締役社長　廣岡恵三
右異議無之候也
明治四十四年　月　日　取締役　廣田千秋
取締役　西田由

出所：「取締役会決議録重役協議書」大同L5-2。

に集中する一九一二年以降に、社長の廣岡恵三のみが起案に関わる意思決定について、「取締役廻議録」という形式で、事後的に他の取締役の承認を得るようになった、という変化である。一九一〇年代以降の大同生命の取締役会では、基本的に起案は社長が行い、取締役会の構成員にそれを回覧し、社長以外の取締役が承認する形式となった。取締役として廣岡家の関係者あるいは内部昇進組が増えたのち、起案の実行は社長以外の常勤の取締役によって分担された。大同生命が廣岡家オーナーの企業になることで、より迅速かつ効率的な経営の企画と実行が可能になったのである。

　さらに、昭和金融恐慌を経て一九二九年、加島銀行が鴻池銀行、野村銀行、山口銀行の三行に分割買収されたことで、廣岡家関係者の多くが大同生命の経営により注力できるようになった。そこで、一九三〇年八月二五日の取締役会議において、「三、定例取締役会ハ毎月弐拾日（日曜日ニ當ルトキハ繰下ク）開催スルコト。但附議スベキ要件ナキトキハ適宜延会スルコト」、「四、緊急署理《ママ》ヲ要スル要件アルトキハ便宜在阪ノ非常務取締役ニ於テ非常務取締役全体ヲ代表シ常勤取締役ト協議シ之ヲ署理《ママ》シ次回ノ定例取締役会ニ於テ之カ追認を求ムルコト」が決議された。取締役会における意思決定の頻度と速度を上げたのである。これは加島銀行の整理中であった一九二九年、廣岡恵三が各地を遊説した際に、「一人一業主義の精神に基づき、大同生命をして業界有数の大会社たらしむべく、わが社の経営発展に全力を傾注する」（大同生命保険相互会社一九七三、七二頁）と代理店や社員、後援者へ繰り返し強調して述べていたことからもうかがえる。

経営の特徴――資産運用

大同生命の経営動向にみられるように、創立からしばらくの間、同社の収入はほとんどが保険料収入だったが、徐々に資産運用が重要な収入源となっていった。また資産構成から、資産運用において有価証券の割合が最も大きかったこともわかった。そこで、以下では大同生命の経営に特徴的な資産運用に焦点を合わせてみよう。

日本の生命保険業は一九一〇年代前半までは五大生保（日本、明治、帝国、千代田、第一）の保険業全体に占める割合が大きく、全体のうち総資産は五〇％程度、貸付金は七〇％前後、有価証券は五〇％前後であった。その後、一九一〇年代後半から一九二〇年代前半にかけて、五大生保に次いで規模の大きな七生保（共済、大同、仁寿、愛国、日華、日之出、高砂）をはじめとする後発会社の成長もあり、五大生保のシェアは徐々に低下していった（麻島一九九一）。

～20年			1921～26年			
預け金（%）	貸付金（%）	有価証券（%）	総資産（千円）	預け金（%）	貸付金（%）	有価証券（%）
▲ 3.8	36.0	62.2	84,826	▲ 0.8	38.1	60.9
▲ 16.5	36.8	77.4	51,592	13.6	21.3	63.5
31.8	78.8	49.6	51,659	11.3	50.9	31.0
0.0	47.8	37.2	42,140	18.9	13.7	65.9
19.3	91.8	▲ 19.0	23,720	20.3	10.0	46.7
12.6	▲ 0.7	82.8	23,942	▲ 3.6	10.6	76.8
28.7	5.6	59.8	47,248	6.9	22.8	57.9
87.9	▲ 64.9	74.2	12,863	▲ 0.6	44.0	54.2
32.5	0.9	52.5	27,397	35.1	13.7	39.1
34.0	4.3	56.4	4,650	▲ 1.5	11.6	83.8
74.9	0.8	2.1	11,085	36.7	12.4	45.3
▲ 4.4	28.2	42.6	3,790	48.7	17.3	36.8

～36年			1937～41年			
預け金（%）	貸付金（%）	有価証券（%）	総資産（千円）	預け金（%）	貸付金（%）	有価証券（%）
4.0	39.6	56.6	458,072	1.9	24.5	71.2
2.3	▲ 0.4	93.1	274,807	1.6	6.7	90.0
1.3	10.2	54.9	402,357	1.4	1.5	82.4
13.0	21.3	46.8	249,476	▲ 7.8	27.0	87.8
2.6	2.0	93.0	291,339	0.2	6.7	91.7
1.2	▲ 11.1	115.9	7,765	▲ 14.8	▲ 17.6	106.2
15.2	▲ 1.8	125.3	98,932	1.2	21.6	78.4
3.5	▲ 0.0	53.9	53,951	3.0	▲ 0.8	112.2
▲ 0.1	▲ 2.3	92.2	126,989	2.2	8.4	88.6
9.0	▲ 14.9	103.9	41,025	9.2	28.7	64.9
▲ 3.2	2.8	100.0	143,995	4.6	3.9	87.7
39.8	▲ 47.3	108.0	4,658	▲ 52.6	41.5	113.3

表6-6　生命保険会社の運用資金の配分

社名	1914～18年				1919
	総資産（千円）	預け金（%）	貸付金（%）	有価証券（%）	総資産（千円）
日本	24,057	9.9	▲ 19.1	106.1	14,139
明治	12,703	37.0	▲ 35.1	93.9	8,592
千代田	11,818	50.7	9.0	36.6	5,834
帝国	10,705	40.8	▲ 24.6	80.8	8,752
大同	7,976	8.6	46.8	54.8	5,722
共済	7,624	26.6	▲ 12.8	83.4	5,579
第一	6,930	34.3	6.3	42.4	3,934
愛国	6,398	62.3	▲ 3.6	31.3	2,963
仁寿	5,982	18.9	33.0	48.0	4,408
日之出	2,251	44.8	4.8	47.7	1,243
日華	1,202	27.5	0.2	46.3	2,253
高砂	715	41.8	8.7	25.3	756

社名	1927～32年				1933
	総資産（千円）	預け金（%）	貸付金（%）	有価証券（%）	総資産（千円）
日本	124,736	3.9	36.0	52.0	150,080
明治	112,062	10.1	28.6	55.4	135,291
第一	87,459	▲ 0.2	32.0	66.9	147,400
千代田	63,289	13.9	105.6	1.0	114,909
帝国	57,128	▲ 7.6	45.2	51.2	134,565
日華	39,429	9.0	36.1	47.7	7,505
安田	33,991	24.4	62.8	8.0	24,783
大同	23,700	▲ 20.7	38.1	53.5	20,311
三井	20,008	4.9	33.8	60.5	39,299
愛国	13,359	▲ 19.9	77.8	23.0	16,899
住友	12,016	12.6	16.7	70.1	28,494
仁寿	9,232	28.2	90.3	▲ 28.2	6,690

注：預け金、貸付金、有価証券の値は（各項目／総資産）× 100
出所：麻島（1991）49、349頁。

表6-7　生命保険会社の株式投資

社名	1932年						
	合計（万円）	金融株（%）	電力株（%）	鉄道株（%）	その他株（%）	銘柄数	合計／銘柄数
第一	2,474	7.4	24.1	32.3	36.1	119	20.8
明治	1,341	70.0	10.9	9.7	9.5	31	43.3
帝国	1,149	16.2	17.9	6.7	59.3	56	20.5
日本	1,102	24.2	9.8	21.4	44.6	57	19.3
千代田	945	9.3	42.4	11.3	36.9	61	15.5
仁寿	869	4.8	20.4	7.4	65.1	60	14.5
大同	814	3.4	15.0	24.7	57.0	83	9.8
愛国	803	16.9	3.4	28.3	51.4	70	11.5
安田	746	80.2	0.0	2.5	17.3	26	28.7
住友	215	9.8	15.8	27.9	47.0	43	5.0
三井	153	13.7	1.3	11.8	72.5	28	5.5

社名	1936年						
	合計（万円）	金融株（%）	電力株（%）	鉄道株（%）	その他株（%）	銘柄数	合計／銘柄数
第一	8,002	8.6	18.1	7.9	65.5	195	41.0
明治	7,920	17.1	25.4	2.7	54.7	97	81.6
帝国	7,648	4.9	37.6	6.1	51.5	210	36.4
日本	3,066	11.4	13.5	10.6	64.4	121	25.3
千代田	6,238	2.5	42.9	4.2	50.5	167	37.4
仁寿	1,993	2.8	31.9	1.9	63.4	102	19.5
大同	1,419	3.0	23.1	24.8	49.0	142	10.0
愛国	2,141	10.1	16.1	8.5	65.2	112	19.1
安田	2,508	29.2	29.4	2.1	39.3	115	21.8
住友	1,533	1.6	14.4	11.2	72.9	106	14.5
三井	2,132	5.4	21.9	1.0	71.8	58	36.8

注：日華は1927〜30年しか数値が得られないため除外した。
出所：麻島（1991）第7章の各社事例。

当時の主要会社であった五大生保と七生保の運用資金の配分を示したのが表6-6である。表によれば、大同生命の規模は一九一〇年代から一九二〇年代前半にかけては五位、一九二〇年代後半から一九三〇年代にかけては八位の会社であった（保険業会社の総数は四〇社前後）。他社と比べた資産運用の特徴は、一九一〇年代に主として不動産担保の貸付を急拡大させたのち、一九二〇年代後半、とくに昭和金融恐慌以降は貸付金と預け金を減少させて有価証券投資に資産運用を大きくシフトチェンジさせていた点にある。「融資」が主業務であった加島銀行の破綻が影響していたことが示唆される。

次の表6-7は生命保険会社の有価証券の中でも会社の個性が強く出ている株式投資について比較可能な年度で示している。大同生命が一九三〇年代に投資したのはその他株、電力株、鉄道株の順で、金融業への投資が極端に少ないという特徴がある。主な投資先は関西圏の会社で、その他株の中では紡績会社が多かった。また、廣岡系の加島信託と大同生命保健会（病院経営）への投資額は一〇万円以下であった。なお、一九三一年の経営動向において資産運用損が大きかったのは（二〇〇万円程度、表6-2）、加島銀行の破綻ののち、大同生命が所有する廣岡系の資産額の評価下げ・整理を行ったからである（麻島一九九一、七九二頁）。くわえて、他社と比して銘柄数が多く、また合計金額÷銘柄数の比較からもわかるように、他社に比べて一社あたりの投資額は少なかったことも特徴的である。

一九二〇年代後半に廣岡家の主事業であった加島銀行が破綻したことで、大同生命に廣岡家の人的資源が集中し、より迅速かつ効率的な経営が可能となった。生命保険会社は保険料収入を原資として行われる資金運用が主業務であるが、大同生命は資金調達（保険料収入）も資産運用も長期で、低リスクの融資・分散投資を重視した。こうして大同生命は、業界内の地位こそ中堅上位であったが、日露戦争時に戦時保険加入の申し込みを一切拒否するなど、堅実経営路線を堅持し続けた結果、常に黒字を出し続ける会社として存在感を示したのである。

謝辞

本章の執筆に際して、大同生命保険株式会社コーポレートコミュニケーション部社史担当課長（二〇二二年一月現在）の吉田一正氏より史料提供や助言で多大な便宜をいただいた。ここに記して感謝申し上げます。

参考文献

麻島昭一（一九九一）『本邦生保資金運用史』日本経済評論社。
伊藤修・齋藤直編（二〇一九）『金融業』日本経営史研究所。
大阪新報（一九一二）
大同生命保険株式会社（一九二五）『大同生命保険株式会社新館落成』大同生命保険相互会社。

大同生命保険相互会社（一九七三）『大同生命七十年史』大同生命保険相互会社。

宮本又郎（二〇一〇）『日本企業経営史研究――人と制度と戦略と』有斐閣。

結城武延（二〇一五）「近代日本における株主総会と取締役会――三社合併による大同生命設立からオーナー企業へ」田中亘・中林真幸編『企業統治の法と経済――比較制度分析の視点で見るガバナンス』有斐閣、一五五―一八五頁。

吉良芳恵編（二〇二一）『成瀬仁蔵と日本女子大学校の時代』日本経済評論社。

史料

『大同生命文書』大阪大学経済学部歴史資料室所蔵。

『寺田英一郎日記』大同生命保険株式会社所蔵。

祖父・廣岡久右衛門正直とゴルフ

岡橋清元

私の幼い時の祖父の思い出は、厳しく怖かった印象が強い。毎年一月一日に祖父の誕生日と正月の祝賀を兼ねて親戚縁者が集まり、御馳走を食べたり、従兄兄弟で遊んだりするのが楽しみだった。遊びが段々エスカレートしていき、私たちが「鬼ごっこ」で家の中を走り回っていたときのこと、祖父の大きな雷が落ちた。「さわがしい！」という怒鳴り声に驚いて、その場を逃げ回った記憶がある。

祖父は一八九〇年一月一日に旧鳥取藩士、三沢立身の六男として生まれ、一九一四年に同志社大学経済学部を卒業後、三井銀行に入社した。大学時代は当時英国から渡って来たラグビーに没頭し、ラグビー部初代主将を務め、大いに活躍した。その後、大阪の豪商・加島屋久右衛門家の九代目当主廣岡久右衛門正秋の一人娘・郁と婿養子として結婚するという話が進みだした。当時の同志社大学総長より「文武両道に秀で、まったく申し分のない好青年」というお墨付きを頂いてのことであったと聞いている。

こうして目出度くゴールイン。加島屋久右衛門家の若きプリンスとして、一九一八年大同生命に監査役として入社。その後、渡米してハーバード大学大学院銀行科で学び、ボストン第一独立銀行、メトロポリタン生命で実務を経験し、一九二六年、大同生命副社長に就任した。そして十六年後の一九四二年戦時下の厳しい中、大同生命四十周年を契機に第三代社長に就任し終戦を向かえる。

祖父の人生は決して順風満風ではなかった。昭和金融恐慌（一九二七年）によって大損害を負った本業の加島銀行は廃業に追い込まれ、その軸足を生命保険事業の大同生命に移し、活路を見出した。しかしその後、日本の軍部が推し進めた無謀な戦争は、敗戦という、かつて日本人が経験したことのない結果となる。そして生命保険業界も大きな痛手を受け、大同生命は株式会社から相互保険会社への転換を図り、会社再建の道を歩むこととなった。保険契約者が会社を相互所有することになり、これまでの大株主だった経営家には経営権だけが渡され、廣岡家はオーナー社長から一転して雇われ社長になってしまった。廣岡家の栄枯盛衰を痛感させられた瞬間だった。


祖父がゴルフというスポーツをはじめたのは、いつの時代だったのだろうか。アメリカ留学時代はヨーロッパ各地で戦火が絶えなかった。一九一八年に第一次世界大戦が終結し、再び海外渡航が自由になった。祖父はこのころヨーロッパ各地を三年間旅し、戦争の傷跡や、運よく無傷に残った遺跡などを巡り、恐らくその時、戦勝国英国でゴルフに巡り会ったようだ。本場英国のゴルフプレーやマナーを体験し、ゴルフの魅力に取りつかれたに違いない。

残念ながら、その当時の記録も、また祖父の回想も残っておらず、何というゴルフ場でプレーしたのかさえわからない。ただ欧米のゴルフの魅力に取りつかれ、日本に帰国した後、当時日本唯一のゴルフ場であった六甲山頂の神戸ゴルフ倶楽部でプレーしてみたいと思ったのはごく自然かもしれない。

祖父は帰国後すぐ神戸ゴルフ倶楽部に入会した。百二十八人のメンバー中、日本人はわずか十五人だった。ルールやマナーを重んじる欧米人は、日本人のマナーの悪さを嫌い、入会審査を厳格にしていた。この六甲山でのゴルフプレーは祖父にとって一番楽しいときでもあったようだ。

「留吉」さんとの出会いは祖父にとっては特に思い出に残るものであった。「留吉」とは宮本留吉、日本で三番目に誕生したプロゴルファーのことである。彼は小学校五年生のころから神戸ゴルフ倶楽部でキャディーのアルバイトをしていた。祖父はプレーするときは必ず留吉さんを指名した。まだあどけない顔の留吉少年は打球の行方やパッティングラインも正確に読んで指示してくれる。体は小さいが、力持ちで動きが俊敏だった。多分祖父は一目ぼれで気に入ってしまったのだろう。このときから祖父と留吉さんの長いゴルフ人生が始まった。

晩年、茨木カンツリー倶楽部で再会した二人は思い出話に花を咲かせ、時間の経つのも忘れるほどであった。宮本留吉は回想録の中で「私は、このような方を主人に持てたことは全く幸運としかいいようがない。広岡さんは八十歳を過ぎてもゴルフを楽しんでおられた。私はゴルフの効用を説く時、広岡さんの例を持ち出す。年をとって健康で、ゴルフという楽しみを持っていられるのは何にも勝る効用であろう。「ゴルフで得たものはゴルフに返せ」という言葉があるそうだが、広岡さんの場合は、壮年期にゴルフに尽くしたことが、晩年になって〝健康〟と〝楽しみ〟に返ってきたのである」と祖父の思い出を語っている（宮本一九八六、四二頁）。宮本留吉はプロになって日本オープン六回、日本プロ四回、関西プロ・関西オープン各四回の優勝を果たし、日本ゴルフ界に金字塔を打ち立てた。

祖父がゴルフ人生の中で一番心血を注いだのは京阪神の地でゴルフ場を造ることであった。夢のゴルフ場を造るため、欧米留学時に学んだゴルフ場のコースに関する知識をフルに活かした。足しげく通っていた神戸ゴルフ倶楽部は六甲山頂にあるため冬はクローズになる。そのため平地である現在の東灘区横屋辺りにハーフコースが造られていたが、土地が借地であったため、地主の事情で鳴尾浜への移転を余儀なくされた。祖父は、ゴルフ場を造るなら、借地では地主の都合でこのように移転を強いられるため、やはり根本から見直し、土地を買い取るための資金集めが一番大切だと考えて大阪財界人から協力を要請するための仲間を募った。ここから祖父たちの想像を絶する苦労がはじまった。

ゴルフ場用地には広大な面積が必要で、地価の高い阪神間は諦め、京阪間の辺りに的を絞って土地探しに全力を傾けた。この時の苦労話については祖父がしたためた『茨木の思い出』に、同志と共に悪戦苦闘した様子が記されている。ようやく理想の候補地が見つかり、祖父は同志と共に国鉄茨木駅から徒歩で村道を進み、田圃から池を見ながら更に進み、そこで疲れた足を休めた。皆で腰を下ろし、西方向を眺めたときの夕景が何とも言えぬ良い景色で、その美観に心打たれた

18番ホールより見た茨木カンツリー倶楽部のクラブハウス（1930年撮影）
出所：茨木カンツリー倶楽部所蔵。

廣岡正直と宮本留吉（1973年11月12日、茨木カンツリー倶楽部、50周年祝賀会にて）
出所：筆者所蔵。

祖父の頭の中に、一瞬未来のクラブハウスの造形とコースのイメージが浮かんできた。必ずや立派なゴルフ場が誕生すると確信したと、その著書に書かれている。

こうして祖父と同志たちの苦労が実り、一九二三年一一月、茨木カンツリー倶楽部は誕生した。そして二〇二三年には百周年を迎える。祖父は物静かな人だったが、茨木を語るときはお喋りになった。明治、大正、昭和の激動の時代を生き抜いてきた祖父。そして文字通り栄枯盛衰、人生の浮き沈みを体験した。鳥取県に生をうけ、京都に進学した学業優秀、スポーツ万能の青年が、縁あって大阪で一番の豪商加島屋久右衛門家の婿養子となり十代目当主久右衛門正直を襲名。銀行業、生命保険その他多岐に渡る事業を手掛け、日本の経済を牽引した。そして日本のゴルフの礎をも築いた。茨木カンツリー倶楽部、宝塚ゴルフ倶楽部の創立に寄与。日本ゴルフ協会理事、関西ゴルフ連盟理事などを歴任し、日本ゴルフ界に多大な貢献を果たしたとして二〇〇一年に「日本ゴルフ一〇〇年顕彰」の一人に選ばれた。

私が子供のころは、本当に厳しくて近寄りがたかった祖父だったが、晩年は優しいお祖父さんで、白浜や賢島、淡路鳴門など色んな所へ一緒に旅行した思い出がある。祖父が入院した病院にお見舞いに行ったとき、本当に嬉しそうに微笑んでいたのが最後の思い出になった。一九七八年一一月二六日、祖父は眠るようにその人生を閉じた。八八歳だった。人生を厳しい姿勢で生きた祖父。特にゴルフのマナー、ルールに関しては茨木で「警視総監」というニックネームがつくほど厳しく、皆に恐れられていた。祖父が常々口にしていた言葉は、「紳士は常に紳士」という英国の金言である。
紳士のスポーツをたしなむ者は、プレー中どんな不利な立場に追い込まれてもこの金言を忘れず紳士らしいマナーを発揮すべきである。一流選手の技術を真似るのは難しいが、良きマナーを見習うのは誰でもできる。ゴルフは紳士のスポーツ。今のゴルフ界を祖父は天国でどのように見ているか、聞いてみたい気がする。

参考文献
廣岡久右衛門（一九五八）『茨木の思い出』茨木カンツリー倶楽部。
宮本留吉（一九八四）『ゴルフ一筋——宮本留吉回顧録』ベースボール・マガジン社。

廣岡家に伝わるエピソード

西野久子

私、西野久子は、一〇代廣岡久右衛門正直（図0―3および表0―1参照）の孫として一九五九年に生まれ、久右衛門の一字を取って「久子」と名付けられました。

私は祖父母の最後の孫で、兵庫県塚口にあった家で両親が祖父母と同居していた時に生まれたのですが、祖母・郁は毎日、産後の母を病院に見舞い、祖父・正直は毎朝、私の授乳を見てから出社したそうです。

祖母は自分の子供には全て乳母を付け、育児をしたことがない人です。私は祖父母が育児に参加した唯一の孫でした。そんな祖父母がそれぞれ一度だけ私のおむつを替える羽目に陥ったことがあり、それは「廣岡家の一大事」だったと聞いています。家に伝わる写真で、乳母車を押す祖父や、私と手をつないで歩く祖父の笑顔を見ると愛情が伝わってきます。

父・正慶《まさよし》は私が七歳の時に癌で亡くなり、一六歳の時に祖母が、一九歳の時に祖父も亡くなりました。祖父母は私に婿養子をとるつもりだったようですが、私は二六歳で結婚して廣岡の姓ではなくなりました。残念ながら子供に恵まれず、私の子供を廣岡家の養子にして名を残すこともかないませんでした。

それから月日が流れ、「廣岡家」は私からどんどん遠ざかっていきましたが、このような機会を頂きましたので、子供の頃より祖父母、両親から聞いた話を少しご紹介したいと思います。

思い出は生家と共に

祖母・郁（一八八九－一九七四）は、九代加島屋久右衛門正秋の一人娘で、玉水町の屋敷、天王寺の屋敷と、ずっと大きな家で暮らしてきた人でしたので、晩年を過ごした塚口の家は小さすぎたようです。「三五〇坪の家では小さすぎて恥ずかしい」といつも言っていましたが、私にとって塚口の家は原点です。

敷地は東南角地で、東南角に大門がありました。大玄関を上がると左に応接間、右にお茶室がありました。応接間は東南西の三方に窓があり、明るくて庭の緑の中にいるようでした。祖父はそこでよく書き物をしていました。お茶室の濡れ縁の前の庭はずっと眺めていても飽きないほど美しかったです。ここで私は祖母からお軸のしまい方を学びました。

仏間には曾祖父母の遺影が掲げられ、「日本に三体しかない」という仏像の納められたお仏壇がありました。台所横にはお軸がぎっしりと収納された納戸がありました。

お庭は私が今まで見た中で最高のお庭でした。大門から大玄関へ続く石畳、南庭への入り口の木戸はずっと見ていても飽きないほど味がありました。南庭には大きなカエルの置物、灯籠、謂れのある井戸枠が配され、裏庭には納屋とバラ園がありました。夏はセミの大合唱で、セミの声を聞くと塚口の家を思い出します。

後に私は塚口から離れますが、遊びに行きますと、祖母は帰る私にお土産として庭の花を切ってくれました。祖父が丹精込めて育てたバラ園もその対象で、「お祖父ちゃんが怒るから内緒」と言いながら、チョンチョンと切っていました。祖母は祖父が怒ろうがヘッチャラだったみたいです。

祖父・久右衛門正直

祖父・正直は、九代加久の廣岡正秋の一人娘・郁の婿養子として廣岡家にやってきた人ですが、元の名は「三澤案山子《かかし》」であったと聞いています。祖母から「案山子という名が嫌で、久右衛門正直になって喜んでいた」と聞きました。母は祖父を評して「廣岡家を守ることに苦労された方」と申しておりましたが、その母も祖父から常々「廣岡家を守ってくれ！　守ってくれ！」と言われ続けていたそうです。

祖父は同志社大学のラグビー部初代キャプテンを務めたそうで、お正月はいつもテレビでラグビー観戦をしていました。相撲も好きで、私は何回か大阪場所の枡席に連れて行ってもらいました。枡席が窮屈だったこと、食べきれないほどのお土産の中でみつ豆が美味しかったことを覚えています。

祖父のあだ名は警視総監、真面目で厳しく怖い人だったそうです。孫の私には優しかった祖父ですが、母は「いつもキビシイお顔をしていらした」と回想しています。毎朝、聖書を読んでか

写真①　廣岡久右衛門正直と郁

出所：廣岡 H2−132−1−2。

ら出社する敬虔なクリスチャンでした。

祖父はパーティ好きな一面もあり、毎年クリスマス・パーティをしていました。ツリーを飾り、鶏肉を丸焼きにするなど、ご馳走を作り、アイスクリーム・ケーキやプレゼントを用意していました。親族が集まり、とても楽しかったことを覚えています。

第二次大戦後は、大阪の天王寺にあった屋敷の庭に畑を作っていました。塚口に移り住んでからは裏庭にバラ園をこしらえ、夏には畑でキュウリを作っていました。風呂場でシイタケを育てることもありました。褌は自ら洗い、冬は湯たんぽの残り湯で顔を洗う質実剛健な人でした。

母によれば、祖父は祖母・郁のことをとても大切にしていたそうで、君主と家臣の関係みたいであったと聞いています。祖父は祖母に尽くす人で、また祖母は祖父に尽くされる人だったと聞いています。私から見ますと、祖母・郁こそが廣岡家そのものでした。婿養子であった祖父は、それを誠実に支えることを使命と考えていた人でした。

写真②　昭和初期における廣岡家の家族写真

注：左から正荘（長男）、瑠璃子（四女）、郁、正直、允子（長女）、千鶴子（三女）、正慶（二男）。この内の瑠璃子が岡橋家に嫁ぎ、生まれた子が岡橋清元氏である。
出所：廣岡 H1-107-1-4。

祖母・廣岡郁

祖母は、いつも正座で座っている人、という印象があります。母が言うには「姿勢を崩している姿を見たことがない。いつもきちんとしていた。使用人を上手く使い、しっかり管理していらした」とのことです。

毎日、朝一〇時と午後三時にお茶の時間がありました。鶴屋饅頭、泉屋のクッキーなどのお菓子を頂き、私はお薄やお抹茶の点て方などを教えて貰いました。

祖母が塚口の「小さな」家に移り住む前、天王寺の屋敷に住んでいた頃ですが、私の父・正慶が小学校に持参したお弁当は、家にいたコックさんが作ったものだったそうで、先生までのぞきに来たので、父はそれが恥ずかしくて家に帰って食べていたと祖母から聞きました。

戦時中、空襲警報が鳴ると祖母は孫たちを防空壕に避難させる一方で、自分はお屋敷の自室でお気に入りの緑のお猿のぬいぐるみを側に置き、お薄を点てていたそうです。祖父が引きずるようにして連れて行こうとしたけれど、「私はここで死にます！」と言って防空壕に入らなかったと聞いています。

この他にも、祖母からは廣岡家にまつわる色々な話を聞きました。明治維新で返済されなかった大名貸の話、新撰組が置いていった借用証文の話、家の危機を救った「紅葉呉器《もみじごき》」の話、舟で行ける沢山の別荘の話、夏の避暑で訪れた六甲山にあった別荘の話、ホテルで主催したダンスパーティの話、伯母の允子《のぶこ》（写真②）が結婚する際には「家が傾くほどのお支度」をした話など、当時、母子家庭で県立高校の授業料を全額免除されていた私には、小説か、映画の話のように聞こえました。

祖母の話で一番ビックリしたのは、祖母が日本女子大学の学生だった時に過ごした寄宿舎での話です。いつまで待っても誰も給仕してくれず、初めて自分でご飯をよそうことを知ったと話していました。後日私は、平安時代の身分ある女性が自ら食事をよそうのは、非常にはしたないことであったと知って、祖母の状況が理解できました。

このように豪商の子孫らしいエピソードが印象深い祖母ですが、九代久右衛門正秋の死後、「はじめて自分がしっかりしなければならないと目が覚めた」と言っていたことも記憶に残っています。

祖母の死は突然訪れました。その日は高校の定期考査最終日で早く帰宅できたので、私は塚口の祖父母の家に寄りました。祖母は私にお薄を点てた後、気分が悪いと縁側で嘔吐し脳溢血で亡くなりました。お葬式の日、応接間で見た茫然自失の祖父の姿は衝撃的でした。「主君を失った家臣」みたいで、今も目に焼き付いています。私はショックで涙が止まらなくなり、二日ほど泣き続けていました。

廣岡家にあさが来た

私が五六歳の時、ＮＨＫ朝の連続テレビ小説「あさが来た」が大ヒットしました。ヒロインは廣岡家の分家に嫁いだ廣岡浅さん。そして同年、大阪くらしの今昔館で廣岡家が同館に寄贈した雛飾りが展示されました。戦争中、祖父が奈良の従兄弟（岡橋清元氏）の家に疎開させ、祖母が生前に「久子に見せたい」と言っていたものです。従兄弟たちと列席した、寄贈に対する感謝状の贈呈式と素晴らしい展示は、私にとって、廣岡家の一番華やかな思い出です。

最後に

廣岡家にとって最大の奇跡は高槻泰郎先生との出会いです。加島屋研究の第一人者として廣岡家に残された古文書などの資料の保存と研究にご尽力頂いています。

私は廣岡家を継ぐ者として生まれましたが、廣岡家の血を残すことはできませんでした。しかし、廣岡家に伝わった古文書等の資料を提供することで高槻先生の研究を支援し、教科書やドラマに加島屋（廣岡）久右衛門の名が出てくるようになれば、少しでも責任を果たしたことになるのではないかと思っています。

今回の振り返りで新たな気づきや発見があり、遠く離れていた「廣岡家」が私に戻ってきました。廣岡家に伝わるエピソードを披露する機会を設けて頂きました高槻先生に改めて感謝申し上げます。また、大阪くらしの今昔館の谷直樹前館長、大阪企業家ミュージアムの宮本又郎館長、大同生命コーポレートコミュニケーション部の方々、その他多くの方々にも大変お世話になりました。母や従兄弟たちは情報を提供してくれました。

皆様に厚く御礼申し上げます。

二〇二一年一二月末日

神戸中医学院 芦屋薬膳 代表 西野久子（旧姓：廣岡）

エピローグ

高槻泰郎・結城武延

加久にとっての富の源泉

以上、六章にわたって豪商・廣岡家の視点から日本金融市場の変遷を辿ってきた。米の取引市場から証券取引市場が生まれ、大名の資金調達市場として機能する。そこではより手広に投機取引を行いたいという思惑から、デリバティブ取引まで生み出された。大名の資金調達は、個別商家と大名との相対取引によっても行われ、そこでは現代で言うシンジケートローンの仕組みや、「リレーションシップ貸出」（巻末用語集「リレーションシップ貸出」も参照）と言うべき戦略も見られた。明治維新後は、銀目廃止、藩債処分などの激動を経て、近代的銀行業や保険業が確立した。

教科書で学ぶ金融史としては、右の経緯を踏まえて「日本の金融市場は江戸時代に一定程度の発展を見せ、明治維新後には近代的金融市場が勃興した」と理解すればよいのかもしれない。しかし、廣岡家の目を通して右の変化を追体験した時、そのように淡泊に整理してよいものでは決してなかったことが分かる。

ここであらためて廣岡家の歩んだ道のりを振り返ってみたい。間違いなく、廣岡家の繁栄は江戸時代に極まっていた。江戸時代における廣岡家が実現した「豪商」と呼ぶに相応しい繁栄は、何によってもたらされたものだったのか。

初代加久の起業家精神、四代加久の経営才覚など、属人的な要素を挙げることもできようが、加久が江戸時代の経済構造にうまくフィットする形でビジネスを展開した経営体であったこと、この一点に集約されるのではないだろうか。

江戸時代の経済構造とは以下である。米現物が年貢として徴収され、大坂を代表とする市場に輸送された後に販売され、その代金が各地に送金されて各種支出にあてられる。参勤交代によって江戸と国元の二重生活を強いられた大名にとって、米年貢の販売はもとより、販売代金の送金もまた重要な関心事であった。かかる経済構造の下、江戸・大坂・大名領の三点を結ぶお金の流れを握ったのが大坂商人だったのであり、その代表的存在のひとつが加久であった。

もちろん加久は最初からその地位にいたわけではない。米商人として、徐々に諸大名の年貢米を扱う商家として成長していった結果、諸大名に包括的な金融サービスを提供する商家（「館入《たちいり》」）にまで成長した（第1章・第2章）。

萩藩、津和野藩、中津藩に対して加久が提供したサービスは、定例・臨時の資金融通、産物売り捌きの代行ないし斡旋、そしておそらく送金であった。送金サービスについて「おそらく」と留保をつけたのは、顧客となった大名の資金を加久がどのように動かしたのか、十分に明らかにし得ていないからである。

実は、江戸時代の加久は大坂以外に店舗を持っておらず、したがって自前の送金ネットワークを持っていなかった。それでも問題なく大名御用を務めることができたのは、江戸時代中期以降になると、江戸・大坂間の為替送金をサービスとして提供する両替屋が増えており、それを利用することができたからであったと考えられる（森一九七〇）。

この点、一七世紀までは江戸・大坂間の物資輸送を自前で行っていた鴻池屋善右衛門などの豪商とは異なっている。鴻善は江戸に出店を持ち、自前の送金ネットワークを持っていたと考えられるのに対し、加久は大坂に腰を据えて、大名に対して包括的な金融サービスを提供していた。加久の強みは大坂の強みであり、大坂が諸大名のモノ・カネの流れを司る重要な市場であり続ける限り、それは加久にとっての「富の源泉」であり続けたのである（第3章）。

明治維新後の廣岡家

大坂（大阪）に腰を据え、自ずと集まってくる米や諸々の産物を押さえて大名から金利を受け取る。そのための手練手管に長けていた廣岡家であったが、明治維新という大きな構造変化によって、「富の源泉」を失うことになる。一八七三年の藩債処分によって、からくも旧大名への融資額の一部を回収できたものの、大名に対する包括的な金融サービスを提供するというビジネスモデルが失われたことに変わりはなかった。

廣岡家は、維新政府の臨時の借入金である会計基立金《かいけいもとだてきん》として、一八六八、一八六九両年で約二万両もの出金を行っているが、かつて大名に対して提供したような金融サービスを明治政府に対して提供することはなかった。旧萩藩（毛利家）との関係性を考えれば、政府要路に接近し、政府御用を請け負うこともできたであろうに、史料で確認できる限りでは、そのような動きは見出せない。

明治政府が必要とした金融サービスは、三井、島田、小野といった送金ネットワークを有する商家によって担われ、それも最終的には日本銀行が、中央官庁および府県の官公預金を管理する体制に収斂していった。江戸時代には送金サービスそれ自体を請け負うことのなかった廣岡家も、時代の変化に適応すべく、岡山藩の為替方という「新事業」を手がけているが、右の流れの中では長続きするはずもなかった（第4章）。

では、大名に代わるあらたな資金需要者として浮上してきた「会社」に対して金融サービスを提供するビジネスに移行することはできたのであろうか。

明治期以降の新しくも重要な資金需要者となった会社に対する資金供給の方法は、有価証券投資を介した直接金融と銀行融資を介した間接金融に大別される。廣岡家は、一八八八年に設立した合資会社・加島銀行をはじめとして、一八九五年に加島貯蓄銀行、一九〇二年に大同生命保険会社、一九二六年に加島信託会社と複数の近代的な金融事業を展開させて、有価証券投資や銀行融資を行ってきた。

しかし、江戸時代から金融事業を営んできた商家の多くは、明治期に近代的な金融事業者へ転身したものであっても、保守的な経営を行い、積極的にリスクをとった工業投資や融資を避ける傾向にあった（安岡一九九八）。家憲で家産維持を重視し、事業の将来性より安定性を優先した保守的な経営を行った鴻池家はそうした商家の典型的な事例であり（宮本二〇一〇）、廣岡家もその例に漏れることはなかった（石井二〇一〇）。

昭和金融恐慌を経て保険業へ

加島銀行は、一九一七年に株式会社に改組し、さらに加島貯蓄銀行を吸収合併するなど、一九一〇年代後半から二〇年代にかけて急膨張した。そうした拡張時期と金融業界に大打撃を与えた昭和金融恐慌とが重なり、多額の預金を流出させた加島銀行は経営状態が急激に悪化し、経営の立て直しはもはや不可能となった。そして破綻が確定したのち、廣岡家は、加島銀行の破綻・清算処理が金融業者としての信用を損なわないよう、すなわち、債権者や株主ができる限り損害を被らないよう対応することを迫られたのである（第5章）。

江戸時代から廣岡家が所有していた書画骨董・茶道具を大量に手放し、さらに財産管理会社の廣岡合名会社が所有する株式や廣岡家の人々が個人的に持っていた資産までも提供するといった努力の甲斐もあって、幸いにも廣岡家の評判が大きく下がることはなかった。昭和金融恐慌後も順調な発展を遂げていった廣岡の経営する大同生命保険会社の存在こそが、その証左である。大同生命が廣岡家のオーナー企業となり、組織内部が一枚岩となって迅速かつ効率的な意思決定を行い得たことが、この発展を支えた。それは、皮肉にも加島銀行の破綻によって、廣岡家の人材が大同生命の経営により集中できるようになったことで加速したのである（第6章）。

生き残った家・生き残れなかった家

こうして明治維新以降の廣岡家は、江戸時代に築き上げたような強固なビジネスモデルを築くことができないまま、昭和金融恐慌の荒波を経て、かつてのような財界における影響力を失なってしまった。

しかし、これは廣岡家に限ったことではない。加久や鴻善と並んで大坂を代表する豪商であった加島屋作兵衛（長田家、以下加作）は、明治維新後に倒産の憂き目に遭っている（濱田二〇二一）。豪商と呼ばれた家ですら、明日をも知れぬ状態であったのだから、それ以外の商家は言わずもがな、である。

事実、江戸時代以来の両替屋の内、明治以降も存続した家は少数であったことが確認されているし（粕谷二〇一五）、両替屋以外でも、江戸時代から明治・大正・昭和にかけて、経営体として連続した「家」はごく少数であり、明治維新や昭和（金融）恐慌によって多くが倒産を余儀なくされたことが明らかにされている（谷本二〇〇九）。

そのなかにあって、経営を連綿と続けている家に共通することは、意外にも事業内容を変更していることなのだという。ここから谷本雅之氏は、江戸時代以来の事業内容を否定するほどの改革を断行した家が生き残っているのではないか、との仮説を立てている。あくまでも仮説にとどまるとはいえ、事業整理と近代化、組織改革を行うことで財閥へ転身を遂げた三井（粕谷二〇〇二）や住友（畠山一九八八）の事例とも整合的であるし、廣岡家に当てはめてみても、首肯できる点が少なくない。

廣岡家の栄達は、米仲買から蔵元、蔵元から大名貸へ、という業態変化によって実現した。米そのものを取り扱う米市場から、米切手を取引する証券市場へと、大坂市場が変容していく中で、四代加久は「米切手巧者」の名を得た。そして旺盛な資金需要を持っていた大名を相手とするビジネスで豪商へと飛躍した。以上は金融市場の変化に巧みに対応していった結果であると評価できる。

一方、廣岡家の衰退は、大名貸から近代的銀行への業態変化が遅れたことによってもたらされた面がある。新時代の金融市場に求められるサービスを提供する役割を十分に果たすことができないまま、昭和金融恐慌を迎えている。

それでも廣岡家が財界に名を残すことができたのは、保険業という新事業への移行が契機となっている。資金源を保険料とし、資産運用は少額分散投資または不動産担保貸付という長期的かつローリスク・ローリターンのビジネスを志向した大同生命の経営方針（加入者優先、堅実経営）には、江戸時代に廣岡家が行ってきた長期的に投資を回収するというビジネモデルが、多少なりとも残ったと評価できるかもしれない。

「豪商の金融史」に何を学ぶか

大同生命を存続させる。この廣岡家の念願は、見事に果たされた。しかし、あらためて廣岡家が辿った歴史から日本金融史を眺めた場合、明治維新という構造変化の甚大なることと、その変化についていくことの難しさを思い知らされる。

廣岡家と同じく、明治維新後にかつての勢いを失った家である鴻池屋善右衛門を例として、先学が導き出した結論は、市場環境の急激な変化に対応しようとしたものの、巨額の家産を保有していただけに、それを守ろうとする意識が強く、新時代へ積極的に投じていく姿勢に欠けていた、というものである（安岡一九九八、一七四頁）。

そうした消極性・保守性をもたらした要因として、家政機構の問題が指摘されている。すなわち、経営を番頭・手代・丁稚に委ね、分家・別家を多数抱える中で、家長の没個性化が進み、思い切った改革を断行する際に桎梏となったのではないか、との指摘である（宮本二〇一〇、一一二―一四四頁）。

このように、鴻池屋善右衛門が明治維新後に辿った歴史は、同じく江戸時代の豪商であった三井・住友が、外部から優れた経営者を招き、思い切った改革を進めたのとは対称的に描かれてきた。

そして、この描き方は、維新後の廣岡家にもおおむね当てはめることができる。保険業への進出は功を奏したものの、銀行経営に見られた消極性は否めず、また、本書では触れていないが、家政機構の整理に廣岡家が苦心した点も共通する（小林二〇二二）。

廣岡家も、かつてほどではなかったにせよ、藩債処分を切り抜けて、明治維新前後で家産をそれなりに連続させていた。ヒトもしかりである。例えば幕末以来、加久の経営を支えた加輪上勢七は、加島銀行も支えた。したがって、カネ・ヒト・経営のノウハウはいずれも明治以降に継承されたはずである。それにもかかわらず、加島銀行には、かつて大名に対して展開したような包括的金融サービスを融資先の企業に対して提供した形跡が見られなかった。なぜか。

家政機構のあり方に起因する消極性・保守性も重要な要素であろうが、市場環境の変化を質的な変化も踏まえる必要があるのではないか。融資先が大名から「会社」に変わっただけ――後世の我々にはそう見えてしまうが、当事者にとっては同じではなかったのではないか。

大名貸経営と近代的な銀行経営で決定的に異なるのは、融資先の経営構造である。江戸時代の大名の中には、特産物の生産奨励を試みた家も少なくないとはいえ、基本的には米納年貢を基軸に財政を成り立たせている家が多かった。廣岡家をはじめとする大名貸商人は、究極的にはこの年貢収入を引当として融資を行い、時に返済猶予などを認めつつも、大坂にいながらにしてモニタリングを続け、長期的には融資した額以上の利子を受け取り、資産額を順調に増やしていた（第2章、第3章）。

一方、近代的銀行は、融資先企業の事業内容を評価して貸し付ける必要がある。企業は大名と違って、年貢などの恒常的な収入の保証はない。それゆえに、企業に融資を行う場合には事業内容を精査し、融資を行う必要がある。しかも、その事業内容とは、江戸時代には存在しなかった新しい事業であり、それを評価し、リスクをとって融資するだけの力量が廣岡家にあったのか、が焦点となる。

保険業への進出に関しては評価されるべきであるが、銀行業について言えば、廣岡家は新規事業に融資を行う積極性を持ち合わせていたとは評価できない。これは、保守性によるというよりも（そうした傾向は少なからずあったにせよ）、江戸時代の大名の経営内容を把握し、元利払いを求めるための手練手管が、大名貸とは似て非なる近代的銀行業において通用しなかったことが大きかったのではないか。それは加島銀行の拡大期であった一九二〇年前半に行った新規融資の失敗の不始末の事例からも推察できる（第5章）。

年貢という恒常的収入が期待でき、それが大坂に運ばれて換金されるという構造の下では、大坂に腰を据え、大名の財政担当役人と膝を突き合わせて談判し、融資するというビジネスモデルは成り立ち得た。一定以上の規模を誇る豪商であれば、大名に対して交渉力を発揮することもできたであろう。

また、廣岡家が館入を務めた家ではなかったが、細川家（熊本藩）は、財政が苦しい局面では領内で借り入れを行ったり、寄付金（寸志）を募集したりすることで、大坂での借金返済を実現していた（高槻二〇二一）。つまり、細川家は、年貢のみならず、領民の経済力も返済の原資として組み込んでいたのである。

この構造は明治維新によって崩れ、廣岡家も含む、江戸期以来の豪商は、各種公債を保有して金利生活者となるか、全く新しい事業への融資を余儀なくなされた。元々できていたことが突然できなくなったのではなく、全く新しい市場環境に直面していながら、その変化に対応できなかったことが、廣岡家も含む大坂の豪商が、かつての影響力を失った最大の要因であったとひとまず結論しておきたい。

この問題について、読者諸賢はどのようにお考えだろうか。右の問題は、金融史研究に限定される問題ではおそらくない。また学術の分野だけで答えが出る問題でもおそらくない。学術界と実業界の対話を経て、核心に迫っていくべき問題である。

今後も私たち執筆者陣は、廣岡家・大同生命が残してくれた大量の史料と向き合うことで知見を得、それを論文・書籍の形で公表することを地道に繰り返していくだろう。その過程で、学術関係者はもちろん、実務の世界におられる方々と対話することを大切にしたい。問題関心を共有する人々と共に、真相に向かって匍匐前進していくことができれば本望である。

最後に、本書編纂に当たってお世話になった方々に御礼を申し上げたい。

澤井実氏には、「大同生命文書」の調査、大阪大学への寄託に際してご尽力を賜った。宮本又郎氏には、「大同生命文書」の調査、岡橋家旧蔵の「廣岡家文書」の発見から調査に至るまで、様々な形でサポート、ご助言を頂き、本書の内容にも厳しくも温かいご助言を賜った。粕谷誠氏には、社会経済史学会、経営史学会において、我々研究グループの研究成果に温かく、的確なご批判を賜った。また、小倉義明氏、賀川隆行氏、柴本昌彦氏、高島正憲氏、中西聡氏、萬代悠氏、そして編集者である慶應義塾大学出版会の永田透氏よりは、本書の内容に関して建設的なご助言を賜った。右の方々のご指導がなければ廣岡家の個別実証研究にとどまっていたと思われる我々の研究は、不十分ながらも「金融史」を語るものになり得た。各章執筆者を代表して御礼を申し上げたい。

史料の整理に際しては、編者の主催する古文書勉強会「六史会」のメンバーである安藤久子氏、平幸治氏、西野昌樹氏、三宅コナン氏、そして神戸大学経済経営研究所・研究員の藤尾隆志氏、尾脇秀和氏（いずれも当時）、同研究所補佐員の松岡隆史氏、岩永典子氏（いずれも当時）の協力を賜った。膨大な古文書・古写真について目録を作成し、そして電子データ化するという、気が遠くなるような作業を比較的短時間に完遂できたのは、ひとえに右の方々のおかげである。

廣岡家研究の起動スイッチを押してくださったのは、大同生命の吉田一正氏であった。二〇一一年当時は別会社におられた吉田氏が、一一〇周年記念事業として所蔵史料の活用を考えていた大同生命に、その豊富な経験をもって具体策を提案し、かつ、編者を結び付け下さったことが全ての始まりであったことを考えれば、いくら感謝しても足りるものではない。

何より、貴重な史料を心よく提供してくださった、大同生命保険株式会社の関係者各位、とりわけ喜田哲弘氏、工藤稔氏、北原睦朗氏、小川琢磨氏、大枝恭子氏、藤井大輔氏、塚田晴久氏、郡清隆氏、そして、廣岡久右衛門家、五兵衛家、九兵衛家、九十郎家のご子孫各位に満腔の謝意を述べたい。本書のタイトルを『大同生命保険の歴史』あるいは『廣岡家の歴史』としないことをむしろよしとされた皆さんのご理解とご見識あってこその本書であったことを強調しておきたい。

これからも廣岡家・大同生命の史料を大切に受け継ぎ、研究を発展させていくことが、何よりの恩返しであると信じて、今後も執筆者一同、研究に邁進する所存である。

本書の元となった研究を遂行するにあたっては、以下の研究助成を受けた。列記して謝意を述べたい。JSPS科研費、25285100、26380436、16H03645、18K01730、18KK0343、21K01601、21K13334。

参考文献

石井寛治（二〇一〇）「両替商系銀行における破綻モデル」粕谷誠・伊藤正直・齋藤憲編『金融ビジネスモデルの変遷――明治から高度成長期まで』日本経済評論社、一七五–二〇三頁。
粕谷誠（二〇〇二）『豪商の明治――三井家の家業再編過程の分析』名古屋大学出版会。
粕谷誠（二〇一五）「近世から近代における大阪の両替商の発展と衰退」『創価経営論集』、第三九巻第一・二・三合併号、一四五―一五六頁。

小林延人（二〇二二）「明治前期における広岡家の経営改革と広岡浅子」吉良芳恵編『成瀬仁蔵と日本女子大学校の時代』日本経済評論社、一一一―一五一頁。

高槻泰郎（二〇二二）「大坂金融商人の成長と領国経済」今村直樹・小関悠一郎編『熊本藩からみた日本近世――比較藩研究の提起』吉川弘文館、一一二―一五〇頁。

谷本雅之（二〇〇九）「経営主体の連続と非連続」宮本又郎・粕谷誠編『講座・日本経営史 第一巻 経営史・江戸の経験――一六〇〇～一八八二』ミネルヴァ書房、二九一―三二六頁。

畠山秀樹（一九九六）『住友財閥成立史の研究』同文館。

濱田恭幸（二〇二二）「旧両替商長田家の処分と小西家――「長田事件」を中心に」飯塚一幸編『近代移行期の酒造業と地域社会――伊丹の酒造家小西家』吉川弘文館、一五七―一八三頁。

宮本又郎（二〇一〇）『日本企業経営史研究――人と制度と戦略と』有斐閣。

森泰博（一九七〇）『大名金融史論』大原新生社。

安岡重明（一九九八）『財閥形成史の研究〔増補版〕』ミネルヴァ書房。

『豪商の金融史』用語集

この用語集では、本書で用いられている重要な語句について、現代の我々にとってなじみ深い、感覚的に理解しやすそうなものであるからこそ、かえって江戸時代における意味合いに気がつきにくいものを取り上げて紹介する。

過去の事象を観察する際に、我々は現代の感覚や理解を動員する。これは致し方のないことで、過去の人々と同じ地平に立って物事を知覚することは、専門的に研究をする者であっても至難のことである。例えば我々（研究者も含む）は、つい「江戸時代の先物取引」、「商人の債権」といった言葉を使って、江戸時代の「帳合米商い《ちょうあいまいあきない》」や「大名貸《だいみょうがし》」を理解してしまう。が、後述するように現代の「先物取引」や「債権」と、江戸時代のそれらは、必ずしもイコールで結んでよいものではない。そうすることで、現代の先物取引や債権のイメージを、無意識のうちに、江戸時代に投影してしまうことにもなりかねない。

もちろん、過去から現在に至るまで通底しているものは存在する。現代的な理解や概念を使って過去の事象を説明することは有益な面もある。そうであればこそ、過去と現在で共通する点だけではなく、相違する点も意識し、これを楽しむことが大事なのではないだろうか。

商家の名前（プロローグ）

商家の名前は、屋号（家号）、店名前（みせなまえ、たななまえ）などと言われ、加島屋久右衛門のように「〜屋〜」の形をとることが多い（〜屋を名乗らない商家も存在する）。現代的感覚で言えば、会社名として理解してしまうが、江戸時代の場合、生身の人間である当主もまた、加島屋久右衛門と呼ばれ、それが家督相続に伴って世襲されるため、経営体としての加久を指しているのか、当主としての加久を指しているのか（それは何代目か）、きちんと区別しておかないと混乱が生じかねない。

事実、江戸時代においても、商家同士で書簡をやりとりする際に、宛所を「加島屋御店中」などとしている例が散見される。こうすることで、当主個人ではなく、店（で働く人々）に向けて書簡を出したことが明確になり、奉公人が開封することが可能になるからであろう。

こうした事情を踏まえ、本書では、経営体としての加島屋久右衛門と、生身の人間としての加島屋久右衛門を区別するために、後者を指す場合には「四代加久（吉信）」などと表記することにした。生身の人間としての加島屋久右衛門は、個人としての名前も持っているので、特定の個人を指したい場合には、名前を用いるのが便利だからである。

もっとも、この名前も決して一つではないことに注意が必要である。例えば初代・加島屋久右衛門は、廣岡冨政という苗字と名前を持ち、教西《きょうさい》という釋名も持っている。釋名は必ずしも死後の呼称ではなく、初代加久は自身の遺言書に「加島屋教西」と自署している（図1-1、三九頁）。また、幼名を持つ商人もいれば、雅号を持つ商人もいる。

商人に限らず、複数の名前を局面で使い分けたのが近世社会であり、原則として姓＋名に一本化された近代以降とは異なる感覚を持っていたことを理解する必要がある。

もっとも、近世社会の「名前」の使い方を奇妙と捉えるか、自由であると捉えるかは、それを見つめる我々の感覚が今後どのように変化していくかに依存して決まる。ネット上で複数の名前を使い分ける人々は、近世社会の「名前」の使い方に、むしろ親近感を覚える可能性すらある。

（文責・高槻泰郎）

債権（第1章）

『法律用語辞典（第五版）』（有斐閣）によれば、「債権」とは、「特定の者（債権者）が他の特定の者（債務者）に対して一定の行為、すなわち給付を請求することを内容とする権利」と説明されている。

我々の生活に身近なところで言えば、誰かに貸したお金を返してもらう権利などであろう。現代では、借りた相手が法人でも自然人でも、年上であっても年下であっても、借りたお金は原則として返さなければならないし、貸したお金は、正々堂々と返済を要求できる。この「権利」は、市場経済が発達していく中で、取引における金銭債権や、債権譲渡における譲受人の地位の保障が必要であったことから成立してきたものと考えられている。

これに対して江戸時代においては、たった一令で借金が帳消しにされることもあった。一七八九年（寛政元）、札差棄捐令である。この時に棄捐（放棄）された旗本・御家人の借金高は一一八万七八〇〇両余、当時の江戸幕府の年間歳入の、ほぼ半分に匹敵する金額であった。また、第3章で紹介されている通り、江戸幕府は商人の対大名「債権」を積極的に保護しなかったため、加久のように、貸し付けた資金の回収を一定程度実現した家もあった一方で、踏み倒しや一方的な返済の遅延を受けた商家も多かった。

では、江戸時代の「債権」は全く保護・尊重されないのか、というとそうではない。「債務者」が町人である場合は、江戸幕府は、訴訟を受理して弁済を促していたし、特に大坂町奉行所は「債権者」の立場に立った対応をとったことで知られる。

また「債務者」が大名の場合でも、「債権者」は武家に対する貸付の「債権」保護が脆弱であったことを理解していたので、大名に融資する目的で、彼らが管理する大坂の蔵屋敷に質権を設定する際、大名の代理人としての商人（用語集「館入《たちいり》」を参照）を通して融資し、訴訟時には町人同士の対決となるような契約を望むこともあった。この場合、大名が返済を遅滞すると、町人同士の訴訟として受理され、蔵屋敷の差し押さえが執行されることもあった。

要するに江戸幕府は、今日で言う「債権」を一般に保護したわけでも、反対に軽視したわけでもなく、どの身分の、どの身分に対する「債権」か、法が定める通り質権を設定していたか否か、など、様々な条件を考慮して区別していたのである。どの「債権」が守られるべきで、どの「債権」がそうでないのか、を選り分けることが当たり前に行われていたということであり、その判断基準も時代によって異なっていたと考えられる。当然、商人はそのことを前提に商業活動を行っていた。

こうしたものを指して「債権」という法律用語を当てることは果たして妥当なのか、議論の余地があるが、差し当たって右のような権利を表象する言葉を我々は持たないので、「債権」という言葉を本書で便宜的に用いることをよしとされたい。

【付記】

本項を執筆するに際して、松園潤一朗氏（一橋大学）、萬代悠氏（公益財団法人三井文庫）の助言を得た。お名前をここに記して謝意を述べたい。

（文責・高槻泰郎）

貨幣制度（第2章・第4章）

江戸の金遣い、上方の銀遣い、という言葉がある。これは江戸では貨幣として金が用いられ、上方では銀が用いられたことを示すものと思われがちだが、正確には、価値の表示尺度が江戸では金建てで、上方では銀建てであった、ということを意味している。したがって、銀建てで価値を表示した大坂においても、金貨や銭貨で支払いがなされることは一般的であった。いや、銀貨が払底していた江戸時代中期以降にはそれが普通であった。したがって、大坂での物価が「銀〜匁」と表記されていても、これは銀塊ないし銀貨の重さを示しているのではなく（元々はそうだったのだが）、ただの「価値」である。

この時点で現代の我々には難しい。銀建てで請求されて、金貨で支払って、銭貨でお釣りをもらう世界を想像するだけで難しい上に、銀貨が物体としては存在しない世界を想像しろと言われたら混乱してしまうのが普通である。しかし、江戸時代の人々にとって、それは日常であり、現代とは違う常識に生きていると考えた方がよい。

江戸時代には、金建て〈両―朱〉・銀建て〈貫―匁―〉・銭建て〈貫―〉が混在し、金建ては一両＝四分＝一六朱という四進法、銀建てと銭建ては一〇進法で表された。さらに、金・銀・銭の三者間の交換レートが日々変動していた（庶民の消費生活に直接影響する銭のレートについては政策的に決定されていた側面が強い）。大坂では、北浜にあった金相場会所（現・大阪取引所）で形成されたレートが、商取引において参照されていた。

明治に入り、銀建てでの計算が廃止されたことを受け（「銀目廃止」）、加久ら、大坂の大名貸商人は、大名への融資金額を銀建てから金建てに切り替える必要に迫られた。その際に金と銀の交換レートをいくらに設定するかが重要な問題として浮上したこと、最終的に「円」という単一の通貨を軸とする貨幣体系に収斂していったことについては、第4章に詳しいが、右の複雑な貨幣体系を踏まえてからお読み頂くと、明治期の変革がいかに加久らに衝撃を与えるものであったかを実感して頂けるのではないかと思う。

（文責・高槻泰郎）

先物取引（第2章）

「先物取引」と聞くと、商品先物取引を連想される方が多いのではないだろうか。将来時点において、オレンジや大豆などを、あらかじめ決められた価格で買う（あるいは売る）ことを「今」契約することを一般的に「商品先物取引」と呼んでいるが、こうしておくことで、オレンジジュースのメーカーは、将来時点において買うことになるオレンジの価格が上昇してしまうリスクに備えておくことができる。反対にオレンジ農家は価格下落リスクに備えておくことができる。

これが商品先物取引の教科書的理解であろうが、この理解を江戸時代に当てはめてしまうと、正確な理解から遠ざかってしまう。世界初の組織的な先物取引市場は、江戸時代の大坂に生まれた。こう言われることも多いため、堂島米市場では、将来時点に買う（売る）コメの価格を「今」決めておく商品先物取引が行われたのではないかと思われがちであるが、全くそうではない。そこで行われた先物取引は、商品先物取引ではなく、どちらかと言えば、日経225先物やTOPIX先物のような、指数先物取引に近い構造を持っていた。

本文で述べた通り、堂島米市場における先物取引（帳合米商い）は、コメ実物のやりとりを一切想定しておらず、断じて商品先物取引ではない。帳合米を買っても、帳合米なる物体が将来時点で手に入るわけではない。なぜなら、帳合米は帳簿上にしか存在しない、いわば「指数」だからである。

帳合米商いは、一般的な商品先物取引とは違って、価格変動リスクを回避するために生まれたものではなく、より取引がしやすい（あえて現代の言葉を使えば「流動性の高い」）投機市場を創りたい、という市場参加者の願望から生み出されたものである。次第に取引が拡大していくにつれ、価格変動リスクを回避する、という機能が事後的に「発見された」のである。

江戸時代の人々は、自分たちが行っていた取引を「先物取引」とは呼ばなかった。管見の限り、「先物取引」の語が使われるようになったのは、明治期、それも後期以降である。

（文責・高槻泰郎）

商家の継承（第2章）

経営体としての「加島屋久右衛門」を所有しているのは誰か。加久の勘定目録（決算簿）を見ると、店の収入から、当主を含む廣岡家親族の生活費や茶道具の購入代などが支出されていたことが確認できる。所有者と経営者が分離された会社・企業においてはまずあり得ないことであり、加島屋久右衛門という経営体は、当主・久右衛門によって所有されていると考えるのが普通である。しかし、ことはそれほど単純ではない。

第2章で紹介されている四代加久（吉信・喜西）の遺言に、「本家名跡相続と申す儀、大切なる因縁に候間、必々うかうかと存ぜず」との一文が出てくる。この「因縁」の意味をどう理解するかが難しいが、名跡を相続するということは大切なことと心得よ、という趣旨であることは確かである。加えて、後継の五代・正房について、もし身持ちが宜しくないようであれば隠居させるように、と妻などに対して指示している。

もし加島屋久右衛門という経営体が、当主個人のものであるならば、こうした認識は成り立ち得ない。明らかに五代目当主となる正房よりも、経営体の存続に重きが置かれている。

その一方で、第1章で紹介されている初代加久（冨政・教西）の遺言は、「自分が稼いだ金を自分の好きなように使って何が悪い」という趣旨で一貫しており、あたかも店の財産は、初代加久の所有物であるかのような書きぶりである。

つまり、経営体としての加島屋久右衛門は、その創業時においては、当主である初代加久のものと認識されていたが、代を追うごとに当主個人のものではなくなっていったのである。歴代当主は、さながら駅伝のランナーのように「加島屋久右衛門」と書かれた襷をリレーしていくのであり、これが「名跡相続」という言葉が指す内容であった。

このような所有のあり方を三井家に見出した安岡重明は、これを「総有制」と呼んだ（安岡一九九八b）。三井家の場合、同族組織による「総有」という横のつながりも強く意識されているが、近世商家を「縦の法人」と表現していることからも分かる通り、先祖も含めた「総有」が念頭に置かれている。

加島屋久右衛門を襲名するということは、加島屋久右衛門という店の名前と財産を、次の世代に受け継ぐ責務を負うのだ、ということを四代吉信は五代正房に伝えたかったに違いない。所有者と経営者が未分離でありながら、所有者は生身の個人（当主）ではなく、当主の恣意のみに経営が委ねられているわけではない。江戸時代の商家、それも代を重ねている商家を見る際は、こうした特質を念頭に置く必要がある。

（文責・高槻泰郎）

館入《たちいり》（第3章）

江戸時代において、大名の財政向きに関する御用を請け負った商人の内、特に当該大名と長期的かつ深い関係を有した商人は「館入」と呼ばれ、単に大名に融資を行う者＝「銀主（ぎんぬし／ぎんしゅ）」とは区別されていた。

例えば中津藩にとって加久は館入であったが、第3章で活写されている通り、中津藩は加久からの「気受け」をうかがいながらの財政運営を迫られていた。同様のことは他の大名についても指摘できる。つまり、館入はお金も出せば、口も出したのであり、いや出せたのであり、大名にとっては頼もしい存在である反面、口うるさい監査役でもあった。

館入と呼ぶかどうかは大名ごとに異なるが、大坂に蔵屋敷を設けた大名の多くが、同じように特定の商家に一定の格式を与えるなどして差別化し、資金繰りを依存することしばしばであった。例えば、加久と同業の鴻池屋善右衛門は、広島藩、土佐藩、岡山藩などの館入を務めていたし、加島屋作兵衛は熊本藩や秋田藩などの館入を務めていた。

この館入について、館入という言葉のまま理解できる人は限られるので現代語訳を与えたいところだが、これがなかなか難しい。「(金融)御用達商人」では物足りない。一般の御用達商人(=銀主)とは一線を画していたのが館入だったからである。例えば、館入は藩主が参勤交代で大坂を通過した際に「お目見え」を許される(場合によっては「独礼」といって単独での面会を許される)のに対して、一般の銀主はそれを認められないなどの差が設けられる場合があった。江戸時代においては「お目見え以上/お目見え以下」の区別が大きな意味を持った。

では、メインバンクではどうか。一社につき一行が優越的な地位を保持するものとしてのメインバンクに対して、大名と館入の関係は、一対複数になり得る。熊本藩や萩藩ともなれば、複数の商家を館入として抱えていたし、それらに扶持や知行をあてがうことによって、擬制的な主従関係を結ぶこともあった。経済的な利害を超えて、大名の金融御用を果たす家、果たすべき家。そうした定義をする研究者もいる。

江戸時代の館入に現代語訳をつけることが難しい、ということを知ることを一歩目として、今後、金融実務に携わる方々や現代金融論研究者との対話が進めば、館入の対訳が見出せるかもしれない。

（文責・酒井一輔、高槻泰郎）

機関銀行（第5章）

「機関銀行」という言葉は今ではあまり聞かれなくなったが、戦前日本において重要な意味があった。機関銀行とは、ある出資者が設立した銀行がその出資者の関係する事業への貸出のための資金調達機関になっていることを指す。一八九〇年代後半からジャーナリズムで用いられた用語であり（村上一九八三）、本書第6章の史料三（二五二頁）にもあるように、特定の事業と銀行との癒着関係を示すものとして当時から問題視されてきた。

この機関銀行を、イギリスの商業銀行やドイツ信用銀行と対置させて、戦前日本の普通銀行の特質であると論じて、その後の日本金融史に大きな影響を与えたのが、加藤俊彦『本邦銀行史論』（加藤一九五七）である。加藤は、機関銀行の特徴として次の点を指摘した。

①銀行の取締役（兼大株主）が経営する事業会社と密接な関係（重役の兼任や株式の相互所有、多額の融資）にある。②戦前の普通銀行は、大は財閥銀行から小は地方の零細銀行にいたるまで「機関銀行」的性格を有している。③ドイツと同様に企業の設立や設備投資に対して資金提供するが、

証券発行引受業務を中心としたドイツと異なり、日本は主として長期貸付を行っていた（加藤一九五七、村上一九八三）。

銀行が企業に貸出を行う場合、一般的には企業の内部情報が見えにくいため、求められた金額よりも貸付を押さえる傾向にあるが、機関銀行の場合、その懸念がないため、積極的に貸付を行うことができる。しかし、これが行き過ぎると、貸付先企業の業績が悪化した場合に債務不履行のリスクが高まり、株主と預金者の利益が損なわれる可能性が高くなる。

こうした視点から機関銀行の実態について統計的な分析を行った研究によれば、機関銀行は他の銀行と比較して相対的に収益率（ＲＯＥ）が低く、その傾向は複数企業の機関銀行となっている銀行において強いことが明らかになっている（岡崎二〇一七）。他方、銀行数が急速に減少する一九二〇年代において、この弊害は機関銀行の解散・破産・廃業といった淘汰のメカニズムによって緩和されたことも示されている。この見解は、昭和金融恐慌の帰結が金融システムの効率化につながったという通説を支持している。

このように現代的観点からいえば、負の面が強調される機関銀行であるが、金融市場が未発達であった時期（日本が急激に工業化した時期にも重なる）において果たした重要な役割もまた見逃すべきではない。一九二〇年代以前の研究が今後進んでいけば、機関銀行に関する見方も変わるかもしれない。

（文責・結城武延）

金融恐慌（第5章）

金融危機（恐慌発生前後を含めた経済現象を「金融危機」としている）研究の泰斗であるキンドルバーガーは、一七世紀の神聖ローマ帝国から現代に至る世界各地で発生した金融危機を分析して、そのパターンの抽出を試みた（キンドルバーガー二〇〇四、初版は一九七八年）。まず、金融危機の発生前に人々が「熱狂」する、すなわち人々は予想しない大きな出来事（戦争や大きな政変など）が起こった際に、金融資産のファンダメンタルズを越えて取引する。熱狂により取引活動が過熱する（いわゆるバブル）と、現金が不足して金融市場における現金の超過需要が生じる。そして株式や金利、不動産など金融資産の価格の値上がりが停止し、銀行から預金が一斉に引き出され、企業の手形が不渡りになり、銀行や企業の倒産が連鎖する、すなわち「恐慌」が発生する。恐慌の発端は、ある地域で起こるが、それが国内全体へと、時には海外へと広がる。また、たとえば株式市場で起こった恐慌が、為替市場や商品市場など市場をまたいで広がっていく。この一連の現象が金融危機である。

金融の安定性は、取引に関する「信用」が非常に大きな役割を果たしている（櫻川二〇二一）。この「信用」は取引（しばしば手形によって取引される）において、買い手の信用を裏付ける適格な担保が重要である。つまり、商品を担保に手形が振り出されている限り、信用の供給額は取引額の大きさを超えることはない。言いかえれば、適格な担保がない手形（融通手形）が大量に振り出されたり、経済の実態から乖離した担保が増加したりすれば、金融が不安定になり、恐慌が発生する原因になるのである。

昭和金融恐慌を振り返ってみれば、金融危機のパターンの法則どおりであるように思われる。まず、第一次世界大戦（一九一四〜一八）によって生じた新たなビジネスの拡大により大戦景気を迎えて、急激なインフレと金利低下が生じたことで、資産家や事業家の投資意欲が刺激されて、人々が「熱狂」して株式投資を行った結果、バブルが発生し、一九二〇年には崩壊した。その後、第5章でも述べたように、関東大震災を受けて、日本銀行が大量の「適格な担保がない」震災手形を発行したことが、のちの昭和金融恐慌へと繋がるのである。

ところで、キンドルバーガーが金融危機において非常に重視したのは、発生後の「対策」であった。国内であれば中央銀行、国際市場であれば国際通貨基金などの機関が最後の貸し手となって、金融危機に対応することが、その後の展開に大きな影響を与えると指摘している。昭和金融恐慌の際にも日本銀行は最後の貸し手となって公的資金を注入して銀行の救済・整理を行うと同時に、政府は銀行法（一九二七年）を制定して銀行経営の規律を強めた。恐慌が速やかに収束して金融システムが効率化した帰結をふまえれば、昭和金融恐慌は現代においても示唆に富む、歴史的教訓と評価できるだろう。

（文責・結城武延）

株式会社制度（第6章）

現代の「日本型」企業統治とは、従業員出身の経営者が経営を担い、株式は分散して所有され、取引先企業や融資を受けている銀行と株式を持ち合い、それらが安定株主となっている状態を指す（田中二〇一四）。他方、戦前日本の株式所有構造は、株主層は個人投資家が多く、大株主が取締役を兼ねていた。法人株主が増えて従業員出身の経営者が一般的になるのは、一九三〇年代以降からである。

また、現代において、少数株主保護などの投資家保護が制度化されているが、戦前日本ではそうした諸制度が不十分であった。そのため、利害関係者の対立により、しばしば株主総会が紛糾した。このように、活発な株主総会と大株主で構成される取締役会によって経営者が選任・監視されるというのが戦前日本の企業統治の常態であった。

現代と戦前でそうした違いが生まれた背景には、明治初期から徐々に形成された株式会社制度の歴史がある。一八七二年に制定された国立銀行条例（国立とあるが、国の法律に基づいて作られた民間銀行）により、株式会社の銀行を設立するための制度が作られた。条例により設立された銀行は、法人格や有限責任制度、会社機関（株主総会や取締役会）、株式の自由な譲渡といった株式会社の特徴を備えていた（ただし、設立は政府による認可を必要とする認可主義）。この条例は、アメリカの

National Bank Actをもとに作られたため、会社機関もアメリカのそれに模して作られており、取締役は規定されていたが、経営や会計を監査する監査役は規定されていなかった。国立銀行が各地に設立されたことは、一般に会社に関する知識が広まる契機となった。

さらに株式会社制度が展開するきっかけとなったのが、一八九九年の商法の制定である。法律の一定要件を備えていれば会社設立を認められる準則主義が採用され、株主総会は最高意思決定機関で、取締役の指揮監督をなしうることとされた。また、この商法は、ドイツ人の商法学者を招聘して制定されたため、会社機関もドイツ商法の影響を受けて、監査役が規定された。ドイツでは法的な規定はないものの、監査役会が取締役を選任することが実態であった。他方、日本ではすでにアメリカの制度を前提に株主総会で取締役が選出されていたため、取締役と監査役双方が株主総会で選出されることとなった。また、実際には監査役の人事は取締役によって株主総会で提案されていたので、日本の会社機関はドイツに比べて取締役の立場が強く、監査役の立場が弱かったといえる。

そしてGHQによる戦後改革で一九五〇年に商法が改正されると、株主総会と監査役の権限が縮小して、経営の意思決定の多くを担う形で取締役会の権限が強化された。さらに、財閥解体やインフレ、財産税により資産家の多くが没落し、戦前以来の大株主が消滅することで、現代の「日本型」企業統治が誕生したのである。

（文責・結城武延）

リレーションシップ貸出（エピローグ）

加久や鴻善などの豪商が、大名に融資を行う際にとった戦略は第3章で紹介されている通りである。蔵屋敷に立ち入って御用を務めることから「館入」と呼ばれた彼らは、本来であれば知り得ない様々な情報を得て、融資の判断を行っていた。

これを「リレーションシップ貸出」と呼びたくなるのは自然なことである。リレーションシップ貸出とは、取引関係を通じて蓄積される借手に関するソフト情報（文書化が難しく、他人に伝えることが困難な質的な情報）に依存して融資判断が行われるような貸出として定義されている。これに対して、ハード情報、すなわち客観的であり、かつ文書化が可能な量的情報に基づいて融資を行う場合は、たとえ借手・貸手の関係性が継続的であっても、厳密にはリレーションシップ貸出とは呼ばれない（内田二〇一〇、第2章）。

しかし、現代において貸手、例えば銀行がどういった情報を借手から得ているのか、外部の人間が直接観察することは難しい。たとえ観察できる立場にあっても、それを外部に発信することは不可能であろう。

この点、加久・鴻善らの豪商が、大名から引き出した情報については、史料から直接明らかにできる場合もある。例えば、加久が中津藩に対して財政資料の提出を求めていたことが第3章で紹介されているが、現代では決して観察できないやりとりであると言える。右で言う「ソフト情報」にあたるものが史料上に観察される可能性もある。

今後、金融実務家・現代金融論研究者と金融史研究者の対話が生まれれば、我が国金融市場が培ってきた「リレーションシップ貸出」の技術がより多く復元されるかもしれない。ただし、それが江戸時代から現代まで連綿と続いていたものであったのか、断絶を挟むのか、については慎重に判断する必要がある（エピローグを参照）。また、現代で言うハード情報は、第三者による監査を経て公開されているものも含まれるのに対して、江戸時代にそのような監査制度は整っていないこと、江戸時代においては対大名「債権」が法的には保証されない環境であったことなども念頭に置かれるべきである（用語集「債権」も参照）。

（文責・高槻泰郎）

文献案内（※直接参照した文献の他、さらに深い学びを得るための文献を掲載した）

岩橋勝編著（二〇二一）『貨幣の統合と多様性のダイナミズム』晃洋書房。

内田浩史（二〇一〇）『金融機能と銀行業の経済分析』日本経済新聞出版社。

大平祐一（二〇一三）『近世日本の訴訟と法』創文社。

岡崎哲二（二〇一〇）「銀行業の産業組織と産業・企業金融」深尾京司・中村尚史・中林真幸編『日本経済の歴史』岩波書店、一一一-一三七頁。

加藤俊彦（一九五七）『本邦銀行史論』東京大学出版会。

金森正也（二〇二一）『秋田藩大坂詰勘定奉行の仕事――「介川東馬日記」を読む』秋田文化出版。

金田平一郎著・和仁かや監修（二〇一八）『近世民事責任法の研究』九州大学出版会。

キンドルバーガー、C・P（二〇〇四）『熱狂、恐慌、崩壊――金融恐慌の歴史（第四版）』吉野俊彦・八木甫訳、日本経済新聞社。

小早川欣吾（一九五七）『近世民事訴訟制度の研究』有斐閣。

小林延人（二〇一五）『明治維新期の貨幣経済』東京大学出版会。

小林延人編（二〇二〇）『財産権の経済史』東京大学出版会。

櫻川昌哉・福田慎一編（二〇一三）『なぜ金融危機は起こるのか』東洋経済新報社。

櫻川昌哉（二〇二一）『バブルの経済理論――低金利、長期停滞、金融劣化』日本経済新聞出版。

鎮目雅人編（二〇二〇）『信用貨幣の生成と展開――近世〜現代の歴史実証』慶應義塾大学出版会。

神保文夫（二〇二一）『近世法実務の研究（上）・（下）』汲古書院。

高槻泰郎（二〇一四）「近世中後期大坂金融市場における「館入」商人の機能」『日本史研究』第六一九号（三月）九一－一〇七頁。

高槻泰郎（二〇一八）『大坂堂島米市場――江戸幕府VS市場経済』講談社。

高槻泰郎（二〇二一）「長期相対融資慣行の形成」『経済セミナー』第七二〇号（七月）七八－八五頁。

高槻泰郎・上東貴志（二〇二二）「投機かリスクヘッジか――堂島米市場再考」『経済史研究』第二五号（一月）一－二七頁。

高橋亀吉・森垣淑（一九九三）『昭和金融恐慌史』講談社学術文庫。

高村直助（一九九六）『会社の誕生』吉川弘文館。

田中亘（二〇一四）「会社法制と企業統治――企業所有の比較法制度分析」中林真幸・石黒真吾編『企業の経済学――構造と成長』有斐閣、六七－一〇〇頁。

星岳雄・カシャップ、A（二〇〇六）『日本金融システム進化論』鯉渕賢訳、日本経済新聞出版。

萬代悠（二〇二一）「三井大坂両替店の延為替貸付――法制史と経済史の接合の試み」『三井文庫論叢』第五五号。

三井文庫編（二〇一五）『史料が語る 三井の歩み――越後屋から三井財閥』同文庫発行。

宮本又郎（一九八八）『近世日本の市場経済――大坂米市場分析』有斐閣。

宮本又郎（一九九〇）「産業化と会社制度の発展」西川俊作・阿部武司編『日本経済史4 産業化の時代（上）』岩波書店、三五一–四〇一頁。

村上はつ（一九八三）「普通銀行」加藤俊彦編『日本金融論の史的研究』東京大学出版会、三八三–四三八頁。

安岡重明（一九九八a）『財閥経営の歴史的研究』岩波書店。

安岡重明（一九九八b）『近世商家の経営理念・制度・雇用』晃洋書房。

我妻栄（一九五三）『近代法における債権の優越的地位』有斐閣。

章扉画像の出所

プロローグ　「浪華名所独案内」大阪市市立図書館デジタルアーカイブ

第1章　「書置之事」廣岡12-22

第2章　「米穀売買出世車図式」神戸大学経済経営研究所蔵

第3章　「書取」廣岡20-14-2

第4章　「金穀出納取締役辞令」大同B6-42-1

第5章　「加島銀行事務章程」廣岡13-109-23

第6章　「中川小十郎電文「シャメイダイドウトキメタ」」大同生命保険株式会社大阪本社蔵

エピローグ　「加島屋本宅」大同生命保険株式会社大阪本社蔵

マ行

ヤ行

ラ行

タ行

ナ行

ハ行

索引

ア行

カ行

サ行

芹口真結子（せりぐち・まゆこ）　（コラム）

岐阜大学地域科学部助教。一橋大学大学院社会学研究科博士後期課程修了。博士（社会学）一橋大学。専門は日本近世宗教史。著書に『近世仏教の教説と教化』（法藏館）がある。

小林延人（こばやし・のぶる）　（第4章）

東京都立大学経済経営学部准教授。東京大学大学院人文社会系研究科博士課程修了。博士（文学）東京大学。専門は日本経済史。著書に『明治維新期の貨幣経済』（東京大学出版会）などがある。

村和明（むら・かずあき）　（コラム）

東京大学大学院人文社会系研究科准教授。東京大学大学院人文社会系研究科博士後期課程修了。博士（文学）東京大学。専門は日本近世史。著書に『近世の朝廷制度と朝幕関係』（東京大学出版会）などがある。

結城武延（ゆうき・たけのぶ）　（第5, 6章、エピローグ、用語集）

東北大学大学院経済学研究科准教授。東京大学大学院経済学研究科後期博士課程修了。博士（経済学）東京大学。専門は日本経済史・経営史。主要業績に「企業統治における株主総会の役割——大阪紡績会社の事例」『経営史学』第46巻第3号、「倉敷紡績の経営分析——いかに競争優位を確保したのか」阿部武司編『大原孫三郎——地域創生を果たした社会事業家の魁』（PHP研究所）などがある。

吉良芳恵（きら・よしえ）　（コラム）

日本女子大学名誉教授。早稲田大学大学院文学研究科修士課程修了（修士）。専門は日本近現代史。編著に「徴兵制における「所在不明者」」（上山和雄編『帝都と軍隊』日本経済評論社）、『日本陸軍とアジア政策』（宇都宮太郎関係資料研究会編、岩波書店）、『成瀬仁蔵と日本女子大学校の時代』（日本経済評論社）などがある。

岡橋清元（おかはし・きよちか）　（コラム）

清光林業株式会社 会長

西野久子（にしの・ひさこ）　（コラム）

神戸中医学院芦屋薬膳 代表

編著者紹介

高槻泰郎（たかつき・やすお）　（プロローグ・第1，2章、エピローグ、コラム、用語集）
神戸大学経済経営研究所准教授。東京大学大学院経済学研究科後期博士課程修了。博士（経済学）東京大学。専門は日本経済史。著書に『近世米市場の形成と展開——幕府司法と堂島米会所の発展』（名古屋大学出版会）、『大坂堂島米市場——江戸幕府vs市場経済』（講談社現代新書）などがある。

執筆者紹介（執筆順）

谷直樹（たに・なおき）　（コラム）
大阪市立大学名誉教授。京都大学大学院工学研究科博士課程単位取得退学。京都大学工学博士。専門は日本建築史。著書に『中井家大工支配の研究』（思文閣出版）、『町に住まう知恵——上方三都のライフスタイル』（平凡社）などがある。

服部麻衣（はっとり・まい）　（コラム）
大阪市立住まいのミュージアム（愛称：大阪くらしの今昔館）学芸員。京都市立芸術大学大学院美術研究科修士課程芸術学専攻（芸術学）修了。専門は美術教育。『浪花のひな祭』（摂南大学外国語学部・大阪くらしの今昔館）「博物館の展示をつなぐ——コロナ禍の「まなびプログラム」を中心に」（大阪市立住まいのミュージアム研究紀要・館報第19号令和2年度）などがある。

酒井一輔（さかい・かずほ）　（第3章、用語集）
東北大学大学院経済学研究科准教授。東京大学大学院経済学研究科博士後期課程修了。博士（経済学）東京大学。専門は日本経済史。論文に「幕末期旗本財政の変容と地域経営」『社会経済史学』第80巻2号、「近代移行期における共有財産の再編と地域統合」『社会経済史学』第84巻2号などがある。

倉林重幸（くらばやし・しげゆき）　（コラム）
豊田市生涯活躍部文化財課博物館準備室主任主査（豊田市郷土資料館学芸員）。大阪大学大学院経済学研究科博士後期課程単位修得退学。修士（経済学）大阪大学。専門は日本経済史・経営史、茶道史、茶道美術。主著に『渡邉半蔵家——徳川を支えた忠義の槍』（豊田市）、「近世後期大坂豪商・廣岡久右衛門家の茶の湯」（『茶の湯文化学』第38号掲載予定）などがある。

豪商の金融史
——廣岡家文書から解き明かす金融イノベーション

2022年7月15日　初版第1刷発行
2022年11月30日　初版第4刷発行

編著者————高槻泰郎
発行者————依田俊之
発行所————慶應義塾大学出版会株式会社
〒108-8346　東京都港区三田2-19-30
TEL〔編集部〕03-3451-0931
〔営業部〕03-3451-3584〈ご注文〉
〔　〃　〕03-3451-6926
FAX〔営業部〕03-3451-3122
振替　00190-8-155497
https://www.keio-up.co.jp/
装　丁————Malpu Design（清水良洋）
ＤＴＰ————アイランド・コレクション
印刷・製本——中央精版印刷株式会社
カバー印刷——株式会社太平印刷社

Printed in Japan ISBN 978-4-7664-2833-9